So, wie es ist, bleibt es nicht (B. Brecht)

*Gewidmet meiner Familie,
die mit mir diese Zeit der Umgewöhnung durchgestanden hat*

Wir über uns

Die Allgemeine Sicherheits - und Service GmbH ist ein in der Hauptstadt Berlin sowie in den Ländern Brandenburg und Sachsen tätiges Wach- und Sicherheitsunternehmen.

Unser Konzept zur Realisierung individueller, differenzierter Aufträge unserer Kunden beruht auf der Basis von aufeinander abgestimmten und sich ergänzenden Sicherheitsdienstleistungen.
Dabei bieten wir auf Sicherheitsanalysen beruhende Konzeptionen für Unternehmen, sowie auch die Realisierung einzelner Dienstleistungen oder kurzfristiger Sonderdienstleistungen an.

Jedes individuelle Sicherheitserfordernis bedarf einer angepaßten individuellen Problemlösung!

Nur mit Kenntnis der Wünsche und Bedürfnisse der Kunden sowie der konkreten Umstände und Bedingungen kann es eine zufriedenstellende Dienstleistung geben.

Unser erklärtes Ziel ist es,
jeden Auftraggeber von der Zuverlässigkeit und Leistungsfähigkeit unseres Unternehmens zu überzeugen.
Wir setzen auf Flexibilität, Anwendung innovativer Techniken und Methoden sowie die optimale Abstimmung einzelner Sicherheitsdienstleistungen miteinander.

In unserer Forderung an die zu erbringende Qualität der Dienstleistungen dulden wir deshalb keine Kompromisse.

Wir können und wollen für unsere Kunden:

- Werte und Personen mit qualifizierten Kräften und Mitteln schützen

- Gefahrenfelder rechtzeitig erkennen, aufdecken und begrenzen

- Gefahrenvorbeugung umfassend betreiben

Damit helfen wir auch Ihnen mit *Sicherheit!*

Eberhard Rebohle

Intermezzo
Zwischen Wende und Rentenzeit

Inhalt

Praevatio in Intermezzo   7

Kapitel I
Rote Socken trotzen auch schärfster Wäsche   8

Kapitel II
Im privaten Schutzauftrag   41

Kapitel III
Erträumtes Intermezzo   90

Kapitel IV
Heuschreckenzeit   145

Kapitel V
Der Mohr hat seine Schuldigkeit getan   185

Kapitel VI
Leben nach der Arbeit   201

Nachwort   218

Bilder/Dokumente   222

Praevatio in Intermezzo

Eingangs wäre festzustellen: Nähe lässt sich manches Mal schwieriger erinnern als das, welches der Ferne zuzuordnen und somit bereits auf das Wesentliche und Markante reduziert sowie aller unnützen Ecken und Kanten beschliffen ist.
Diese Sicht begleitete mich beim Notieren meiner letzten beruflichen und nachberuflichen Etappe, die mein Leben ab dem gesellschaftlichen und privaten Super-Gau um das Jahr 1989/90 erfasst.
Manche Ereignisse sind noch nicht so aufgearbeitet oder schlüssig durchdacht wie ich das gerne hätte. Bei etlichen Problemen fehlen einige notwendige Hintergrundinformationen für eine sachlich richtige Beurteilung. Nicht wenige in die Geschehnisse meines Berufslebens integrierte Personen leben noch, könnten den Zeigefinger heben und anmerken, pardon, so war es nicht. Oder sie könnten mich gar der Unrichtigkeit bezichtigen.
Aber so ist das eben, wenn man Zeiten seines eigenen Lebens auf dem Papier Revue passieren lässt. Es wird hier geschönt und dort verbiestert, an der einen Stelle länger verweilt und dort gekürzt, wo möglicherweise Erklärungen anstehen. Der eine Mitmensch wird in bunten Farben ausgemalt, der andere indessen ungerecht und scheinbar miserabel abgehandelt...
Das Aufgeschriebene beinhaltet meine ganz persönlichen subjektiven Erinnerungen. Nicht alle aus dieser Zeit, aber wesentliche. Sie beziehen sich hauptsächlich auf die letzten 15 Jahre meines sich neu orientieren müssenden Berufslebens bis zum Eintritt in die Lebensphase als Pensionär.
Es waren ungemein produktive Jahre und Zeiten kreativen Agierens. Es waren Lehrjahre für eine neue Welt im Sinne der von uns Ossis kreierten Parole „Wir sind lernfähig". Meine fachlichen Kenntnisse erweiterten sich deutlich und in Richtungen, die mir bisher mehr als fremd erschienen. Die gewonnenen Erkenntnisse zu den Menschen und der neuen Gesellschaft machten mich selbst reifer im Umgang mit diesen und im Hineinfinden in das neue Gesellschaftssystem dieser größer gewordenen Bundesrepublik Deutschland.
Das hier Aufgeschriebene rundet gewissermaßen meine Erinnerungen aus der Jugendzeit ab, die in den Büchern „Schipkau Kolonie" und „Rote Spiegel" aufgehoben sind.

Nichts was wir gelebt haben, ist das Leben,
sondern das,
was wir erinnern und wie wir es erinnern,
um davon zu erzählen.
(Gabriel Jose Garcia Marquez)

I.

Rote Socken trotzen auch schärfster Wäsche

Geschafft!
Geschafft, geschafft, geschafft – rattert es in taumelnder Wiederholung als Dauerschleife in meinem Gehirn. Dem einzigen Organ meines Körpers, das wohl noch funktioniert - bei mir, in mir. Alles Übrige ist nur globaler spürbarer Schmerz in der knapp 100 Kilogramm schweren Körpermasse. Die Gelenke verhalten sich wie Monate lang nicht geschmierte Getriebeteile. Bänder und Sehnen fühlten sich an wie um nichts nachgeben wollende Stahlfedern. Ausnahmezustand des ganzen Körpers ist angesagt.
Aber „geschafft" jubelte es im alles entscheidenden Zentrum, dem Hirn.
Diesen Zustand durchlebte ich irgendwann im Monat Mai des Jahres 1990. Während der Spätschicht in der Wohngebietswäscherei des (noch) Volkseigenen Berliner Wäschereikombinates REWATEX hinter einer schön gerundeten aber durch das Alter etwas unansehnlich gewordenen Fassade am Frankfurter Tor in der (noch) Hauptstadt der (noch) DDR. Und das passierte mir, 47 Jahre alt, fast 30 Jahre lang für die Sicherheit meines Staates im gleichnamigen Ministerium tätig gewesen und durch das auf die Straße ziehende Volk dazu animiert und letztlich genötigt, sich nun in der Produktion zu „bewähren". Wohlbemerkt, in dem Bereich der Gesellschaft also, in dem sich die Mehrzahl der derart Genötigten vor ihrer Auswahl und Delegierung zu den Sicherheitsorganen ausreichend ausgekannt haben dürften – sonst wären sie auf gar keinen Fall dorthin gekommen!
Ich selbst war nun auf dem besten Wege, mich in dem geforderten Sinne zu bewegen, obwohl die Sprechgesänge der Straßenkolonnen von mir eh nur als allgemeine Blasphemie verstanden wurden, denn, wo sollten die Stasis und die anderen Roten Socken denn hin, da es doch bald kaum noch Produktion geben wird in diesem Lande, dem jemand „Großes" in einer Laune von Euphorie und Siegestaumel blühende Landschaften verkündet hatte. Herr vergib ihnen, denn sie wissen nicht, was sie tun, hätte man den damaligen Rufern vorhalten sollen. Diese sich derart auf den Straßen artikulierenden und zumeist in der DDR groß Gewordenen waren nämlich die ersten Wegbereiter des kurz danach von einem Justizminister der neuen Deutschen Republik inszenierten und in Gang gesetzten Delegitimierungsverbrechens an ihrem Aufwachsstaat, der DDR.
Und nun, in der soeben zu Ende gehenden Spätschicht, habe ich für mich etwas Besonderes in meiner erst wenige Wochen andauernden „Bewährungszeit" geschafft. Mit der letzten in den Wagen Nummer 42 gelegten Wäsche. In dem Metier ungelernt und im Ergebnis einer jähen Wendung in diese

Dienstleistungsmaschinerie hineingeschmissen, war ich nun auf Augenhöhe mit der Bestleistung der langjährigen Schichtleiterin angekommen.
Ich fühlte mich, zumindest moralisch, selbst geadelt, als Wäscher bei der Hauptstadtfirma REWATEX. Noch wichtiger aber hinsichtlich meines Status als Neuer in diesem Wäschereikollektiv, das in Bälde die Bezeichnung Team führen sollte. Ich stand damit auf Arbeitslatschenhöhe mit meinen die gleiche Kluft bereits viele Jahre tragenden Kolleginnen und Kollegen. Die Anrede Genossin und Genosse hatte ich bereits vorher aus meinem Sprachschatz gestrichen, besser, streichen müssen.
Wie werden meine neuen Kollegen es aber aufnehmen, dieses „auf gleicher Höhe sein"? Eher argwöhnisch, oder beleidigt, oder ignorant? Geschnitten haben sie mich bisher nicht. Nur gefordert wie sie sich selbst „auf Leistung" gefordert hatten. So haben sie als Produktionsarbeiter im Laufe der Zeit gleichsam selbst den Status von Arbeitstieren angenommen. Ohne Parteibuch und ohne den großen Lohn. Aber natürlich mit einem nicht unbeträchtlichen Trinkgeld zufriedener Kunden, das abschlagsfrei als Netto in die Arbeitskittel verschwand und zumindest das Rauchen, dem sie total und intensiv verfallen schienen, zu einem kostenlosen Genuss werden ließ.
Unsicherheiten für mich also genug, in dieser neuen Zeit.
Fragen und Gedanken neuer, bisher nicht gekannter Art. Das war hier und heute für mich immer noch angesagt.

*

Schön und gut, wird der Leser nun denken, was hat dieser „Normenbrecherakt" im Waschsalon aber mit der Feststellung der Überschrift zu tun, dass man Rote Socken nicht sauber waschen könne und was solle man sich denn unter Roten Socken vorstellen?
Ein Erklärungsversuch wäre vielleicht erforderlich, vor allem für die Nachgeborenen: Also, die menschliche Kommunikation stützt sich allgemein auf allerhand systemische Begriffe. Will sagen, Begriffe, die ihren Ursprung in einem bestimmten politischen oder gesellschaftlichen Umfeld haben und somit dort auch in die alltägliche Kommunikation eingegangen sind. Durch den regelmäßigen Umgang gewissermaßen ihres eigentlichen Charakters entschärft, verlieren sie irgendwann ihre anfängliche politische oder gesellschaftliche Relevanz und werden Slogan, wenn nicht gar Allgemeingutwortschatz. Jedermann versteht bei solchen Begriffen, was dahinter steht. Nachweisbar von der Kaiserzeit bis zur Jetztzeit.
Sobald sich aber solch ein System veränderte oder zwangsweise geändert wurde, war einzelnen solcher Wortkonstrukte – so sie sich für die neu Herrschenden als nutzbar erwiesen – Konjunktur beschieden. Aber nicht nur

das. Man wühlte in deren ursprünglichen Inhalt und Bestimmung so lange herum, bis man andere und aktuell verwendbare Deutungen fand. Heutzutage von einem der Neuherrschenden sodann ins Gespräch gebracht, von den Medien mittels deren immer universeller werdenden Manipulationsmechanismen landesweit verbreitet und in die Köpfe und Hirne der Menschen eingepflanzt, werden gelegentlich solche Worte gleitend und schleichend wiederum zu einem systemischen Begriff. Selbstverständlich mit neuer inhaltlichen Relevanz.

Der Begriff „Rote Socke" steht für ein solches Wortveränderungsspiel. Zu DDR-Zeiten im sprachlichen Umgangsverkehr der Menschen vielerorts Gang und Gäbe als ironische Bezeichnung für Mitglieder der SED, für Führungskräfte in Politik, Wirtschaft, Kultur und anderen gesellschaftlichen Bereichen. Nun eben hasserfüllt für eine Kategorisierung von Bürgern mit ausgeprägter „Staatsnähe" zu ihrem DDR-Staat wie man das heute erklärt. Die Begriffe „Genosse" und „Rote Socke" lagen in der DDR manchmal ziemlich nahe aneinander. Anfängliche Häme im Begriff verblasste jedoch zunehmend und war irgendwann kaum noch dabei. Spätestens, als sich das Kabarett dieses Begriffes bediente, wurde er Allgemeingut, allerdings ohne im Synonymwörterbuch aufgenommen zu sein.

Ich selbst fühle mich dieser Kategorie der Roten Socken zugehörig. Seit der Zeit, als mein Staat, die DDR, in Wahrnehmung eigener Souveränität seine Staatsgrenze zu Westberlin und der Bundesrepublik Deutschland mit den erforderlichen Mitteln sicherte. Das war 1961.
Ich verstand diese Maßnahme als normalen ernstzunehmenden Schritt, die sozialistische Entwicklung im Osten Deutschlands vor den feindseligen Machenschaften imperialistischer Kräfte im Westen störfrei zu machen und den Frieden zu sichern. Nicht mehr und nicht weniger! Ich war 18 Jahre alt und hatte als Arbeiterjunge gerade das Abitur hinter mich gebracht. Und dann gab es in dieser weltpolitisch brisanten Zeit noch die von der Freien Deutschen Jugend ins Leben gerufene Aktion „Schützt unsere sozialistische Republik". Da wollte ich dabei sein, mich einbringen, bevor ich mich auf den Klappstühlen von Universitätssälen dem Wissen für andere Aufgaben zuzuwenden gedachte. Also erklärte ich meine Bereitschaft für einen freiwilligen dreijährigen Dienst beim Wachregiment des Ministeriums für Staatssicherheit in Berlin. Die Betonung liegt bei „freiwillig", denn die Wehrpflicht wurde erst später eingeführt. Und im Begriff „Staatssicherheit" liegt das Wesen dessen, was ich mir vornahm, nämlich etwas für die Sicherheit der Existenz meines Staates zu tun, mit dem sich meine Entwicklung dann bis zu dieser Zeitzäsur um 89/90 des vorigen Jahrhunderts verband.

Damit war eine von zu dem Paar gehörenden Roten Socken gestrickt. Die zweite folgte unmittelbar darauf. Ich wollte im Wachregiment als Soldat nicht nur global als Genosse betitelt und angesprochen werden. Ich wollte Mitglied dieser Partei werden, der führenden Kraft der gesellschaftlichen Entwicklung im Lande wie es die Theoretiker formulierten und vordachten. Und das aus freien Stücken wie man darüber im Heimatort bei derlei Entscheidungen zu sagen pflegte. Ich wurde bald Kandidat der Partei, im Gegensatz zu anderen Mitstreitern mit zwei Jahren „Bewährungszeit", weil ich, zwar aus Arbeiterverhältnissen stammend, bisher nicht die proletarische Praxis, sondern nur das sozialistische Schulsystem kennengelernt hatte. Das wurmte innerlich. Die Partei entschied sich gerade in dieser Periode auf einem Parteitag für eine generell einjährige Kandidatenzeit ihrer künftigen Mitstreiter. Also wurde ich nach einem Jahr Vollmitglied.

Als Mitglied der SED und als Angehöriger des Ministeriums für Staatssicherheit beschritt ich danach konsequent den im Alter von 18 Jahren begonnenen Weg. Kontinuierlich, im Getriebschritt mit hunderttausenden Gleichgesinnten in der Gesellschaft, fleißig und zuverlässig. Als Rote Socke. Für mich eine Ehrenbezeichnung, eine Ehrentitulierung. Ich wusste, wer ich war und was ich war und was ich wollte.

*

Der Herbst 1989 führte ein Jahr zu dessen kalendarischem Ende, welches das Jahr einer entscheidenden geschichtlichen Zäsur werden sollte. Für Deutschland, für die politischen Superblöcke diesseits und jenseits des nun „aufgerollten" Eisernen Vorhanges , für Kapitalismus und Sozialismus sowie für Millionen Menschen in diesen politischen Einflussbereichen.
Und Massen von Roten Socken in dem nun untergehenden ersten deutschen sozialistischen Staat hatten ihre Hirne einzusetzen – Herzen waren nicht mehr gefragt –, um Wege zu finden und zu erkunden, die sie künftig zu gehen hätten. Um zu leben, zu überleben. Auf Fragen zu ihrer Zukunft, zur Zukunft ihrer Familien und ihres Landes gab ihnen niemand „Vertrauenswürdiger" eine glaubhafte Antwort. Von heute auf morgen war die eigene Existenz in Frage gestellt worden. Für ein Wesen mit Hirn und Verstand und mit gesellschaftlichem Engagement wohl das Schlimmste, was eintreten konnte. Ein persönlicher Super-GAU. Oder auch ein Infarkt der Seele wie es der Schriftsteller Werner Heiduczek bezeichnet hätte.
Ich schwamm in diesem Strom mit, allerdings noch beschäftigt mit der einer untauglichen Idee zugrunden liegenden Aufgabe, für ein neues Amt eines sich

wandelnden Staates Sicherheitsaufgaben zu bewältigen. Allein, es war schon fünf nach zwölf. Der von Moskauer Schergen mit Machtbefugnis iniativreich und unbrüderlich unterstützte Ausverkauf sozialistischer Ideen, Ideale und Praxis war in vollem Gange. Und die Rote Socken genannten qualifizierten und zuverlässigen Individuen des einstmaligen treuesten Verbündeten hier im östlichen Deutschland landeten als Ramschware auf dem Historienmarkt, auf dem Abfall der Geschichte. Verschmäht, gebrandmarkt, kriminalisiert und in die Öffentlichkeit gezerrt durch extra für diesen Zweck installierte neudeutsche Behörden christlicher Beichtväter und Verleugner des achten Gebotes sowie anderer religiöser Lebensregeln.

Ich hatte nun zum zweiten Mal Entscheidendes verloren! Anfang der 60er Jahre waren es die wichtigsten Punkte meines jungen Lebens. Die Braunkohlebagger fraßen den Geburtsort, meine Aufwachsinsel, auf. Immerhin, alle mich bis dahin begleitenden Mitmenschen blieben, siedelten mit mir an einen neuen Standort um. Nun verlor ich meine bisherige Lebensexistenz und fast alle mich bisher begleitenden Mitmenschen. Ungeheuerlich, nicht fassbar, nicht begreiflich.

Was tun? Selbst wer Lenin gelesen hatte, fand hier auf Anhieb keine Antwort. Die einzige Alternative bestand wohl nun darin, sich selbstbestimmt zu bemühen, einem sklavenhaften Schicksal davonzulaufen. Ich wollte es! Ich musste es – um mich selbst zu beweisen. Wie man biologisch überleben kann, hatte man mir als jungen Soldaten in einer Spezialeinheit beizubringen versucht. Nun, im Alter von fast fünfzig Jahren, auch ausgestattet mit einem Lebenserfahrungsschatz gleicher Jahresanzahl, wollte ich es angehen, das gesellschaftliche Überleben, das menschenwürdige Weiterleben. Trotz alledem! Die Strategie war noch zu bestimmen. Die Taktik schien eher klar: Greife den Strohhalm, er wird dich irgendwie an feste Gestade bringen.

*

Mein Strohhalm schwamm gegen Dezember 1989 auf mich zu. In dieser Zeit gab es vielerorts Such- und - Findungsgespräche im Kreis der Genossen. Klar war uns von Anbeginn an, es nicht in irgendwelchen Verwaltungen und Ämtern wie etwa Hausverwaltungen und Arbeitsämtern mit einem Neuanfang zu versuchen. Dort würde die in Gang gesetzte Suche sehr schnell zu einer „Enttarnung" und erneuten Vertreibung und Demontage führen. Wie hatte doch ein Staatsanwalt im unseren Arbeitsräumen gegenüber liegenden Gericht in einem Beratungsgespräch uns prognostiziert: Ja, liebe Genossen, die jetzt beginnende Jagd auf Mitarbeiter des Ministeriums für Staatssicherheit und andere Staatstreue wird der Jagd auf Kommunisten in der Zeit des

Nationalsozialismus keinesfalls nachstehen. Wir hatten im Gegensatz zu diesem Staatsanwalt, der dann noch rechtzeitig vor seiner Inhaftierung den Weg in die letzte sozialistische Republik, nach Kuba, gefunden hatte, nicht vor, das Land und unsere Familie zu verlassen. Und wir hatten dazu auch nicht die Möglichkeiten, schon gar nicht das Geld dafür.
Also lautete die Orientierung: machbare Produktion. Der Dienstleistungssektor schien da nicht ungeeignet. In unserem Fall war es das hauptstädtische Dienstleistungskombinat REWATEX, zuständig für das Waschen und die Reinigung der Haushalts- und Industriewäsche im zentralen Waschstützpunkt in Berlin-Spindlersfeld und in vielen so genannten Wohngebietswäschereien. Dort gab es aktuelle Arbeitskräftedefizite. Bedingt durch die beginnende Zwangsrückführung von Arbeitskräften aus der Volksrepublik Vietnam und eine abnehmende Zuführung von Straftätern aus dem Vollzug in den Dienstleistungssektor klafften nun Lücken über Lücken. Vor allem in den Wohngebietswäschereien war der Personalmangel enorm, die Berge der unbearbeiteten Wäschen wurden von Tag zu Tag größer.

Der Termin für ein Kadergespräch zwischen mir und REWATEX lag zwischen Weihnachten und Neujahr. Mein letztes ernstzunehmendes und nicht vergleichbares Gespräch dieser Art hatte ich vor über 25 Jahren geführt. Zugegeben, jetzt ich war irritiert, verunsichert, ja sogar etwas verängstigt. Ich, der es gewohnt war, über sechzig Genossen meiner Abteilungs-Partei-Organisation zu führen, saß nun einer wesentlich jüngeren Kadersachbearbeiterin gegenüber wie der Hase einer Schlange. Statt gewohnter Offenheit und Ehrlichkeit waren mein Körper und Geist eingezwängt in eine Hülle von Misstrauen. Nur langsam normalisierte sich das Empfindungsbarometer. Letztlich sicherlich auch durch das Auftreten und den Ton meiner Gegenüber. Sie hatte wie ich später erfahren sollte, in ihrem bisherigen Berufsleben beim Dienstleister REWATEX mit extrem vielen Menschen unterschiedlichster Couleur zu tun gehabt, dass es ihr in der gegenwärtigen Situation, wo es unbedingt um die Zuführung neuer Arbeitskräfte ging, knallhart nur auf diese Aufgabe ankam. Sie sah in mir eine potente Arbeitskraft! Einen künftigen Wäscher, der ihr nach Lage der ihr bekannten Dinge wohl kaum noch durch die Lappen gehen dürfte. Somit waren die Positionen klar und der Vorvertrag aufs Papier gebracht. Als spätesten Arbeitsbeginn sahen beide Seiten den Beginn des II. Quartals 1990 an.
Beim Verlassen des prägnanten historischen Industriebaus aus gelben Klinkern und mit imitiertem Zinnentürmchen im Bereich der Frankfurter Allee-Süd war Licht im Tunnel meiner Ängste und Unsicherheiten angegangen. Die Gewissheit, dass da zu der angegebenen Zeit für mich die Möglichkeit einer Beschäftigung, einer bezahlten Tätigkeit, besteht, kam einer riesigen

innerlichen Befreiung gleich. Ungeachtet der Tatsache, nichts zu wissen über den Charakter dieser neuen Tätigkeit. Aber so etwas hat es bekanntlich schon früher gegeben – nicht zu wissen, was nach Bereitschaftsbekundungen und Zusagen so anstand.

*

Die Tage und Wochen des neuen Jahres verliefen im Schaukeltrab der Gefühle. Und gefühlte Feindseligkeit war ringsum. Glaubte ich zu wissen.
In nächtlichen Träumen erschien immer mal wieder der diese kurze politische Zeitspanne extrem charakterisierende „Runde Tische". Schweißnass wachte ich auf, wenn dann meiner Ansicht nach schlimme Sachen oder Entscheidungen an diesem Rundling passierten. Ich fühlte mich von der Inquisition gejagt, ich erträumte kreuzeschwingende Soutanenträger und geierschnäblige Antisozialisten, die gegen mich zu Felde zogen. Es erschienen Figuren, Personen und Namen, die mir durch frühere Arbeit geläufig waren. Sie standen auf der anderen Seite der politischen Barriere und waren mit Begriffen wie politischer Untergrund bezeichnet worden. Ich hatte sie stets mit einer Bedrohung meines Landes und des Sozialismus zu verknüpfen gewusst. Sie waren es nun, die mich imaginär in meinen Träumen bedrohten und zu vernichten trachteten. Und das Schlimme daran: ich war ohnmächtig, im Traum etwas dagegen zu tun, meinen anerzogenen und erlernten Verhaltensmustern nachzugehen. Träume zeigen keine Auswege. Ganz im Gegenteil führen sie den Schlafenden in einen endlosen Alb. Der Morgen brachte demzufolge keinen Ausgeschlafenen in den neuen Tag. Belastend, bedrückend, deprimierend. Der menschliche Motor lief nicht mehr so wie er es im zurückliegenden Leben trotz emsiger Arbeit und teilweisem Stress gewohnt war.
Tagsüber dann, an den Tagen im Frühjahr 1990, wo es keine „Freistellung vom Dienst" gab, hieß es, Akten aus der zentralen Ablage zu bündeln. Akten für ein künftiges bundesdeutsches Depot, das alles an Schriftgut der „Stasi" – so nun der breite und allgemeine Sprachgebrauch – aufnehmen sollte, wenn in den kommenden 100 Jahren Millionen von Steuergeldern dafür herhalten würden, damit flinke Finger und extra zu diesem Zweck umfunktionierte Technik im Rahmen von Regierungsstellen- und Arbeitsbeschaffungsmaßnahmen Milliarden von Papierschnipseln wieder akribisch in lesbare frühere Ausgangsinformationen zusammenfügen würden. Zusammengesetzt mit dem einzigen Ziel, fündig zu werden, um der DDR und der Partei angebliche Diktaturverbrechen nachzuweisen. Offiziell ist der Begriff „Aufarbeitung der SED-Diktatur" im Umlauf. Aber wie stellte bereits der körperkleine Despot Napoleon fest: Die Geschichte wird immer durch den Sieger geschrieben. Daran hat sich bis heute nichts geändert. Die Geschichtsdarstellung von 40 Jahren

DDR-Zeit in den nun über 20 Jahren Nachwendezeit ist Beleg genug. Meine ich sagen zu dürfen.
Für diese Aktenbündeltätigkeit waren meine qualifizierten Analytikerzellen im Gehirn nicht von Nöten. Es genügten zehn Finger, um handliche Pakete herzustellen, mit der Schere Bündelgarn von der Endlosrolle zu schneiden und letztlich alles zu verschnüren. Einfach idiotisch, signalisierten die kleinen grauen Zellen dazu. Aber irgendetwas, was sich auf eine betonharte Parteidisziplin und Dienstverpflichtung berief, initiierte den Bewegungsapparat zur Motorik. Natürlich bewirkte die individuelle Verweigerungsbremse Langsamarbeit und Schluderhaftigkeit, selbstverständlich wurde dem Drang der Blase durch das Urinieren an Ort und Stelle auf den Aktenberg nachgegeben. Irgendwann wurde sogar die Abdeckung der Kanalisation geöffnet und etliche Aktenteile landeten dort unten in dieser gruftigen Vertiefung – nach mir die Sintflut, klingelte es im Schädel.
Das Verlassen der Dienststelle nach derartigen acht Stunden unsinniger Tätigkeit an solchen Tagen dann am Ausgang Ruschestraße war Pein und Ärgernis gleichermaßen. Grün Uniformierte kontrollierten Person und Bagage. Ihnen war das körperliche und seelische Unwohlsein richtiggehend anzumerken, die früheren Kampfgenossen und jetzt Gedemütigten so vor sich zu haben. Ganz anders einige Wichtigtuer und selbsternannte Zensoren der selbsternannten Bürgerkomitees. Wenn sie hätten tun können, was sie wollten... Ich wäre wohl in der Unterhose vor ihnen gestanden. Und wenn andererseits ich das hätte umsetzen wollen, was die „freien Gedanken" in meinem Schädel mir fortgesetzt zuflüsterten, dann hätte ich...
Aber die grün Uniformierten sorgten in dieser gewiss einmaligen Zeit doch noch für etwas Menschenachtung und Ordnung. Vielleicht auch in Vorahnung dessen, dass sie möglicherweise selbst bald Figuren in einem ähnlichen entwürdigenden Abwicklungsspiel sein könnten.
Meine wenigen privaten Dinge musste ich auf dem endgültigen Weg aus meinem Büro selbstverständlich ebenfalls kontrollieren lassen. Dazu gehörte ein uraltes Kofferradio Marke R100, mit dem ich schon im Wachregiment den Polizeifunk gehört hatte, dazu gehörte aber auch mein überdimensional gewachsener Schlangenkaktus, genannt Königin der Nacht, den mir einst meine Schwiegermutter geschenkt hatte und dessen Blüten viele Arbeitskollegen so erfreuten, dass sie an den Blühtagen extra mal eine Stunde länger im Büro blieben, um dieses botanische Wunder erleben zu können.
Dazu gehörte allerdings keinerlei Arbeitspapier. Leider, leider muss ich heute ehrlich bekennen. Der Kopfspeicher ist doch unzureichend programmiert. Und mit entsprechenden schriftlich abgesicherten Informationen könnte ich gegenwärtig vielleicht etwas mehr zur Wahrheitsarbeit beitragen. Das beträfe

in bestimmter Hinsicht auch das Image und die Selbstauskunft etlicher heutiger politischer Gallionsfiguren.

Zwischenzeitlich kamen dann auch einmal Tage der absoluten Freistellung. So etwas kannte ein Mensch wie ich bisher noch nicht. Es gab im bisherigen Leben nur Schule mit den obligatorischen Ferien und später den Dienst mit dem arbeitsrechtlich erworbenen Urlaub. Alles geordnet und vorausschaubar geplant. Nun dieses: du wirst in den nächsten drei Tagen nicht gebraucht! Solcherart Weisungen konnte der Kopf schwer verkraften – nicht gebraucht zu werden! Tragisch. Wer oder was bin ich denn? Chaos im Lande, Chaos im eigenen Kopf. Die Gefühle spielten Achterbahn, der Magen war ständig irgendwie an der Speigrenze.

Zum Glück zeigte sich ein kleiner Ausweg, eine Ausflucht. Töchterchen Anja bekam in der Boxhagener Straße eine Kleinwohnung zugewiesen, deren Zustand kaum beschreibbar war und auf viel Arbeit orientierte. Das war doch etwas für mich, den das Volk sowieso in die Produktion verfrachten wollte. Also verkroch ich mich sozusagen tagelang in dieses Hinterhofloch. Allein oder mit Anjas Freunden. Mit dem Anwachsen des Berges aus Abbruchmaterialien im Hof wuchs die Baufreiheit in Stube, Küche und Klo der Einzimmerwohnung. Eine Nachbarbaustelle, noch mit dem offiziellen Titel „Jugendobjekt" am Außengerüst, rückte im Ergebnis einer kleinen Spende etliche Säcke zum Verputzen notwendigen Mörtels heraus. Der bisher nur das Papier strapazierende Kerl schleppte nun diesen Baustoff über Straßen und drei Etagen hinauf zur Bearbeitungsebene. Bis zum Umfallen, letztlich aber bis zum letzten Sack. Die Hände hielten jetzt nicht den Stift, sie griffen die Mörtelkelle, den Malerpinsel, das Tapezierwerkzeug. Das alles machte den Kopf nicht frei. Es verdrängte aber, und wenn es auch nur zeitweilig war. Und noch eines. Die Arbeitsergebnisse, die Fertigstellung und Beziehbarkeit der Wohnung, schufen ein ersatzweise anderes Wertgefühl. Der durch seinen in Auflösung befindlichen Brötchengeber nicht mehr benötigte Mitarbeiter hat etwas ganz anderes geschafft. Er hat dazu beigetragen, dem Töchterchen ein eigenes Domizil zu erschaffen. In ganz privater Art und Weise, ohne Vorgaben und Dienstverpflichtungen, ohne Parteiversammlungen und Parteilehrjahr, aber leider auch ohne den einen oder anderen früheren Mitstreiter, mit dem das Leben und die Arbeit doch lebenswert waren.

War das der Beginn des persönlichen Einstieges in ein Zeitalter, das ich längst als historisch abgestorben angesehen hatte? Zumindest für meine eigene Person?

Ja, es war der Einstieg in das Zeitalter einer inhumanen und ich-orientierten kapitalistischen Gesellschaftsordnung, die sich schönfärberisch mit Begriffen wie Marktwirtschaft und Rechtsstaat dekoriert sah.

*

Der 15.März 1990 – ein bemerkenswerter Tag.
In meiner Biographie, in meinem Leben, in meinem seelischen Gleichgewicht. Volkesgesänge und lebenserhaltende Erfordernisse führten mich nun in mein Leben in die Produktion hinein. Und so nahmen mich die „Katakomben" der Wohngebietswäscherei von REWATEX am Frankfurter Tor an diesem Donnerstag erstmalig auf. Ob sie mich annahmen war so wenig erkennbar wie das die Augen der dort Beschäftigten erkennen ließen. Das ist also der Neue, der neue Mangler, werden sie bei meinem Anblickt gedacht haben, der als in dieser Arbeit Unwissender nun anzulernen ist. Was werden wir mit ihm erleben, wie wird er sich anstellen, wie lange wird er es in dieser unwirtlichen und als Plackerei anzusehenden Arbeit aushalten? Fragen hinter den Stirnen der mich nun musternden Kolleginnen – es waren nur Frauen da -, die nie ausgesprochen wurden.
Die Chefin aus der Verwaltung Frankfurter Allee stellte mich als den neuen Kollegen vor. Als einen, der aus einer aufgelösten Verwaltung kam, oder so ähnlich. Der Begriff Staatssicherheit fiel nicht und meine späteren Erkenntnisse lassen den Schluss zu, das das auch vorher nicht ausposaunt worden war. Man brauchte Ruhe im Betrieb, der durch die Kaderfluktuation gebeutelt war wie nie zuvor. Es wurde selbstverständlich auch nichts zu meinem Arbeitsvertrag gesagt, was hier offengelegt werden soll: Der VEB Kombinat REWATEX Berlin beschäftigt mich ab dem 15.März 1990 als Mangler im Betriebsteil Wohngebietswäscherei Lichtenberg/Friedrichshain. Die Tätigkeit erfolgt in „2-Schichtarbeit" und wird vergütet nach der Lohngruppe „V" (Grundlohn 3,10+LP / Tariflohn 1,80 Mark), hieß es. Der jährliche Grundurlaub beträgt 20 Tage plus 3 Tage Schichtzuschlagsurlaub. Allerdings erfolgte ab 1.April bereits eine auf den neuen Rahmentarifvertrag basierende Lohnerhöhung – mein Stundenlohn wurde auf beachtliche 3,80 aufgestockt. Das war doch was für einen Werktätigen!? Von meinem bisherigen persönlichen Einkommen her ein Desaster, vom persönlichen Gefühl aber progressive Luft. Arbeitslosigkeit und Gänge zum Arbeitsamt, in meinem Schädel irgendwie als Albtraum eingeordnet, blieben mir erspart. Und es gab da noch eine sogenannte „Übergangsrente" für diejenigen Mitarbeiter des MfS, die eine einmalige Abfindung von zehntausend Mark ausschlugen. Letztere waren aber die weniger Vorausschauenden, denn nach kurzer Zeit wurde diese Übergangsrente ersatzlos gestrichen. Ich war am Ende des vierten Lebensjahrzehnts sowieso noch kein Rentner, fühlte mich auch nicht so. Aber wer verzichtet schon freiwillig auf Geld, zumal in solch einer Situation? Nicht einmal ein Sozialist wie ich brachte das fertig. Also blieb es bei monatlich

reichlich tausend Mark Netto, was mir die neue Arbeit einbrachte. Andere hatten weniger...
Nachdem die Chefin den „Waschsalon" verlassen hatte, schauten mich vier Augenpaare erwartungsvoll an, ich blickte genau so zurück. Moni war die Schichtleiterin, sie hatte alleiniges Sagen. Und sie sprach deutsch. Konnte also auch mir alle notwendigen Ansagen machen, die sie bisher nur Frauen gegenüber gezwungen war. Die drei anderen etwas schlitzäugigen Augenpaare unter pechschwarzem Haar gehörten vietnamesischen Kolleginnen, die hier noch auf der Basis eines Vertrages der DDR mit der Volksrepublik Vietnam rackerten. War ich jetzt der Hahn im Korbe? Denkste! Hier wurde die Kraft jeder Hand gebraucht, denn abgerechnet wurde am Monatsende nach erbrachter Leistung. Da kamen keine Ressentiments in die Kiste, sprich in den Wäschekorb.
Moni erklärte mir im Schnelldurchlauf die Arbeitskette, immer wieder unterbrochen durch die Abfertigung von Kunden, die ihre Wäsche abgaben oder abholten und zu bezahlen hatten. Der Waschprozess war wie viele andere Produktionsprozesse auch, nicht anhaltbar. In diesem Modus gab sie mir Tipps zur Anzugsordnung. Arbeitsbekleidung war weiß. Lange weiße Hosen und weiße T-Shirts hatte ich mir schon beschafft. Badelatschen waren auch vonnöten, denn bei diesem vielen Wasser hätten Lederschuhe nach kurzer Zeit ihren Geist aufgegeben. Übrigens übernahm der Betrieb die Anschaffungskosten. Lederriemchen zur Stabilisierung der Handgelenke kamen später hinzu, als erste Problemanzeichen überanstrengter Bänder erkennbar wurden.
Und so verliefen am 15. März 1990 meine ersten acht Stunden Produktionsarbeit. Ohne große Aufregung, ohne Eklat. Aber auch viele Fragen ohne Antworten hinterlassend.
Irgendwie war dieser Tag wie die gesamte gesellschaftliche Situation im Lande irre. Laut Dienst- und Arbeitspapieren wurde mein letzter Arbeitstag als Mitarbeiter des Amtes für Nationale Sicherheit (wie letztlich dieses Ministerium dann benannt war) mit dem 15.3. datiert, mein erster Arbeitstag bei REWATEX ebenso mit dem 15.3. Also war ich einen Tag lang Diener zweier Herren. Scheinbar hat das niemanden interessiert, nicht einmal die Leute später bei der Berechnung der Regelrente stutzen lassen. Für mich ist dieser Fakt nur ein Paradoxon dieser Zeit geblieben.
Und noch eine Nachbemerkung: Das mein bisheriges Leben bestimmende sozialistische System, von dem die Theorie verkündete, es sei das modernste und der Sieger der Geschichte, dem ich mich dreißig Jahre lang mit aller Kraft und mit allem Engagement verschrieben hatte, hatte versagt. Endgültig!? In einer kriegsähnlichen Auseinandersetzung ohne Waffen. Ich hatte mit versagt, ohne letztlich sagen zu können, worin mein eigenes kleines Versagen lag.

Aber, ich hatte das Resultat all diesen Versagens nun zu durchleben. Die neue Tätigkeit, bei der kaum Hirn vonnöten war, machte nun die neue Seite meines auf neuen Gleisen ablaufenden Weges aus. Eines Weges, der durch Weichen sicherlich einmal geändert werden würde. Aber jetzt... ? Irgendwann kam mir in dieser Zeit Friedrich Engels Schrift „Der Anteil der Arbeit an der Menschwerdung des Affen" wiederholt in den Sinn und eine der Kernaussagen, nämlich „Arbeit ist die erste Grundbedingung alles menschlichen Lebens". Das war es! Ich werde arbeiten, um mein bisheriges Leben nicht wegzuwerfen. Ohne Tun fällt man in den Brunnen. Immer tiefer, bis man nicht mehr heraus findet. Spätere Schicksale von Zeitgefährten haben das gezeigt. Allerdings, so meine Überlegungen, wird diese aktuelle Etappe in meinem Arbeitsleben folgenden Prämissen folgen müssen: Ich werde meine Weltanschauung nicht ändern und zum „Wendehals" werden. Und zweitens werde ich meine bisherigen Erkenntnisse und Erfahrungen konsequent nutzen, das jetzige Jammertal so schnell als möglich zu verlassen.
Allez, auf geht es.

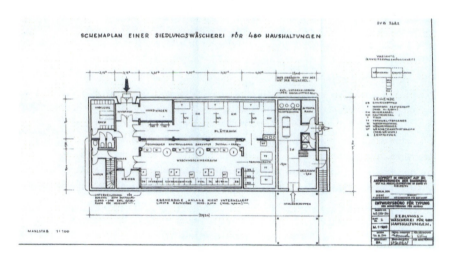

Die Heißmangel - dieses Gerät sollte also meine erste Herausforderung in der neuen Arbeit sein. Als Mangler war ich ja ein- und angestellt worden.
Das mittels Strom betriebene und mit Gas beheizte Ungetüm moderner Bauart erwies sich bei näherem Hinsehen als mangelwäschebestimmtes Ungeheuer mit einer Spannbreite von über zwei Metern. Breiter also, als meine Arme diese Spanne ausfüllen konnten. Das Endlosband der überdicken Walze nahm die eingelegte Mangelwäsche so auf wie die einlegenden Hände diese entsprechend der Drehgeschwindigkeit aufzulegen in der Lage waren. Hier war

fachspezifisches Können und Wissen gefragt. Nicht aber meines aus der Vergangenheit. Ein einseitiges Bettlaken war anders einzulegen als ein doppelseitiger Bettbezug, Tafelservietten waren anders aufzulegen als meterlange Tischtücher. Mutter Privatkunde wünschte faltenfreies Bettzeug, der Gastronom keinesfalls schief gezogene Servietten oder gar Tischdecken, deren Saumränder in Knicken „geplättet" worden waren.
Was hier also zu tun war, stand in keiner noch so gut geschriebenen Tätigkeitsvorschrift. Nein, hier galt Erfahrungswissen, dessen ungeschriebene Matrikel von vielen Manglern vor Ort erkannt und als Erfahrungswissen weitergegeben worden waren. Das alles brauchte immer seine Zeit. Also stand auch mir Neuling eine meiner vietnamesischen Kolleginnen während der ersten gefühlten tausend Handgriffe bei. Wohltuend diese Bereitschaft, einem Hilflosen die ersten Griffe beizubringen. Rechts und links des Gerätes stehend, rechts und links die Zipfel des Wäschestückes greifend und an richtiger Stelle zur richtigen Zeit der nach Neuzugang gierenden Walze anlegend – so agierten Frau und Mann, die im Wissen um ihre baldige Abschiebung in ihre Heimat sich Gedanken machende Vietnamesin und der wendegebeutelte Ex-DDR-Bürger.
Aber es ging hier ja um Leistung, um Akkord und nicht um Gedanken. Allein unsere Augen blickten sich verstehend an. Beide Menschen waren auf Gedeih und Verderb auf die Arbeit an dieser Maschine angewiesen. Und mehr als sonst allein an dem Gerät stehend, musste meine vietnamesische Kollegin nun mit mir an der Seite den Notknopf drücken, um das Walzenungetüm anzuhalten, weil etwa wieder etwas quer eingezogen worden war oder sich zu viel Wäsche auf der Rolle befand oder leicht sengender Geruch auf ein anderes Problem hin deutete. Trotzdem kam nie ein Schimpfwort aus ihrem Mund. Sie ließ es sich nie anmerken wie meine anfängliche Ungeschicklichkeit ihren Rhythmus beeinträchtigte.
An der gegenüber liegenden Seite, der Abnahme der gemangelten Wäsche, war gleiche Flinksamkeit gefragt. Vier Hände mussten den Auswurf abnehmen und legen. Durchaus nicht einfach bei großen Wäschestücken oder hundertfach anrollenden Servietten. Dazu war die Wäsche dann noch akkurat und kundenansehlich in den jeweiligen Transportbehälter einzuordnen.
An der gesamten Heißmangel war Teamarbeit gefragt. Und anfangs verspürte ich deutlich, dass die Frauen ohne mich besser zurande gekommen wären. Aber sie waren es gewohnt, als „Fremdarbeiter" allen Anweisungen zu folgen ohne ein besonderes Stimmrecht zu haben. Also kümmerten sie sich um mich, um meine „Befähigung". Andererseits tat ich das in meinem Vermögen liegende, um schnellstens auf Leistung zu kommen, mich ihnen anzugleichen. Auch jeder meiner zusätzlichen Handgriffe, etwa zum Holen eines neuen Korbes oder zum Ergreifen des Besens für die Fußbodenreinigung, wurden wohl zustimmend angenommen. Langsam, ganz langsam keimte Solidarität.

Aus der reservierten Ruhe am Gerät wurde zunehmend Unterhaltung zwischen den drei Mädels wie ich sie in meinem Schädel bezeichnete. Selbstverständlich im mir unverständlichen Vietnamesisch mit einigen wenigen Brocken deutsch. Ganze Romane müssen wohl so durchgesprochen worden sein. Aber auch Spaß kam nicht zu kurz. Man lachte viel und laut. Möglicherweise zog man auch über mich her. Was soll es, mir machte die gute Stimmung des Weibervölkchens indirekt Mut. Ja, manchmal wurde ich sogar in diese Stimmung hineingezogen, die in gewisser Weise Alltagsprobleme und Gliederschmerzen zu verdrängen in der Lage war. Und irgendwann stand ich dann meinen Mann ganz alleine an der Eingabenseite der Mangel. Die mir von meiner Mutter mitgegebene Anatomie war mein Vorteil. Meine Körpergröße und Armspanne übertraf die der Frauen und machte so einiges leichter. Fehler wurden jedoch gemeinsam korrigiert. Und man zierte sich nicht, mir die Nachbehandlungskniffe bei Wäschen, die bei zu hoher Temperatur durch die Trockenmangel geleiert wurden oder andere Feinheiten mitzuteilen. Ich war Bestandteil dieser Manglergruppe geworden, hatte mich eingliedern können.
Geht doch, signalisierten folglich die kleinen grauen Zellen. Hast also das Vermögen, körperliche Arbeit zu leisten, welches du in den Ferien während der vier Jahre Oberschulzeit im heimischen Braunkohlebergbau ausgiebig getestet hast, nicht eingebüßt. Auch nicht die Einstellung zur körperlichen Arbeit, die dir Eltern und Großeltern als Bergarbeiterdynastie mitgegeben haben. Die Rufer auf den Straßen mit ihren Forderungen, Staatsnahe und Sicherheitsmitarbeiter in die Produktion zu schicken, hätten eigentlich wissen können oder müssen, dass die von ihnen derart Anvisierten am Beginn ihres „staatsnahen" Weges zumeist in der Produktion verankert waren oder dieser Ebene nicht fremd gegenüber standen, dass sie wegen ihrer Qualifikation und ihrer politischen Überzeugung andere Entwicklungslinien gingen. Vielfach eben auch delegiert – durch das Volk!
Unablässig rollte in dieser Phase Wagen um Wagen mit Mangelwäsche von rechts her an meinen Arbeitsplatz heran. Ohne Pause. Sisyphus lässt grüßen. Mein Denken galt bei dieser Arbeit wohl kaum griechischen Sagengestalten. Viel mehr gingen mir Dinge der jüngsten Vergangenheit durch den Kopf. Noch vor einem reichlichen halben Jahr war ich der Optimist. Ja ehrlich, ich glaubte, das in vierzig Jahren erlangte Erfahrungsvermögen meines Staates an sich und eine Menge geeigneterer Kräfte in den Spitzenpositionen, vor allem der Partei, würden es schon schaffen. Ja, was denn schaffen?, fragte nun mein frei von allen Dienstverbindlichkeiten operierender Verstand. Und tatsächlich, an der Mangel kam ich zu dem Schluss, das auch ich so gedacht habe wie es oftmals im Kreis der Freunde und Genossen satirehaft aber realitätsfremd behaftet orakelt wurde: Was nicht sein soll, das nicht sein darf. Die Partei, die Partei – die hat immer recht. Nein, so ging das nicht. Und in Erinnerung kam mir

justament ein Vortrag von Dr. Ho während meines Studiums Anfang der 70er Jahre zum Thema „Die Dialektik von Führer und Masse", über den damals kritisch diskutiert worden war. Am Ende der DDR bewies allerdings die gesellschaftliche Praxis die Richtigkeit der Ansätze vom alten Dr. Ho. Komisch, was einem doch so alles beim Mangeln durch den Kopf geht. Auch die Schicksale der ehemaligen Mitglieder meiner APO, etwa 60 Genossinnen und Genossen, mit denen ich nach dem Studium dann in Berlin über fünfzehn Jahre lang zusammen war, bewegten mich. Als Sekretär hatte ich am Ende des Jahres 89, als alle betrieblichen „Parteizellen" aufzulösen waren, noch die bürokratische Aufgabe, für jeden die Parteiummeldung auszufüllen und persönlich zu übergeben. Wie viele werden sich dieser in Wandlung befindlichen früheren SED anschließen und sich auf einen neuen, einen aktuell bestimmten demokratischen Weg führen lassen? Wer aus meinem bisherigen Parteikollektiv fühlt sich durch die neue Politik und die neue Parteilinie angesprochen, andererseits vielleicht gar verraten und ausgegrenzt? Fragen ohne Antworten. Antworten gab es auch später kaum. Jeder suchte sich nun ohne kollektive Meinung seine eigenen Antworten, jeder hatte für sich seine Entscheidung zu finden. Und kaum einer sprach jetzt über das, was er dachte oder beabsichtigte. Mit wen auch! Etwas Agonie war im Innern, bestimmte die Seele. Auch bei mir. Folgedessen liegt noch heute die von mir damals selbst ausgefüllte Parteiummeldung unbenutzt in meinem letzten Parteidokument. Meine Parteimitgliedschaft dauerte inklusive Kandidatenzeit bis dato knapp 30 Jahre. Nun beschloss ich, es meinem Vater nachzutun. Er bezeichnete sich spaßhaft oft als Radaukommunist, also als Kommunist ohne Mitgliedschaft und Dokument. Während der Nazizeit und auch in der DDR. Also legte ich mein Parteidokument in die Kassette der aufzubewahrenden Dokumente und meine Mitgliedschaft auf Eis. Besser, ich entließ mich aus der Partei. Meine Roten Socken aber wollte ich auf keinen Fall ausziehen. Denn die fortschrittlichste und sozialste Sache der Welt ist auf gar keinen Fall das, was auf mich jetzt zu kam – Kapitalismus im modernen abartigen Stadium. Alle umherschwirrenden Illusionen wichen den im Kopf gespeicherten gesellschaftlichen Visionen, die reale Chancen behalten würden, irgendeinmal doch die Geschichte zu verändern.

Auch das und noch anderes ging mir durch den Kopf, während meine Hände mit halbfeuchter Mangelwäsche werkelten. Manchmal riefen meine grauen Zellen schemenhaft sogar meine früheren engen Arbeitskameraden und Genossen Dieter und Klaus in das Kalkül, die mit mir gemeinsam ausgezogen waren, um bei REWATEX zu arbeiteten und möglicherweise jetzt zur gleichen Zeit in gleicher Tätigkeit, nur in einem anderen Waschhaus, ähnliche Gedankengänge vollzogen.

*

Wie positioniert sich der Einzelne in der Arbeitsgruppe?
Die Wendezeit verlangte von mir allerhand an Umgewöhnung und an Verhaltensregulierung neuen Stils. Aus einem Kollektiv partei- und staatsverbundener Genossen in ein Produktionsteam der besonderen Art, was eine Waschhauscrew nun mal ist, hineingestellt zu werden, hätte ich mir in meinen kühnsten Träumen nicht vorstellen können und auch nicht wollen. Nun war es passiert. Und das auch noch relativ abrupt. Mein lieber Herr Gesangsverein, was für eine Umstellung und wie gewöhnungsbedürftig. Streicheleinheiten, sanftes Abtasten oder dergleichen waren hier und jetzt nicht angesagt. Es herrschte ein durch Wasserdampf und Waschpulver ärosolgebackener „Hausgeist" und es bestimmte das „Hausteam" mit seinen selbsterstellten Sitten und Gewohnheiten - die Leitungsebene war relativ weit entfernt und deren Emissäre ließen sich nur blicken, wenn es ein Erfordernis gab. Die deutschstämmigen Arbeitskollegen hießen nun Moni, Gabi und Peter und die vietnamesischen eben mal Phuong, Ming, Huong oder Thai. Phuong, zu gut deutsch Phönix, hielt diese kleine vietnamesische „Arbeits"-Gemeinschaft gut zusammen, führte sie quasi. Zur Unterscheidung rein äußerlich muss nichts gesagt werden. Die Nachfolger von Phuong und Huong gehören heute wie selbstverständlich zu unserem Straßenbild. Wo diese nur herkommen, zumal meine früheren Kolleginnen alle zwangsweise in ihre Heimat zurückgeschickt worden waren, ist mir allerdings irgendwie schleierhaft? Für das Miteinander, den Umgang, die Arbeit war das Sprachenproblem zwischen unseren beiden ethnischen Gruppen nicht die große Hürde, nicht entscheidend. Fast alles in diesem Waschhaus hinter der Kachelfassade am Frankfurter Tor war reduziert auf die Arbeit und dem speziellen Handling. Und das funktionierte bei meinem Eintritt in diese Sphäre.
Allerdings brauchte ich geraume Zeit, das soziale „Hinterland" meiner neuen Mitstreiter zu erschließen. Das ging nur pö a pö.

Eines war in diesem Team auch ohne Worte klar: die deutschen Arbeitskollegen gaben bisher den Ton an. Sie waren ja die Wäscher und demzufolge stellten sie den Schichtleiter. Der Mangler, somit auch ich, war nachrangig eingeordnet, was zu beachten war. Das Putzen des Aufenthaltsraumes, des Waschraumes und des gesamten übrigen Bereiches oblag selbstverständlich den Vietnamesen. Die Kundenarbeit, wie Wäscheannahme, Wäscheausgabe und Abrechnung, sowie die Abrechnung der Tageskasse und die abendliche Einzahlung des Tageserlöses bei der Bank durch Einwurf der Geldbombe lag in den Händen des Schichtleiters. Und natürlich auch die Führung der zweiten Kasse, der Trinkgeldkasse. Das wäre eine Anmerkung wert: Bis zur

Währungsunion Mitte des Jahres 1990 floss das Trinkgeld in Form der DDR-Scheine noch relativ gut. Danach verspürten wir Dienstleister einen deutlichen „Sittenverfall" bezüglich des Umganges mit Geld, sprich D-Mark. Niemand wollte nun mehr als für sein Image unbedingt erforderlich oder üblich vom „West-Geld" ausgeben, geschweige denn abgeben. Das Umrechnen im Kopf, wie viel Trinkgeld man denn in Relation zum alten DDR-Geld heute geben sollte, war für den Kunden gar nicht so einfach. Und so fielen diese kleinen netten finanziellen Beigaben, die im Dienstleistungssektor noch heute eine wesentliche Seite des tatsächlichen Einkommens ausmachen, bei uns immer kümmerlicher aus. Bis dahin hatte ich es aber bereits geschafft, ein schmorendes und schmarotzendes soziales Problem in meinem Waschhaus zu beseitigen, nämlich das Ignorieren unserer fleißigen vietnamesischen Kolleginnen bei der Verteilung der wöchentlichen Trinkgeldeinnahme. Als mir erstmalig mein Anteil über den Tisch geschoben wurde, staunte ich nicht schlecht. Meine Schichtleiterin staunte dann jedoch wohl mehr als Bauklötzer über meine Frage nach den ausbleibenden Anteilen der Vietnamesinnen. Der in der DDR nicht nur propagierte sondern auch überwiegend gelebte Solidaritätsgedanke, die von mir persönlich gelebte Solidarität mit Blut- und Parteispenden, hatte hier in diesem Waschhaus offensichtlich keine Wurzeln geschlagen. Das war für mich unverständlich, damit konnte und wollte ich mich keineswegs abfinden. Also lehnte ich mein Trinkgeldsalär ab und forderte eine gerechte Verteilung gleicher Größe an jeden Mitarbeiter. Ich argumentierte wie ich es gewohnt war, leidenschaftlich und mit Faktenvortrag. Und ich glaube, dass die Worte Ausgrenzung und Egoismus eine nicht unbedeutende Rolle dabei spielten. Die Gegenseite wagte wegen meiner Sturheit keine großen Widerworte, sie konnte mich sicherlich eben auch noch nicht richtig einschätzen. Hinter den bleichen Gesichtern formulierten sich möglicherweise Mordsgelüste. Immerhin ging es um reines Geld, um Sofortgeld in die Tasche, um das benötigte Geld zum Kauf der lebenswichtigen Zigaretten. Und dieses Geld sollte jetzt nicht durch drei, sondern durch sechs oder sieben geteilt werden. Noch dazu mit den Vietnamesinnen und noch dazu initiiert und gefordert durch einen neu in das Team gestellten Deutschen! Das Verlassen eingefahrener Gleise ist immer schwer. Aber vor mir hatte man kürzlich sogar den Schienenstrang meiner beruflichen Entwicklung demontiert und mich Menschlein somit zum Entgleisen gebracht. Was hatte ich da zu verlieren? Zudem war ich nie besonders ängstlich. Die Auseinandersetzung dauerte nicht lange. Vielleicht sahen die bisherigen Trinkgeldverteiler in dieser Wendezeit selbst bereits ihre Felle wegschwimmen und versuchten sich einzuordnen. Wer weiß? Auf jeden Fall orientierten sich ab sofort die Trinkgeldhäufchen nach der Zahl der Arbeitskräfte. Weniger Geld für einige, jedoch Geld für alle! Das Ergebnis meines Trotzverhaltens konnte sich sehen lassen. Zu verspüren jedoch

war mehr. Schlagartig war ein neues Arbeitsklima zwischen den Vietnamesinnen und mir entstanden. Ob ich in ihren Augen vielleicht der erste Deutsche war, der sich ihnen gegenüber mal so richtig sozial verhielt? Sie konnten es mir mit Worten nicht sagen. Aber Blicke und Körpersprache brachten es auch ohne Worte deutlich zum Ausdruck. Zwischen uns gab es keine Barrieren. Das machte mir manches in den kommenden Wochen in dieser schwierigen Arbeit etwas erträglicher, leichter. Ich konnte mich auf dieses Team verlassen, mich manchmal daran „anlehnen" und sogar, wenn nötig, in diesem Kreis auch richtiggehend Luft ablassen. Man könnte es auch so bezeichnen, ich hatte neue Freunde gefunden. Die ersten in einer für mich beginnenden neuen Zeit. Und so war es nur eine Frage der Zeit, dass sie mir einiges aus ihrer privaten Sphäre und den Bedingungen ihres Aufenthaltes in der DDR offenbarten. Alles Dinge, die ich unter dem mir bekannten Begriff „Ausländische Arbeitskräfte in der DDR" bisher nicht kannte. Ab den 80er Jahren wandelte sich bekanntermaßen das Profil von auszubildenden ausländischen Kräften hin zu normalen Vertragsarbeitern. So waren drei von meinen vier vietnamesischen Kolleginnen verheiratet und hatten Kinder, die nun während des vierjährigen Arbeitseinsatzes ihre Mutter nur ein Mal besuchsweise sehen konnten und vor allen Dingen zu spüren bekamen. Die Ehemänner waren durchweg Offiziere der bewaffneten Organe. Vielleicht verglichen mich meine Kolleginnen, als ich ihnen meine bisherige Vita andeutete, mit ihren Männern? Ja, die Auswahlkriterien der Sozialistischen Republik Vietnam für ihre „Auslandsarbeitskader" waren schon kompliziert. Über die Bedingungen hier in deutschen Landen jedoch jetzt zu fabulieren, hieße Eulen nach Athen tragen und sich in die komplizierten außen- und innenpolitischen Bedingungen beider Staaten in dieser Zeit zu vertiefen. Die Neudeutschen Medien haben ihre getürkten Verse, in denen die SR Vietnam und die DDR kaum gut wegkommen, seit der Wendezeit jedenfalls tausendfach verfasst und verbreitet. Sollten die heute zugänglichen Quellen stimmen, befanden sich Anfang des Jahres 1990 über 60 000 ausländische Vertragsarbeiter in der DDR, überwiegend wohl solche aus Vietnam. Das war damals schon eine beachtliche Größenordnung. Für Eingeweihte heute noch erkennbar an den respektablen Überresten der früher "Arbeiter- oder Ausländerwohnheime" titulierten Wohnanlagen für sie.
Zu solchen Auslandsarbeitern also gehörten meine jetzigen Kolleginnen. Als die ersten aus ihrem engeren Kontaktkreis dann gegen Ende des Jahres 1990 ihre Container packen mussten und in die Heimat zurückgeschickt wurden, war bei ihnen vielfach eine versteckte Träne im Augenwinkel erkennbar. Was sie in dieser Vertragszeit in der DDR hatten und für ihre Familien erarbeiten konnten, lag auf der Hand, was sie dagegen in der Heimat erwartete, lag hinter vielen Fragezeichen verborgen. Waschhäuser a la REWATEX gab es dort bestimmt

nicht! Allerdings schienen mir Heimat und Familie in Verbindung mit ihrem unendlichen Fleiß und Überlebenswillen Garant für einen guten Weg dieser Frauen zu sein.

Meine einheimischen Arbeitskollegen, alles Originalberliner wie es so schön heißt, entpuppten sich durchweg als Rackerer vor dem Herrn, der sich in diesem Falle REWATEX nannte, und als durchweg fleißige Dienstleistungslieschen für die große Zahl der privaten und der gewerblichen Kunden. Jeder von ihnen war ungelernt, also lediglich angelernt. Ob es einen Ausbildungsberuf in diesem Dienstleistungsbereich in der DDR gab, entzieht sich meiner Kenntnis. Nichtsdestotrotz beherrschten sie ihr Fach aus dem effeff, wie den technischen Umgang mit den Maschinenungetümen, das Feeling für Waschtemperatur und Waschmittel, die Handhabung von Gas und Energie. Und natürlich den grandiosen Umgang mit den Kunden, gleich welcher Couleur. Ihre Wege im Staate DDR verliefen nicht eben geradlinig. Der eine nannte für längere Zeit seinen Aufenthaltsort die Strafvollzugsanstalt Hoheneck, bei einem anderen waren ebenfalls die drei Tätowierpunkte zwischen Daumen und Zeigefinger zu sehen, das Erkennungszeichen von „Knackis" wie der Volksmund zu sagen pflegte. Also waren mindestens zwei Drittel meiner neuen deutschen Kollegen vorbestraft. Sie machten allerdings keinen Hehl daraus, früher mal Mist gebaut zu haben. Wie groß dieser Misthaufen ausgefallen ist und um was es ging – ich habe nicht nachgefragt und die Betroffenen befanden sich diesbezüglich bereits in der Phase des Vergessens. Sie waren ja jetzt zumeist in Familie und in geregelter Arbeit, also in geordneten Verhältnissen wie zuständige Behörden und Stellen das ausgedrückt haben dürften. Und sie liebten und hassten in ihrer Art ihren nun dem Untergang entgegen strebenden Staat DDR, der ihre Heimat darstellte, gleichermaßen – je nach aktueller politischer Tageslage oder privater Laune. Aber was auffiel und anmerkenswert ist, sie machten sich um die „Wende" und um die Wege der künftigen staatlichen Entwicklung ihres Landes nicht den Kopf, den ich mir machte. Sie waren nie in Staatsnähe wie ich und sie würden das in einem künftigen neuen deutschen Staat sicherlich auch nicht sein. Der Staat, gleich welcher Schattierung, war für sie nur das allgemeine Lebensumfeld. Deshalb gingen sie in der jetzigen Situation auch nicht auf die Straße, um mit irgendjemandem abzurechnen oder von irgendjemandem etwas zu verlangen. Auch verweigerten sie sich nicht in der Arbeit, sie meldeten sich weder krank noch kam es zu Fehlschichten – einfach gut für mich, mit solchen Menschen in solcher Zeit zu arbeiten. Ich hätte es schlechter treffen können, signalisierten manchmal mein Oberstübchen, wenn ich Erfahrungsberichte anderer ehemaliger Mitstreiter hörte.

Meine neuen Kollegen gingen mit mir um wie mit vielen meiner Vorgängerinnen und Vorgänger in diesem von starker Fluktuation geprägten Gewerbe. Ich hatte bei ihnen den Status eines einfach Dazugehörenden. Nicht mehr und nicht weniger. Man sprach allerdings in diesen Tagen viel über das betriebliche Überleben von REWATEX und zeigte Optimismus, als die ersten Lieferungen von Westwaschmitteln eintrafen. Allerdings konnte die Crew auch ohne Brille feststellen, dass diese Riesensäcke aus den gleichen Waschmittelbetrieben kamen, die uns bereits vorher belieferten. Man hatte den bekannten DDR-Namen gekonnt ausgetauscht und das Logo des westdeutschlandweiten Konzerns prägte fortan die zig Kilogramm schweren Papiersäcke aus Genthin und anderswo. Der Inhalt war der gleiche geblieben, die Wäsche wurde folglich nicht weißer gewaschen.

Man sprach natürlich auch über die blasphemisch verkündeten anbrechenden Zeiten der „blühenden Landschaften" in Neudeutschland und hatte auch diesbezüglich mehr als Optimismus im Kopf. Man hörte sich meine Meinung an und schüttelten dazu öfter mal den Kopf, um später dann ganz naiv aber doch ehrlich gemeint die Frage zu stellen, woher und wieso ich denn gewusst hätte, das diese oder jene Sache sich so oder ähnlich entwickeln würde. Meine Mitstreiter in Sachen Waschkunst schwammen politisch ganz oben an der Oberfläche. Sie lasen Schlagzeilen oder nahmen die Schlagworte der Funkmedien zur Kenntnis. Das Interesse verlor sich, je kleiner erstere erschienen und je mehr Kommentar zusammengeredet wurde. Im Gegensatz zur Wäsche, die von ihnen tiefengereinigt wurde, blieben sie hier tatsächlich an der Oberfläche. Aus Bequemlichkeit und auch deswegen, weil sie nie dazu angehalten worden waren, das anders zu tun. Sehr schade. Sie waren auch kaum in der Lage, den durch die Medien verbreiteten Informationswust zu verarbeiten, geschweige denn zu werten. Sie wollten es wohl gar nicht. Das Hemd ist näher als der Rock und die Auffassung, einer werde es schon richten, war eine Basis ihrer gesellschaftlichen und bürgerlichen Befindlichkeit.

Im Besitz eines gewissen Profiblicks und auf Grund meiner analytischen Erfahrung konnte ich ihnen in nicht wenigen dieser Dinge auf die Sprünge helfen und ihr Verständnis zu den ablaufenden internen und zwischenstaatlichen Prozessen erleichtern. Und das tolle, sie warfen mich nicht aus dem Pausenraum, wo sich derlei Plaudereien zutrugen, sondern sie versuchten, meine Erklärungen, meine Ansichten, zu verstehen. Derartige Gespräche, im Nachhinein und zu meinem eigenen Leidwesen betrachtet, waren nicht die schlechtesten, die ich führte! Zumindest besser, wirksamer und ehrlicher als manch frühere „Diskussionen" im Parteilehrjahreszirkel.

Nach meinem Weggang aus diesem Team waren mir die einheimischen Arbeitskollegen ebenso meinen Augen entschwunden wie die Vietnamesen in diesem Intermezzo. Nur den Peter traf ich ab und an mit einer Bierflasche in der Hand vor einem kleinen Ladengeschäft. Er wohnte zeitweise in meiner Nähe. Er war weiterhin nett und freundlich. Ich sah ihm jedoch an, dass ihn die neue Ordnung bisher nicht gerade glücklich gemacht und Perspektiven geboten haben muss.

*

Kundschaft ist im Dienstleistungsgewerbe das bestimmende Element.
In den zurückliegenden 20 Jahren kannte ich, beruflich gesehen, kaum Außenkontakte. Das lag an der Spezifik der analytischen Arbeit, die sich hauptsächlich in Form von schwarzen Buchstaben auf weißem Papier realisiert sah und kaum in Sprechblasen eines menschlichen Gegenübers.
Nun änderte sich das. Tagein und tagaus, von Montag bis Freitag, von sechs Uhr morgens bis spät abends, kamen die mit Kundschaft titulierten Menschen zur Tür unserer kleinen Waschfabrik hinein. Ihre Transportbehältnisse konnten unterschiedlicher nicht sein. Nicht der Jahrzehnte auf dem Buckel habende Waschkorb in edelstem Weidengeflecht dominierte, sondern der verschlusssichere Koffer in kuriosesten Formen, aus verschiedensten Materialien und wohl unterschiedlichsten Zeitepochen. Allen diesen Behältnissen war eines gleich, rein äußerlich glichen sie ramponierten Verpackungskisten, im Innern jedoch blitzte Sauberkeit. Anders sah es bei der Berufsbekleidung aus, die grundsätzlich in offenen Plastekollies angeliefert wurde. So, wie man in der Gaststättenküche die Arbeitsbekleidung, die Vorstecker und Handtücher abnahm, wurden sie schichtweise übereinander in solche Transportkisten hineingeworfen, mit allen daran befindlichen Resten von Speisen und Soßen und sonstigen Ingredienzien. Oft tagelang – bis der Kollie voll war und seine Abfuhr zur Wäscherei nicht weiter hinausgezögert werden konnte. Zwischenzeitlich hochzeiteten die Kakerlaken in diesem für sie hervorragend ausstaffierten Lebensraum und produzierten Jungvolk um Jungvolk, so dass letztlich die Anzahl solcher Art Tierchen die Anzahl der Wäschestücke in den Kollies um das hundertfache übertraf. Weniger lebendig aber ebenso unangenehm anzusehen und anzupackenden waren die Arbeitsklamotten der Straßenreinigung und Müllabfuhr. Man konnte dem altdeutschen Ausspruch Glauben schenken: Sie standen vor Dreck. Aber sowohl in der Gastronomie als auch bei der Stadtreinigung hatten Menschen in und mit diesen Sachen ihre Arbeit verrichten müssen. Also hatten auch wir das unsrige zu tun! Zweifel an gesundheitlichen Schäden kam schon eher auf bei der Bearbeitung von Wäsche aus dem Institut für Strahlenforschung, obwohl außer der Gasflamme am Waschofen nichts dabei strahlte.
Die Privatwäsche widerspiegelte das jeweilige Milieu, den jeweiligen Charakter des Kunden. Da gab es die ganz Korrekten, die zu unserem Leidwesen die

Schmutzwäsche so akkurat zusammen gelegt abgaben wie das nur bei der Fertigwäsche sein sollte. Da gab es diejenigen, die nicht einmal die Bettwäsche von der Unterbekleidung separierten. Und es gab solche, die ihre Leibwäsche wohl tagelang nicht gewechselt haben dürften und wo beim Öffnen dieser Koffer dann der Urinduft der großen weiten Welt das nähere Umfeld betörend verpestete. Zumindest kurzzeitig und bis die Maschine diese Charge aufnahm. Spezielle Freunde des Waschhauses waren die Besitzer von vermenschlichten Hunden. Solche Bellos belieben es, sich in den Betten von Frauchen und Herrchen aufzuhalten und dort ihre Hundehaare zu hinterlassen. Selbst eine Verlängerung der Waschzeit brachte es nicht zu Stande, die Grannen aus dem Gewebe zu waschen. Das war ebenso eklig wie menschliche bedingte Hinterlassenschaften.

Das Schicksal der Waschausmitarbeiter war es trotz allen diesem Ungemach, als Dienstleister zu denken und dem Kunden zu dienen nach dem zeitlosen Motto: Hurra, der Kunde ist König. Ihm bleibt es überlassen, mit Bello ins Bett zu gehen oder seine bepinkelten Schlüpfer acht Tage lang nicht zu wechseln, hieß es dann. Du hast schön den Mund zu halten. Kritik gibt es an dieser Stelle nicht. Wir brauchen jeden Kunden. Es geht um unser Waschhausüberleben. Also durchhalten, Augen und Nasen zu und durch.

Lockere Gespräche mit den Privaten gab es zur Genüge. Zumeist bei der Abholung der Fertigwäsche, denn die Abgabe passierte in der Regel nur durch einfaches Abstellen der Behälter inklusive Auftragsschein im dafür vorgesehenen Abnahmeraum. Dort an der Stirnfläche hatten wir eine uns Jahrzehnte lang begleitenden Fahne aufgehängt – Schwarzrotgold mit Hammer, Zirkel und Ährenkranz. Sie musste jedem Eintretenden ins Auge stechen. Diese Fahne war Betriebseigentum und wurde bisher zu den festgelegten Flaggenhisssungsterminen am Mast neben dem Eingang aufgezogen. So war das eben in den vierzig Jahren sozialistischer Entwicklung und keiner stieß sich daran. Nun, da derartige Zeremoniells endgültig der Vergangenheit zuzuschreiben waren, wollte unsere kleine Wascharmee zumindest auf die Fahne mit Zirkel und Ährenkranz nicht verzichten. Jeder von uns war damit groß geworden. Das Schönste an alledem war, dass die Kunden unsere Flaggenhuldigung zur Kenntnis nahmen, meines Wissens sich aber niemand über diese kleine demonstrative Zurschaustellung beschwerte. Irgendwann haben wir es dann abgenommen, unser langjähriges Staatssymbol, und es in einem Winkel von nicht mehr Gebrauchtem gelagert. Es wurde doch in dieser Zeit und auch die Jahre danach etliches abgelegt und weggelagert, was vielen heute als durchaus nützlich und aufbewahrenswert durch den Kopf gehen mag. Wir Waschhausmitarbeiter dagegen wurden noch gebraucht. Und so machten wir beflissen Konversation mit unseren Kunden. Über das Wetter, über die auch bei REWATEX ansteigenden Preise, über das politische „Wohin" unseres

Landes und andere gerade aktuelle Dinge. Bei diesen kurzen Gesprächen eröffnete sich mir die Welt von so manchen Kunden mehr oder weniger gut. Von dem uralten Kommunisten, der im politischen Bereich tätig gewesen sein muss, bekam jeder von uns mit, dass er aus Österreich stammte, denn er ergänzte zu seinem Namen immer „aus Österreich". Die Urberliner Schnauze aus dem Kiez um die Ecke führte sich auf, als ob wir beide schon jahrelang gemeinsam Schweine gehütet hätten. Und immer hatte er, einfach wohltuend, einen Witz auf den schnoddrigen Lippen. Also recht angenehm für mich.
Eine sehr zurückhaltende ältere Kundin machte nach mehreren Kontakten mit mir die fragende Bemerkung: Sie gehören doch bestimmt nicht hierher; sie haben sicherlich bisher etwas Qualifizierteres gemacht? Das stach es dann schon an der Stelle, links wo das Herz ist. Diese Kundin aus der Frankfurter Allee, früher mal Stalinallee, sah ich dann gerne wieder kommen, fühlte irgendeine unbestimmte Solidarität zwischen ihr und mir, die sich in lächelnder Freundlichkeit zwischen uns realisierte. Vielleicht gehörte sie in jungen Jahren zu den legendären Trümmerfrauen nach dem zweiten Weltkrieg hier in der Gegend und durfte dann eine dieser Wohnungen beziehen? Wer weiß?
Auch Gäste ohne Waschauftrag beehrten unseren Salon. So am 12.November in den Abendstunden, als Personen aus dem Umfeld der Besetzerszene sich vor den Attacken der Polizei von der Mainzer Straße aus Schutz suchend in unser unverfängliches Häuschen verdünnisierten. Ich gewährte Asyl bis Schichtende um 22 Uhr und war selbst heilfroh, das von Rauchschwaden vernebelte und durch Polizeisirenen sowie Hubschrauberrotoren markierte Gebiet verlassen zu können. Solch eine Randale, solch einen Polizeieinsatz hatte ich bisher noch nicht erlebt. Es roch irgendwie nach Kriegsschauplatz.
Aber noch etwas und was keiner zu glauben vermag, selbst Regierungsvertreter wurden durch uns „bewaschen". Hans Modrow, zu dieser Zeit Vorsitzender des Ministerrates der DDR, wohnte in der Frankfurter Allee. Seine bessere Hälfte brachte die Familienwäsche wie jeder andere Kunde auch, ganz persönlich zu uns und holte sie danach selbst wieder ab. Und zahlte in bar und mit Trinkgeld!
Mein Resümee an dieser Stelle: Der Schmutz vieler Schichten der Berliner Bevölkerung und aus vielen Industriebereichen ging durch unser Waschhaus und somit durch meine Hände. Waren diese Hände vorher, ideologisch gesehen, sauber geblieben, so wurden sie jetzt nicht schmutzig. Sie haben die ihnen zugeordnete Arbeit getan, tun müssen. Als Strafe haben sie es bestimmt nicht wahrgenommen, denn sie waren Arbeit schon immer gewöhnt.

*

Wenn Not an der Frau ist, muss der Mann ran.

Die beiden weiblichen Schichtleiterinnen wechselten im Wochenrythmus zwischen Früh- und Spätschicht. War eine von ihnen krank oder im Urlaub, kam als Springer mein Kollege Peter als Springer zu uns. So ähnlich lief das in allen Waschhäusern ab. Wenn dann jedoch mal gleichzeitig mehrere Frauen nicht zur Verfügung standen, fehlte es an allen Ecken und Kanten und der liebe Kollege Peter konnte sich nicht teilen. Andere Lösungen mussten her. Einige der Vietnamesinnen beherrschten zwar auch den Waschprozess, durften nach Lage der Dinge aber nicht die Schicht leiten, die Abrechnungen vornehmen und die Schlüsselgewalt zum „Salon" wahrnehmen.
Und so kam ziemlich bald meine zweite Chance. Sicherlich mit meinem Zutun, weil ich mich beim Mangeln nicht ganz ungeschickt angestellt haben dürfte und zwischendurch immer schon einmal im Waschbereich zugegriffen hatte, wenn an der Mangel Flaute herrschte. Ich stieg offiziell ein Treppchen höher, war nun Wäscher. Ich fühlte mich wie wenn ich geadelt worden wäre. Ja, es ging etwas vorwärts, etwas aufwärts in dieser für mich persönlich nicht einfachen Zeit. Da zählte jede noch so kleine Anerkennung in einem gleichen moralischen Maßstab wie früher möglicherweise eine Medaille oder ein Orden. Sicherlich anders, nicht vergleichbar, denn ich war, gemessen an meinem früheren Leben, existenziell heute ganz weit unten am Wirken.
Mein Aktionsbreich war nun nicht mehr die Heißmangel, sondern der zentrale Punkt des kleinen Betriebes, bestehend aus acht Großwaschmaschinen und zwei gewaltigen Zentrifugen zum Trockenschleudern. Große Hitze der die Waschtemperatur in den Maschinen auf fast hundert Grad anhebenden Gasgebläse, nach Urin, Fleischbrühe und anderen Ingredienzien übel riechende nach außen entweichende Dampfwolken und ständig ablaufendes super heißes oder auch kaltes Spritzwasser im unteren Bereich – das ist nur ein kurzes Charakteristikum dieser neuen Umgebung. Alles hatte jedoch auch hier im Eiltempo abzulaufen. Netzwagen mit Wäsche vor die Maschine, Bullauge des Topladers auf, Wäsche und Waschmittel rein, Bullauge zu, Wasser auf, Gas und Motor an. Und das alles acht Mal. Und aufpassen beim parallelen Beschicken der Monster, das rechtzeitig der Wasserzulauf geschlossen wird, damit die Brühe nicht überläuft. Die Wagen mit den nun leeren Transportbehältnissen der Kunden schauen geduldig auf die jetzt wabbelnde Masse in der Trommel, die mal locker und gelöst im Wasser und Seifenschaum schwimmt, sich jedoch gerne verheddert oder gar zäh verknotet. Während sich die acht Chargen auf Säuberungskurs befinden, warten ihre Vorgänger bereits vor den schweren Zentrifugen. Auch hier wieder: Verriegelung und Deckel auf, Wäsche rein, Deckel und Verriegelung retour, Zeiteinstellung und Motor ein. Schon dreht sich das auf einem Betonsockel fest verankerte Ungetüm in tausenden Umdrehungen pro Minute und zwingt das Wasser aus dem Stoff in die Zentrifuge und weiter in den Abfluss. Und wehe, die fleißigen Hände des

Einlegers waren ungeschickt. Das Monster lief nicht mehr rund und rächte sich mit mörderisch anzusehenden und anzuhörenden Bewegungen und Geräuschen. Nur schnellstes Notausschalten half davor, dass es sich nicht aus dem Fundament riss und möglicherweise als Ufo durch das niedrige Dach unseres Hauses entschwand.
Und schon war die vorgesehene Waschzeit um – die Leibwäsche im Niedrigtemperaturbereich benötigte weniger Zeit als Bettwäsche. Ein Jammer, denn pro Kunde mussten also bei Mischwäsche zwei Maschinen laufen. Das von der REWATEX-Obrigkeit intern angeordnete Waschen von zwei in Netzen verpackten kleineren Privatkundenwäschen ignorierten wir vor Ort aus hygienischen Gründen und wegen des unpraktikablen Handlings. Lieber liefen wir fünf Schritte mehr, als diesen Schnickschnack mit den Netzen durchzuführen. Aufzupassen wie ein Schießhund hatte der Wäscher aber in jedem Falle auf die Farbempfindlichkeit der Textilien. Ein nicht entdecktes oder falsch eingeschätztes Wäschestück konnte eine ganze Charge versauen, sprich verfärben. Zwar gab es Entfärbungsmittel und mit allerhand kleinen Tricks ließ sich so etwas meist ausbügeln, aber es kostete Zeit und nochmals Zeit.
War die Waschtemperatur nun erreicht, galt der nächste Handgriff dem Schnellablaufhebel, damit die Waschlauge im dicken Strahl die Trommel nach unten verlassen und im zentralen Abfluss verschwinden konnte. Frischwasser zulaufen lassen und auf zum ersten Spülgang. Nach Gespür wieder Wasserablass, flüssigen Weichspüler in den Einlasstrichter hinein, manchmal und besonders bei Industriewäsche auch das säuerlich in die Nase stechende Alkosan als besonders aktiver Seifenlöser, Frischwasser dazu…. Nichts ging hier etwa automatisch an dieser aus einer Entwicklungsepoche von vor zig Jahrzehnten stammenden, aber extrem strapaziösen Maschinerie.
Der sie bedienende Mensch davor war ihr mit allen Fasern seines Körpers verbunden und nahm von den dort herrschenden Umweltpartikelchen allerhand an und atmete vieles ein. Die Füße in den Badelatschen erlebten täglich also ebenfalls eine kostenlose vielfache Reinigung. Die weißen Langhosen und das weiße T-Shirt befanden sich in doppelseitiger Tränkung. Von außen spritze unablässig Wasser, aus dem Inneren suchte sich der Körperschweiß seinen Weg. Das Waschpulver kam beim Eingeben mit dem Maßbecher ab und zu in die Lunge und das Spülmittel manchmal auf die Zunge. Der an der Außenhaut der Maschine beim Überlaufen zischende und nach allen möglichen Ingredienzien stinkende Brodem tat sein Übriges, wenn ich nicht schnell genug war oder die zu bedienende Kundschaft mich über Gebühr von der „produktiven" Arbeit abhielt. Und das ging so acht Stunden lang und bei grandiosen gleichbleibend hohen Temperaturen, die jedoch an besonders warmen Sommertagen jeden Aufenthalt im Amazonasdschungel in den Schatten gestellt hätten - glaubte ich zumindest. Für Außenstehende, die diese

Arbeit und diese Art von Waschsalons nicht erleben durften, schwer vorstellbar. Ein US-Journalist, der eines düsteren Nachmittags im Waschsalon auftauchte, um mit unseren Vietnamesinnen ein Interview über ihre Meinung zur aktuellen Lage und ihre bevorstehende Heimkehr zu führen, brachte seine persönliche Sicht darauf etwa so zum Ausdruck: Der zentral gelegene Waschraum, durch die gerade an diesem Tage nur wenig das spärliche Außenlicht hineinlassenden schmalen Oberfenster und die nicht ausreichenden wrasenbeschlagenen verdreckten Neonleuchten in eine fatale Düsternis getaucht, andererseits durch die unter den Waschmaschinen flackernden lodernden Gasfeuer in ein gespenstisches Irrlichtfluidum erleuchtet, brachte ihn zu der „Erkenntnis", dass er sich so und nur so die Hölle vorstellen könne. Den weißgekleideten und in diesem scheinbaren Inferno dort herumtanzenden weißen Kerl, also mich, deutete er andererseits als den Engel in der Finsternis. Wohlgemerkt, Eindrücke eines US-Amerikaners mit Vornamen Gay, mit dem ich nach diesen, seinen ersten „höllischen" Eindrücken von mir, die folgenden Jahre nicht wenige solcher bildgewaltigen und witzigen Gespräche führen sollte.

Aber noch war der anfangs geschilderte Arbeitsablauf nicht zu Ende geführt. Hatten also die Wäschen die Waschmaschine und Schleuder durchlaufen, landeten sie, nach Charge separiert, halbfeucht wieder im Netzwagen. Das private Transportbehältnis mit innenliegender Auftragsliste obenauf fungierte quasi als Identifikator. So also wurde Wagen für Wagen mühsam auf den kleinen Rädern über die geriffelten Fußbodenfliesen zum Manglerbereich geschoben. Frottee- und Leibwäsche kam in den riesigen Trockner, Tafel- und Bettwäsche zur Mangel. Das war nun wieder Angelegenheit derjenigen Kolleginnen, mit denen ich vor kurzem noch direkter zusammengewirkt hatte. Damit am Morgen die Mangler gleich zu tun bekamen, verblieben in der Regel die letzten noch feuchten Wäschen über Nacht in den Wagen. Der Wäscher hatte demzufolge vorzuproduzieren.

Es war ein auf Erfahrung beruhendes Arbeitsspiel, was hier tagein und tagaus betrieben wurde. Bereits so lange wie dieses Stadt- und Straßenensemble, das sich zum Zeitpunkt seines Entstehens noch Stalinallee nannte, existierte. Ungeachtet dessen benötigte es keine Wahrsagerin Buchela aus Westgermany um sagen zu können, dass diese von Neidern hämisch als Zuckerbäckerstil titulierten einmaligen Wohnbauten wohl auch wegen des Denkmalschutzes die Zeit überdauern würden, unser Waschhaus, das damals als Versorgungseinrichtung gleich dahinter positioniert worden war, sich dagegen bald mit seinem Existenzende abzufinden habe.

*

Ora et labora - bete und arbeite - tituliert die Kirche.
Schreibt man diese Worte als Kreis, gelangt man nach dem „lab" gleich auf das Wort „ora" und so wird dieser Spruch zu einer Endlosschleife „… und arbeite und arbeite und arbeite…". Gebetet hatte ich im Konfirmationsunterricht. Es war für mich nur eine hingenommene Verrichtung, kein Bekenntnis. Mit 18 Jahren hatte ich mich dann der marxistischen Bibel namens „Das Manifest" verschrieben. Das Wort „beten" war so gut wie gestrichen in meinem Wortschatz. Das Wort „arbeiten" allerdings nicht, es war systemimmanent in meinem Körper fixiert. Und Körper und Geist hatten sich darin eingelassen. Je nach Aufgabenstellung und Erfordernis. In der Schule, beim Militär, beim Studium oder in der politisch-operativen und analytischen Arbeit des Sicherheitsorganes meines Staates.
Jetzt hatte mein Körper es mit einer anderen Auslegung des Wortes „Arbeit" zu tun bekommen wie deutlich geworden sein dürfte.
Mein Geist und der dazugehörende Körper haben diese neue Auslegung von Arbeit angenommen. Und auch alle Begleitumstände dieser neuen Tätigkeit, die selbstverständlich als Erinnerung haften geblieben sind. So die Plackerei mit den unhandlichen zentnerschweren Waschmittelsäcken vom Lagerraum in die Waschzone. Wie konnte und kann man Frauen das nur zumuten, fragte ich mich bei meinem Tun des Öfteren. Was sagte der Arbeitsschutz des sozialistischen Kombinates früher dazu? Aber es hat wohl bisher kaum jemand dagegen moniert wie ich feststellen durfte. Auch nicht gegen die hygienischen Bedingungen in unserem „Salon". Umkleide sowie Dusche, deren einziger Vorzug es war, unendlich viel warmes Wasser für das Körperbad nach dem arbeitsbedingten Schwitzbad zur Verfügung zu stellen, waren aus der Zeit der Entstehung des gesamten Waschhauses. In Lagen abblätternder Rost an den Rohrleitungen und Stockflecken überall an den Wänden fielen ins Gesicht. Sauber waren dank der fleißigen Vietnamesinnen die Fliesen. Hingegen gab es die für das menschliche Auge unsichtbaren Keime überall. So war es nicht verwunderlich, als sich bei mir erste Warzen an den Fußen ansiedelten – eine Kollegin war damit sehr gut ausgestattet und wirkte wohl als Überträgerin. Viel unangenehmer, lästiger und ekliger war das nicht zu umgehende Zusammenleben mit einer Geisel der Menschheit, den Schaben oder auch Kakerlaken genannt. Sie waren trotz des regelmäßigen Einsatzes von Kammerjägern, trotz Gas und Kontaktgift nicht ausrottbar. Im Biotop unseres Kleinbetriebes fühlten sie sich alle wohl: die Gemeine Küchenschabe, die Deutsche Küchenschabe und die bis zu vier Zentimeter lange Amerikanische Großschabe. Während ich letztere in riesigen Trauben erst bei einem Gang in die feuchtwarmen Katakomben unserer Wasserzuläufe unterhalb der Arbeitsebene im Keller sah und bei diesem Anblick unweigerlich zu frösteln

anfing, quengelten erstere überall um uns herum. Sie waren im Umkleideschrank, so dass alles nur hängend aufbewahrt werden konnte und nach Entnahme erst einmal kräftig zu schütteln war, um diese Plagegeister nicht mit in die eigene Wohnung zu nehmen. Sie krabbelten beim Frühstück auf dem Tisch zwischen dem Proviant umher und amüsierten sich ob unserer Fangversuche. Sie zu erwischen grenzte an ein Lotteriespiel, denn mit über 5 km/h zählt die Schabe zu den am schnellsten krabbelnden Insekten auf unserem Erdball und kein Ritz ist für sie zu schmal, um zu verschwinden. Nicht zuletzt besitzen diese Viecher einen außergewöhnlichen Lebenswillen, ein ungeahntes Überlebensgen. Selbst nach einer Wäsche von 90 Grad Celsius krabbelte es manchmal noch im feuchten Leinen. Wenn man Wissenschaftlern glauben darf, soll man Schaben sogar nach dem Atombombentest auf dem Bikini-Atoll lebend gefunden haben, dort, wo fast alles Biologische vernichtet worden war. Irgendwann, ich glaube es war der Zeitpunkt, als die Neuregierenden die auch mir zuvor bewilligte Zusatzrente ersatzlos strichen und ich wieder einmal etwas mutlos geworden war, verhalf mir dieses Ungeziefer zu einem interessanten Denkansatz. Wenn solchen hirnlosen Viechern ein derart ungeahnter Überlebensgeist innewohnt, dann werde ich Menschlein mich keinesfalls und von niemandem unterkriegen lassen. Egal welche Plagen die Neuregierenden über mich und meine Solidargenossen ausschütten werden. Und damit erhielt die Kakerlake plötzlich in meinen Augen einen neuen, einen vorbildhaften Anstrich. Sie war Überlebens- und Anpassungskünstler, ja sie war Widerständler gegen alle Tücken dieser Welt. Vielleicht sollte ich als Vertreter der höchstentwickelten Individuen dieser Welt das ebenso sehen können, flüsterten mir da meine kleinen grauen Zellen zu! Wie recht sie doch hatten mit diesem neuen Lebens-, besser Überlebensansatz, der mich bis an das Ende meines Arbeitslebens führen sollte. Kakerlaken als Impulsgeber – wer hätte das gedacht. Kurios!

*

Das geht mächtig auf die Knochen!
Ein früher in der Heimat, im Bergbaugebiet, häufig gehörtes Wort, wenn die Kumpels über schwere oder schwerste Arbeit, über ihre Plackerei und Maloche, redeten.
Meine Arbeit am ersten REWATEX-Arbeitsplatz, der Heißmangel, verlangte Beweglichkeit, Flexibilität und Durchhaltevermögen. Das war körperlich jederzeit ohne Probleme abrufbar. Es ging weniger auf die Knochen, führte lediglich zu einem permanenten Muskelkater. Mehr war da nicht.
Ganz anders die Wäscherei. Hier ging es nicht nur um die in Zentnern zu wiegenden Wäschelasten während einer Schicht, sondern auch um das

Drumherum. Da war nichts mehr drin mit Schonhaltung oder gar orthopädisch richtigen Bewegungsabläufen. Jede Waschmaschine und jede Trockenschleuder hielt bei Öffnung des Deckels ein Unikat in sich verschlungener Textilien bereit, dem sich beide Arme des davor breitbeinig stehenden Menschleins anzunehmen hatten. Aber nicht nur das. War der Wäschenetzwagen dicht vor die Luke der Waschmaschine gerollt, damit die Nasswäsche aus den Tiefen der Trommel auf kürzestem Weg rechtsarmig zerrend ausgeräumt werden konnte, ging das nur, indem man sich lang machte und schräg darüber beugte. Ein besonderer Genuss für die Lendenwirbelsäule, die durch das frühere Arbeitsleben nicht gerade trainierte und somit stabilste Gelenk- und Bänderverbindungen aufzuweisen hatte. Ja, und noch eines. Jeder, der privat mal eine Hauswäsche abfertigte, wird den Gewichtsunterschied zwischen Trocken- und Nasswäsche kennen. Dazwischen liegen Welten, erst recht hier auf dem Rasen der industriellen Dienstleistung in Großmaschinenmanier. War das geschafft, also die Nasswäsche herausgezerrt, rumpelte der auf seinen eiernden Minirädern schwer zu schiebende Wagen mit seinem tröpfelnden Inhalt an die eiserne Lady heran, die Trockenschleuder. Mit Verstand hatte man nun das hineinzulegen, was sich im Anschluss durch die enorme Zentrifugalkraft ineinander wirr und ungemein fest verknotete. Fast eine persönliche Feindschaft entwickelte ich insbesondere zu den sechs bis acht Meter langen gastronomischen Tafeltüchern. So gern ich an weiß gedeckten Tischen speiste, so sehr hasste ich nun diese Dinger in dem stählernen Kessel. Das Herauszerren gestaltete sich zu einem Wettkampf zwischen den körpereigenen Gelenken, Bändern und Sehnen sowie dem nicht enden wollenden weißen Leinengewirr. Tränen standen da mal schon in den Augen – vor Wut, weil die in sich verschlungenen „Antikörper" in sturer Abwehrhaltung sich zigfach umschlungen hielten und ein Herausholen verhindern wollten, aber auch vor Schmerzen, die manchmal so stark waren, dass mich schier jegliche Kraft verlassen wollte. Jetzt und erst jetzt verstand ich den alten Slogan der Bergleute von dem „Aufdieknochengehen". Das Hören und Nachplappern solcher Erfahrungswerte ist die eine Sache. Deren Inhalt dagegen als eigene Erfahrung gewonnen zu haben, eine andere.
Gegen die im Verlaufe der Zeit zunehmenden körperlichen Schmerzen halfen dann das Schlucken von Ibuprofen und gleichgelagerten Tabletten oder das ständige Einschmieren mit Schmerzsalben a la Voltaren nur zeitweilig. Auch die vorbeugend um die Handgelenke gelegten Lederbandagen, vor Antritt der Schicht knochenhart und am Ende vielfach fast mitgewaschen und somit butterweich, erfüllten möglicherweise allein den Zweck eines Selbstbetruges. Nicht wirklich erfüllten sie den angedachten Zweck, Bänder und Knochen vorbeugend zu schonen.

Und in solchen „schmerzhaften" Situationen veranstalteten schon einmal die „ratio"verantwortlichen Zellen im Oberstübchen eine kleine Revolte. Zuerst mit dem Flüstern von Losungen, wie „Das hältst du nicht mehr lange aus" oder „Schmeiß doch alles hin, bevor du dich selbst zum Krüppel machst". Zunehmend dann jedoch mit ernstzunehmenden Denkansätzen, die alleinig zum Ziel hatten, nun noch energischer nach mir besser angepassten Arbeitsmöglichkeiten Ausschau zu halten. Die arbeitsvertragliche Bindung mit REWATEX hatte ich doch von Anbeginn an nur als „Überbrückung", als Interimslösung, verstanden und angesehen. Mir jedoch keine zeitlichen Festlegungen hinsichtlich deren Dauer auferlegen können. Wie auch. Ich wollte es gewissenhaft und überlegt angehen lassen, diese Suche nach einer zu mir passenden Tätigkeit für das letzte Drittel meines Arbeitslebens. So war ich es gewohnt, zu denken. Nur zählten meine früheren Gewohnheiten und Denkschablonen in dieser sich um und um drehenden verrückten Welt nichts mehr. Leider! Nun war tatsächlich „Kacke am Dampfen" wie der Bergmann so schön sagt, wenn etwas pressiert. Wie der Silvesterabend unweigerlich auch dieses Jahr 1990 beschließen sollte, so brannte sich jetzt in meinen illusionären Vorstellungen dieses Datum als das meines Arbeitsendes beim hauptstädtischen Reinigungsdienstleister ein. Alles in mir schien sich darauf voll einfokussiert zu haben. In den Fingern hielt ich allerdings noch nichts, nicht einmal die kleinste Fussel, was mich diesem Ziel näher gebracht hätte.
Aber – wie heißt es doch so schön in einem viel zitierten Spruch: Und wenn du denkst, es geht nichts mehr, kommt von irgendwo ein Lichtlein her. Mein Lichtlein objektivierte sich in der Gestalt eines Freundes aus der Senftenberger Zeit. Fritz arbeitete zwischenzeitlich als Akquisiteur bei einer der sich überall auf dem Gebiet der ehemaligen DDR breitmachenden und in das Vakuum des verlorengehenden staatlichen Schutzmonopols hinein drängenden privaten Wach- und Sicherheitsfirmen. Und in diesem Zusammenhang erbat er meine Unterstützung. Der Großbetrieb im Land Brandenburg, dem er eine komplexe Sicherheitsdienstleistung anzubieten dachte, unterstand einem in Abwicklung und Auflösung begriffenen DDR-weiten Kombinat, an dessen Spitze als letzter Generaldirektor, selbstverständlich mit einem altbundesdeutschen Auskenner an der Seite, einer meiner Schulfreunde aus Abiturzeiten stand. Also sagten wir uns, Beziehungen schaden nur dem, der keine hat! Gedacht, gesagt, getan. Ein Telefongespräch von Berlin ins Land, ein kleines Treffen in Treuhandräumen am Alex - der Deal war gelungen. Nun schien mein Akquisiteurfreund gefragt. Und erstmals versuchte ich nun selbst, mich mit dem Gedanken vertraut zu machen, die Dienstleistungsbranche zu wechseln. Weg von der Leute Schmutzwäsche, hin zum Schutz des Eigentums. Allerdings hatte ich von letzterer Aufgabenstellung so wenig Ahnung wie vordem von der Wäscherei, nur sah ich als studierter und praxiserprobter ehemaliger Sicherheitsmensch für mich

wesentlich mehr Gemeinsamkeiten und Berührungspunkte in diesem neuen Metier. Es keimte Hoffnung! Die Wochen vergingen bleiernd langsam. Der Sommer verabschiedete sich, die Tage wurden kürzer. Schließlich kam wie aus heiterem Himmel aber letztlich doch nicht unerwartet an einem Sonnabendnachmittag ein Anruf von meinem Freund Fritz: „Du musst heute mal ran, mal einspringen! Ab 20.00 Uhr einen Geldwechselcontainer in der Johannes-R.-Becherstraße bewachen. Zieh' dir Anzug und weißes Hemd mit Binder an und melde dich beim dortigen Leiter". Gesagt und getan, denn, gelernt ist gelernt. Pünktlich stand ich um 20.00 Uhr vor dem Herrn Filialleiter von der Deutschen Bank. Mit äußerer Forschheit versuchte ich die inneren Unsicherheiten zu verdecken. Es schien gelungen zu sein. Der Deutsche-Bank-Mann übergab mir die Schlüsselgewalt und war wohl froh, sich in den Wochenendurlaub verabschieden zu können. Er verlangte keinen Dienstausweis, den ich ebenso wenig besaß wie einen Arbeitsvertrag. Aber ich war avisiert worden als Mitarbeiter des vertraglich gebundenen renommierten (West)Berliner Wachunternehmens. Das genügte also. So war es um die Sicherheit damals bestellt. Aber zumindest garantierte ich mit meiner Person für die Sicherheit dieser provisorischen Bankfiliale im Stadtbezirk Prenzlauer Berg...

In den Folgetagen klingelte erneut das Telefon. Freund Fritz teilte mir mit der ihm eigenen optimistischen Stimme mit, dass ich ab dem 1.Januar 1991 definitiv mit einem Arbeitsvertrag im Wachgewerbe rechnen könne!

Das Intermezzo REWATEX war für mich tatsächlich am 31. Dezember, mit dem Silvestertag, und nach gut 180 realen Arbeitstagen dort beendet. Die Korken hätten knallen können an diesem Tag. Wenn da nicht die (ost)deutschen Lande zu dieser Zeit trotz allem kahl, kläglich, desolat, unwirtlich und inhuman dagestanden hätten und von versprochenen blühenden Landschaften lediglich leere Wortblasen zu erkennen gewesen wären. Wie sollte ich mich da anders fühlen können, fühlen sollen?

Immerhin kehrt mit jedem Schritt in die neue Lebensrichtung etwas mehr Ruhe und innere Sicherheit in mein Seelenleben ein. Untersetzt mit dem irgendwie frei machenden Kündigungsschreiben an meinen momentanen Arbeitgeber sowie mit dem Bewerbungsschreiben und Vorstellungsgespräch bei meinem künftigen.

Allerdings bauten sich neue Spannungen auf, die verarbeitet werden wollten. Sie betrafen vor allem die künftigen Arbeitsumstände: 12-Stunden-Schichten, rollende Woche von Montag bis Sonntag und Uniformpflicht.

Mit meinen vietnamesischen Kolleginnen verband mich in meinen letzten Arbeitstagen nun eine Art gemeinsamer Aufbruchsstimmung, allerdings mit unterschiedlichen Vorzeichen. Sie mussten, durch den neudeutschen Staat dazu angewiesen, in ihre fernöstliche Heimat aufbrechen. In eine Ungewissheit, aber in familiäre und heimische Gefilde, was die Sache leidlicher erscheinen lassen mag. Ich wollte und musste aufbrechen in eine neue fremde Berufswelt in einer neuen fremden Gesellschaft in den Grenzen meiner angestammten Heimat. Auch bei mir bildeten die Familie, Freunde und Gesinnungsgenossen künftig das helfende Gerüst bei der Bewältigung der neuen Anforderungen. Darüber redete ich mit den Frauen aus Fernost – soweit die Verständigung das erlaubte. Und es waren durchaus hoffnungsvolle optimistische Gespräche, allerdings mit etwas Wehmut verknüpft, denn wir waren uns im Verlaufe der Zeit solidarisch und menschlich sehr nahe gekommen.

Meine deutschen REWATEX-Kollegen bedauerten in Zurückhaltung meinen Weggang. Anteilnahme war nicht vonnöten. Für sie war ich nur Einer von Vielen der Fluktuateure, die sie im Verlaufe ihres Betriebslebens in ihren Waschhallen erlebten. Auch hatten sie offensichtlich noch nicht „geschnallt", dass ihre eigenen Arbeitstage hier und in dieser Branche gezählt waren. Ihnen fehlte jegliches vorausschauende Denken. So lange es ging, wollten sie alle Blicke und Gedanken auf mögliche jähe Wendungen im eigenen Berufsleben ins letzte Hinterstübchen gedanklicher Maschinerie verdrängen.

Und so arbeitete ich bis zur letzten festgelegten Minute mit allen von ihnen zusammen wie von Beginn an: freundlich, kameradschaftlich, ordentlich, zuverlässig. Viel wäre mir daran gelegen, von meinen deutschen Arbeitskollegen erfahren zu haben, wie sie im Nachhinein über mich und meine Tätigkeit in früheren Zeiten in der DDR urteilen würden oder ob sie eher auf die gnadenlose hetzerische Abrechnung der neuen Staatsmacht hereingefallen sind. Leider sind wir uns bis heute kaum über den Weg gelaufen. Aus den Augen, aus dem Sinn – REWATEX wie eben auch diese Menschen waren für mich nur eine Episode, ein Zwischenspiel.

Heutzutage sind die DDR-typischen Wohngebietswäschereien ganz und gar Geschichte und die Kaste der Wohngebietswäscherinnen und -wäscher, der ich kurze Zeit angehörte, gilt in dieser Form als ausgestorben. Man braucht dem keine Träne nachzuweinen, obwohl eine solche spezifische Dienstleistung in dieser Form notwendig und zweckmäßig und gar nicht anders vorstellbar gewesen war.

Nun, über zwanzig Jahre später, kann man vielerorts Waschsalons im wahrsten Sinne des Wortes „bewundern". Sie outen sich nach außen als Waschcafe, als Waschgalerie oder als Singlevermittlungsbörse. Selbst der Schauspieler Dirk Martens alias Freddy Leck war sich nicht zu schade, hier in Berlin, in Moabit, einen derartigen Waschsalon einzurichten und zu betreiben. Wie Bilder in den Medien offenkundig zeigen, wohl unter Zuhilfenahme einer Menge Eigenkapitals oder des Haushaltsgeräteherstellers MIELE, das modernste Technik, von der Maschinerie bis zur Zwangsentlüftung, dort Einzug gewähren half, jedoch auch mit echtem Herzblut und Interesse an dieser Verbindung von

Dienstleistung und menschlicher Kommunikation. Ein Schelm, der schlechtes dabei denkt.

Als Betreiber eines derartigen Waschsalons hätte ich mich auch nicht übel gemacht, signalisieren manchmal rückerinnernde Gedanken.

*

Bei einer späten Spurensuche nach alten Arbeitsstätten fand ich das Gebäude des früheren Waschhauses an bekannter Stelle wieder. Es strahlte in hellen Farben und trägt in großen Buchstaben an der Giebelseite den Schriftzug „Evangelische Kita Galiläa". Schön, diese Umnutzung in neuerer Zeit. Ob allerdings die dort ihre Zeit verbringenden Knirpse je erfahren werden, dass ihr jetziges Tagesrefugium in der DDR als Wohngebietswäscherei zur Versorgung der in der früheren Stalinallee, der späteren Karl-Mark-Allee, wohnenden Menschen gebaut worden war, ist fraglich. Und erst recht, wie es dort zuging. Möglich jedoch, dass jetzt dort im Kindervölkchen Knirpse mit vietnamesischen Wurzeln herumtollen. Das würde meinen früheren Kolleginnen aus diesem Lande möglicherweise gefallen.

II.

Im privaten „Schutzauftrag"

Schicksal nimm deinen Lauf, heißt eine oft verkündete Metapher. Und eine andere ergänzt besserwissend, dass Schicksal immer noch das sei, was man letztlich selber aus der Situation mache. Dem stimme ich zu, ohne Abstriche, ohne wenn und aber! Mein neuer Arbeitgeber ab dem ersten Tag im Januar des Jahres 1991 nannte sich ganz profan WACHSCHUTZ Berlin. Mit dem Zusatz „Werner Loesch GmbH & Co." sowie einem weiteren Zusatz in Geschäftspapieren, der wohl auf Beständigkeit, Solidität und Facherfahrung hindeuten sollte, nämlich dem Vermerk „Seit 1923". Der Hauptfirmensitz lag im Westberliner Stadtteil Friedenau, in einer nach dem ehemaligen Berliner Polizeipräsidenten Ernst von Stubenrauch benannten Straße. Die zum Firmenbereich Brandenburg-Ost gehörende provisorische Niederlassung Berlin-Ost, in der ich künftig tätig werden sollte, fand man in der Boxhagener Straße im Ostberliner Stadtbezirk Friedrichshain. Gar nicht so weit weg also von dem Ort, an dem ich ein knappes Jahr lang vergebens versucht hatte, meinen Roten Socken die Farbe auszuwaschen. Urwüchsig und kaum saniert und dadurch mit Zeitpatina durchdringend behaftet, zeigte sich mir dieses Gebiet um den Bahnhof Ostkreuz. Wohnbauten aus der Gründerzeit verbandelten sich mit Industriebetrieben unterschiedlichster Art und Zeitepochen. Da gab es Wand an Wand zu meiner Niederlassung den VEB Gummiwerke Berlin, dessen ehemaligen Betriebsleiter ich viele Jahre zuvor als Chef der Gummiwerke Ortrand kennengelernt hatte und der mir, nichts ahnend, dass ich einmal in unmittelbarer Nähe dieser Berliner Gift- und Gestankbude würde arbeiten müssen, allerhand über die gesundheitsschädigenden und umweltfeindlichen Aspekte der Gummiproduktion freimütig mitgeteilt hatte. Da war ferner Tür an Tür der Betrieb VEB Schreibfeder, von dem mein Unternehmen derzeit einen winzigen uralten Industrietrakt für seine Ostfiliale angemietet hatte. Und da gab es um die Ecke in der Neuen Bahnhofstraße den um das Jahr 1915 nach Entwürfen des damaligen Stararchitekten Alfred Grenander erbauten repräsentativen Gebäudekomplex von Knorr-Bremse. Das ich dort später etliche Jahre ein mittelständisches Wachunternehmen als Geschäftsführer leiten und dort auch, durch Wessis bestimmt, meine Berufsleben beenden werden würde, ahnte ich Anfang dieses Jahres 1991 nicht im Geringsten. Letztlich sollte auch nicht verschwiegen werden: wenige Hauseingänge von meiner neuen Arbeitsstätte entfernt befand sich die Wohnung meines

Töchterchens, in der ich ebenfalls kaum ein Jahr zuvor Schweiß in Litern vergossen hatte. Welch Zufälle das Leben einem doch so zuspielt, um auf den Zufall erneut zurück zu kommen! Der solle ja irgendwie doch gesetzmäßig sein, hatte ich Anfang der 70er Jahre beim Studium im Fach Philosophie verstehen lernen müssen. Der Glaube an den Inhalt der philosophischen Begriffe Zufall und Gesetzmäßigkeit war in mir fast entschwunden – in dieser unglaubwürdigen, allen Gesetzmäßigkeiten scheinbar entzogenen Zeit. Geblieben waren meine Überzeugung und die ungebrochene Zuversicht an eine andere philosophische Kategorie, den Dialektischen Materialismus. Auch ein einzelnes Individuum kann sich dieser Grundwahrheiten im tagtäglichen Leben bedienen.

*

Auf hieß es für mich nun erneut, auf zu neuen beruflichen, oder besser, existenziellen Gestaden. Diese waren mir allerdings fremder als die Umgebung des Filialsitzes, die noch richtiges DDR-Flair „ausstrahlte" und mir irgendwie Sicherheit, ja, Selbstsicherheit gab.
Aller Anfang hat seine Tücken. Den Arbeitsvertrag hatte ich bereits seit dem 19. Dezember 1990 in den Händen. Ein unvergleichliches Weihnachtsgeschenk, das jeder mitempfinden kann, der sich einmal in einer ähnlichen Situation befunden haben sollte. Freund Fritz hatte sein Versprechen erfüllt und Wort gehalten. Ich war nun Dispositions-Assistent (welch eine Titulierung) in der Niederlassung Berlin-Ost, befand mich im Angestelltenverhältnis und hatte im Schichtdienstrhythmus für 1350 DM Brutto im Monat zu arbeiten. Ein „aufgezwungener" und nicht näher begründeter Änderungsvertrag schon im April 1991 hob das Angestelltenverhältnis für die Gruppe der Dispo-Assistenten wieder auf; wir wurden zu normalen Arbeitnehmern mit einem Stundenlohn von 7,80 DM zuzüglich der betrieblich vereinbarten Zuschläge ummodelliert. Es gab meines Wissens keinen Protest gegen diese Änderung, denn bei genauem Rechnen kam man auf einen besseren Monatsverdienst, geschuldet der Tatsache, dass alle Zuschläge steuerfrei, also Brutto gleich Netto, in die Lohntüte wanderten.
Vor der ersten Arbeitsstunde stand jedoch etwas anderes ganz Gewöhnliches. Die Einkleidung. Aus mir wurde jetzt wieder ein richtiger Uniformträger. Gewöhnt war ich daran. Schließlich hatte ich drei Jahre meinen freiwilligen Dienst im Wachregiment in Uniform abgeleistet und während des Studiums von 1970 bis 1973 trug ich ebenfalls den Waffenrock. Mein Weg zu den Klamotten führte mich erstmalig in die Höhle des Firmenchefs, des alten Riedel, in die Stubenrauchstraße. Ein an einer schmalen und vollgeparkten Straße liegendes altersgebeugtes Bürgerhaus mit typischem muffigem Geruch empfing

mich. Wenn das Unternehmen Wachschutz seit 1923 existiert, dann wohl ununterbrochen in diesem seit bestimmt fünfzig Jahren nicht mehr renoviertem Gebäude – so meine stillen Gedanken. Welcher Zeitgeist mag in diesen Gemäuern regieren? Das Ganze kam mir nicht abweisend aber auch nicht freundlich entgegen. Ich war halt einer von den neu eingestellten Berliner Arbeitnehmern, die diesen Ort aufsuchten mussten, um ihre künftige Dienstbekleidung abzufassen. Ich war aber auch einer von hunderten, vielleicht tausenden neuen Arbeitskräften, die dieses sich in jener Zeitspanne immens aufblähende ehemals bescheidener gebende Westberliner Sicherheitsunternehmen nun in ganz Berlin und auf dem Gebiet der ehemaligen DDR rekrutierte und anderswo in Uniform brachte. Die Betriebsphilosophie war im kapitalistischen Zeitgeist aktuell und mit harten Bandagen darauf ausgerichtet, im ostdeutschlandweiten Konkurrenzkampf und Verdrängungswettbewerb der Branche einen Platz ganz vorne einzunehmen. Da wurde gekungelt und geschachert, da ging stillschweigend DDR-Vermögen für die berüchtigte Eine-Mark in Privatvermögen über, da wurden Rote Socken gezielt gesucht und deren frühere Beziehungen schamlos und rigide zur eigenen Marktstärkung missbraucht, da wurden über Mittelsmänner Wege zur Inbesitzbringung von Immobilien, von benötigter Technik und sogar von Handfeuerwaffen aufgeschlossen. Alles natürlich, bitte sehr, im Rahmen der Legalität! Wo kein Kläger, da kein Richter. Und ungeachtet der Deligitimierungsrichtlinie eines Herrn Minister Kinkel und der damit im Zusammenhang stehenden Verteufelung der Sicherheitsorgane der DDR, allen voran der Staatssicherheit, fanden sich in diesem Unternehmen bald auf allen Ebenen Ehemalige aus diesen brüderlich in Arbeit vereint. Als Verantwortlicher für die waffentechnische Ausbildung fungierte nun einer, der bis vor kurzem die Oppositionsikone Havemann operativ bearbeitete, als Verantwortlicher für das KFZ-Wesen ein ehemalig Verantwortlicher aus dem Personenschutz für das Politbüro der SED und der Bereichsassistent für Materialwirtschaft, Beschaffung sowie Bekleidung war vormals ein Offizier im besonderen Einsatz des MfS bei der Berliner Kripo.
Mein Journalistenbekannter aus den USA brachte das sarkastisch aber objektiv so auf den Punkt: Diese Leute sind doch abstrichlos die am besten ausgebildetsten, qualifiziertesten, zuverlässigsten und profiliertesten „Sicherheitskräfte", die sich ein privater Wachschutz wünschen kann. Er kann, nein er muss sich dieses freie menschliche Potential auf dem Arbeitsmarkt zu Nutze machen, um wettbewerbsfähig zu bleiben. Nun, er musste es wissen, mein Bekannter. Er war in diesem kapitalistischen Gesellschaftssystem aufgewachsen und integriert, er kannte dessen Gesetze aus eigenem Erleben. Und der WACHSCHUTZ-Firmenboss, der alte Riedel, in etlichen (West)Berliner Ehrenämtern „eingebunden" und im Umgang mit seinem Regime vertraut

sowie in der Umgehung den eigenen Betrieb hemmender Faktoren geübt, wusste das auch zu genau.
Von diesen Überlegungen zurück zur Realität. Ich wurde also eingekleidet. Bis auf das hellblaue Hemd war alles in dunkelblau gehalten. Das waren die Standardfarben der privaten Wachschützer in der Alt-BRD. Selbst der Dienstausweis, welch Unterschied zum früheren Leben, nicht mehr am Lederriemen in der Innentasche aufbewahrt, sondern mittels Klippchips außen sichtbar zu tragen, war in Blau gehalten. Aus dem REWATEX-weiß wandelte sich nun meine Hülle in ein Wachschutz-blau. Dabei blieb es. Die Roten Socken sah niemand.
Mühsam quälte ich mich mit meinem metallicblauen Wartburg aus der engen Stubenrauchstraße und dem für mich wenig vertraulich wirkenden Westberlin wieder hinaus in Richtung Osten. Alles ging glatt, ich überholte alle anderen Verkehrsteilnehmer. Auf der rechten Spur. Natürlich befand ich mich auf der für mich eigentlich gesperrten Busspur. So war das eben. Es gab noch allerhand zu lernen, sich an neudeutsche Regeln und Verhaltensvorschriften anzupassen. Wie lautete doch ein Schlagwort zu diesen Zeiten: Ossis sind lernfähig. Ich wollte und musste das einfach auch sein.

*

Den allerersten Arbeitstag verbrachte ich zum allgemeinen Kennenlernen und zur Eingewöhnung in der Disposition. Der Niederlassungsleiter, namensidentisch mit einem heutigen hochrangigen SPD-Politiker, früher Offizier in der für das Innenministerium der DDR zuständigen Hauptabteilung des MfS, zeigte sich mit seinem Armreif und Goldkettchen ganz cool, aber bestimmend. Er hatte wohl die Urzelle dieser Ostniederlassung des Wachschutzes wesentlich mit gegründet. Ob von Anfang an mit dem Segen der Wessis oder erst später mit diesen in Kontakt gekommen, blieb mir verschlossen. Interessierte in dieser Situation auch nicht. Wichtiger waren da schon meine künftigen Mitstreiter in der Disposition, mit denen ich mich nun im Schichtwechsel von zwölf Stunden ablösen sollte. Antipathie gab es von Anfang an nicht. Kollege Manne hatte früher bei der Staatssicherheit und Kollege Carl wohl bei der Polizei Gehalt bezogen. Die Disposition befand sich somit auf einheitlicher ideologischer Linie. Es war irgendwie Vertrauen da. Ein Vertrauen, das sich aus dem Bauch heraus und auf Erfahrungen aus dem früheren Berufsleben begründete. Und es wurde in der kurzen Zeit unseres Zusammenwirkens auch nicht zerstört.
Bevor ich mich in der Dispo „einsitzen" konnte, rief erst einmal der Wachdienst. Kurzfristig war wie das in dieser Branche halt an der Tagesordnung ist, ein Bewachungsauftrag eingegangen – es ging um die Sicherung eines Teiles des

wohl wegen statischer Probleme von Mietern geräumten früheren Wohnhauses Mollstraße/Ecke Greifswalder Straße. Hier hatten findige Köpfe, darunter, so hieß es, der Schwiegersohn eines ehemaligen Politbüromitgliedes, aktuell nicht mehr verkaufbare Waren des täglichen Bedarfes aus der DDR-Industrie zwischengelagert, um sie in den östlichen Nachbarstaaten noch mit Gewinn weiter verscherbeln zu können. Da gab es unter anderem mehrere Zimmer vollgepackt mit dem bekannten Multiboy, einer Küchenmaschine, die noch zwanzig Jahre nach der Wende in meinem Haushalt ihre Dienste verrichtet und damals als Spitzenprodukt des VEB Elbtalwerk im sächsischen Heidenau DDR-weit bekannt war. Da gab es hunderte von Kisten mit Kamillan, der universellen und heute wieder aktuellen „Droge" aus Wernigerode und viele andere Dinge, denen Westkonkurrenten, aber leider auch neue „Bedarfsvorstellungen" in den Köpfen ein Überleben unmöglich machte. Dieses Depot war also nachts zu bewachen. Stündliche Kontrollgänge zu Fuß bis in die zehnte Etage und quer in die einzelnen Korridore ließen die Zeit schnell verstreichen. Nach zehn Stunden war ich einfach nur müde. Der Muskelkater dagegen hielt sich wegen meiner vorangegangenen Trainingseinheiten bei REWATEX in Grenzen. Allerdings konnte ich mich in diesen wenigen Tagen und Stunden etwas auf das einstimmen, was ein Mitarbeiter im Wachdienst so zu tun hat, wie sich das Alleinsein im fremden Gefilde anfühlt, welche Gedanken und Abwegigkeiten ihm so in den Kopf schießen, wie er den Kampf mit der Schläfrigkeit führen muss und wie er bei Unwägbarkeiten zu reagieren hat, etwa wenn ein stark alkoholisierter Mitarbeiter des Auftraggebers sich nachts in einem Büroraum mit einer Pistole lautstark Gehör zu verschaffen sucht. Er war schon nicht verkehrt, dieser kurzfristige Einsatz. Er ließ zudem nachhaltige Gedankenspiele zu: Jetzt stehst du im Objektschutz in privaten Diensten, dreißig Jahren zurück, allerdings voll aufmunitioniert, hieß das Schutzobjekt „Partei und Regierung". Allein die Motivation schien wesentlich anders geartet. War es früher der Einsatz für unser aller eben in einer sicheren Welt, so war ich heute im System der freien Marktwirtschaft als Ware Mensch tätig, einzig tätig, um zu überleben.

*

Endlich rückte der Zeitpunkt meines ständigen Einsatzes in der Dispo heran. Zwei, drei Tage des so genannten Mitlaufens im zwölfstündigen Tagesdienst, das gleiche dann in der Nacht. Und schon war der neue Dispomitarbeiter gebacken. Man erwartete einiges von mir. Und es musste immer schnell gehen, Zeit ist Geld, Zeit kostet Geld! Also saß ich dann eines schönen Abends allein auf meinem durch Abnutzungsspuren arg gebeutelten Dispostuhl in dem alten Fabrikraum, geschützt gegen mögliche äußere Einwirkungen durch uralte

Metalltüren mit ebensolchen Riegeln und Schlössern. Die zu betreuenden Bewachungsobjekte waren überschaubar. Drei bis vier Alarmaufschaltungen erschienen mir wie Böhmische Dörfer, aber ich wusste, was bei dieser oder jener Meldung am Empfangsgerät zu tun war. Vor mir lag der handschriftlich auf Vordruckschablone eingetragene Dienstplan der Objekte, mit den Bewachungszeiten und den Namen der eingesetzten Wachleute. Diese hatten sich bei Dienstantritt und -ende zu melden. In der Nacht erfolgten telefonische Gegenkontrollen seitens der Dispo. Das zu kontrollieren und zu dokumentieren war nun meine Aufgabe. Schwierig wurde es immer bei plötzlichen personellen Ausfällen. Da hieß es dann als Interimslösung die eigentlich im mobilen Streifendienst tätigen Revierkontrolleure, damals zumeist Studenten, vor Ort zu dirigieren, um die Zeitlücke zu schließen, und dann den Reserveplan nach operativen Lösungen zu durchforsten. Mit jeder verstrichenen Minute nässten etliche Schweißtropfen mehr das frisch gebügelte blaue Hemd und die Nackenhaare sträubten sich Millimeter um Millimeter. Aber es gelang immer, eine Lösung zu finden. Nur gut, dass unsere Auftraggeber, die Kunden, derartige Probleme fast nie mitbekamen. Das hätte bei diesen wegen möglicher Sicherheitslücken sicherlich nicht nur zu Reaktionen wie den meinigen geführt. Aber so ist das eben mit der etwas unberechenbaren Ware Mensch. Und das Wachgewerbe ließ und lässt sich auch heute noch nicht ohne diesen Unsicherheitsfaktor als Dienstleistung realisieren. Mit jeder solcherart überstandenen Situation wuchsen tagtäglich bei mir die Sicherheit und das Selbstvertrauen in die neue Arbeit. Manchmal war ich über mich selbst überrascht, die eine oder andere Situation gemeistert zu haben. Es war wohl das Erfahrungswissen aus fast fünfzig Lebensjahren, was hier als „Basiselement" wesentlich zur Entscheidungshilfe und –findung beigetragen haben dürfte.
Tagsüber lief das „Geschäft" zwar wesentlich unruhiger, jedoch stand fast immer ein erfahrenerer Kollege in der Nähe. Da waren zu den Kontroll- und Sicherstellungsaufgaben dann auch die vielfältig per Telefon oder persönlich vorgetragenen Wünsche des Wachpersonals aufzunehmen, zu prüfen und in die Planung einzutakten. Es mussten Kundengespräche geführt und telefonisch Behördenkontakte erledigt werden. Der Disponent war quasi Mädchen für alles in hoher Verantwortung.
Aber nicht nur das. Er war beispielsweise auch Waffenwart – für mich eine Aufgabe, die ich bereits dreißig Jahre zuvor während der Militärzeit kennengelernt und durchgeführt hatte. Hier und heute allerdings ging es nur um etwa zehn Pistolen der Marke Makarow 9mm. Hier und heute hatte ich nun auf mein altes Wissen aufzubauen, ganz ohne die im neuen Staat geforderte Waffensachkunde und den Erwerb der Waffenbesitzkarte. Die benötigte ich auch nicht, denn ich befand mich mit meinen Pistolen nicht außerhalb eines

befriedeten Besitztums. Ganz anders sah das allerdings bei den Kollegen aus, die eine Waffe zur Dienstdurchführung benötigten. Das waren fast ausschließlich frühere hauptamtliche Mitarbeiter der Deutschen Volkspolizei und des MfS, die in ihrer damaligen Dienststellung die Pistole Makarow strukturmäßig trugen, nun aber genötigt waren, die (neu)staatlich vorgegebene Sachkundeprüfung abzulegen und den Waffenschein a la BRD zu erwerben. Wie das vonstattenging und welche Behördenhürden mit welcher List dabei überwunden wurden, wissen nur die damaligen Insider. Man sprach nicht darüber. Wichtig waren allenfalls für das Wachunternehmen der zahlende Kunde, der Vertrag, die Vertragsbedingungen und das geeignete Potential zur Vertragserfüllung. Und das war in unserem Falle gegeben bei der Sicherung von Bankfilialen. Morgens erschienen nun die uniformierten Bankfilialenschützer, um in der Dispo ihren stählernen Kameraden inklusive gefüllter Magazine zu empfangen, am Nachmittag, je nach Geschäftsschluss der Bank, traten sie wieder vor, um sich dieser Last zu entledigen. Die erforderliche Reinigung und Pflege der Waffen übernahm ich gerne in der Nachtschicht. Ich war geübt und die Zeit verging dabei auch schnell. Nur ein einziges Mal in dieser Zeit kam eine der Waffen zum Einsatz. Ein Bankräuber hatte wohl nicht damit gerechnet, dass ihm in der Filiale in der Frankfurter Allee ein waffengeübter und erfahrener Wachmann mit DDR-Vergangenheit gegenüber stand. Und so wurde er von diesem „sach- und fachgerecht" außer Gefecht gesetzt. Das Ganze sorgte aktuell für Furore. Besonders hinsichtlich der Tatsache, dass private Sicherheitsdienste mit Schusswaffen ausgerüstet waren. Dem Auftraggeber Bank kam dieses Angelegenheit möglicherweise als „Abschreckungsbeispiel" mehr als recht. Er wusste seine Filialen in sicheren Händen. Mir öffnete sich damals der Blick in die Doppelzüngigkeit und Interessenskonflikte zwischen radikalen politischen Vorgaben des Staates, etwa dem erklärten absoluten Einsatzverbot von ehemaligen Mitarbeitern des MfS bei der Sicherung staatlicher und staatsnaher Bereiche, und dem Wunsch der privaten Vertragspartner solcher Bereiche, optimale Sicherungsleistungen einzukaufen. Geschickt umging die Akquise solcherart Fragen, scheinheilig wurden alle von potentiellen Auftraggebern verlangten Versicherungen abgegeben, jedes Risiko wurde eingegangen, um Aufträge zu erhalten und jedes Risiko wurde eingegangen, um frühere „Staatsnahe" der DDR zur qualifizierten Wahrnehmung von Bewachungsaufgaben nicht nur der Privatwirtschaft sondern auch der halbstaatlichen und staatlichen Bereiche einzusetzen. Ich habe es später in den Jahren meiner leitenden Tätigkeit im Wachgewerbe intensiv betrieben, dieses risikoreiche Handeln. Und nicht ein einziges Mal hat meines Wissens einer dieser so genannten Staatsnahen im Belegschaftsbestand vorsätzlich und absichtlich das in ihn gesetzte Vertrauen verletzt. Vielfach haben sie als für diese oder jene Aufgabe stark überqualifizierte Arbeitnehmer zur inhaltlichen Ausgestaltung und somit zur Gewährleistung einer hohen Sicherheit ungemein beigetragen. Sicherlich auch mit allen seelischen und moralischen Belastungen, wenn sie beispielsweise die rüden Töne des kapitalistischen Managements über sich ergehen lassen mussten. Wie mag sich solcherart wohl ein ehemaliger Oberst des MfS mit Hochschulabschluss, der über vierzig Jahre lang verantwortliche Aufgaben durchzuführen und unzählbare Menschen zu führen hatte, gefühlt haben, wenn er als Pförtner morgens vor dem bornierten Hausmanager katzbuckeln musste und nicht einmal eines Blickes gewürdigt wurde? In eherner Selbstdisziplin verrichtete er dennoch seinen Dienst tadellos nach Volkes Geheiß "Stasi in die Produktion". Vieles an Sicherheitsgarant hätte es in den ersten zwanzig Jahren der neuen Staatsstruktur besonders in den neuen Bundesländern nicht ohne diese vielen im Umdenkprozess befindlichen Arbeitnehmer aus Partei, Regierung sowie Sicherheits-, Polizei- und Militärapparat der ehemaligen DDR gegeben. Ich muss es wissen! Ich kann es bestätigen!

*

Ohne viel Aufsehen war der in der Boxhagener Straße gelegene „Ableger" der Westberliner Firma Wachschutz zwischenzeitlich offiziell zur Niederlassung Ost-Berlin dieses bereits an Gicht leidenden aber ungeachtet dessen sich aufblähenden Unternehmens mutiert. Die bis jetzt genutzten wohl hundert Jahre alten werkstattähnlichen Geschäftsräume genügten den neuen Ansprüchen nicht mehr. Man suchte und man fand. Die neue Niederlassung sollte ihren Sitz in Berlin-Kaulsdorf haben. In Gebäuden, die zu DDR-Zeiten dem sozialistischen Jugendverband als Schulungszentrum dienten und nun durch die Dame „Treuhand" in neue Hände gebracht werden mussten. Welche praktische Wandlung!
Mein Team befand sich in Aufbruchsstimmung. Etwas Neues schaffen, eine Basis für die Absicherung auch der eigenen Existenz – das war doch etwas, da musste man sich einbringen. Aber ein „Mit"- Denken war kaum gefragt, sondern vorwiegend das Schleppen von Möbeln und das Aufstellen von Regalen angewiesen.
Doch halt. In der neuen Zentrale sollte künftig computergestützt gearbeitet werden, sollte die Personalplanung und –disposition nach dem in der Stubenrauchstraße genutzten Programm der Personaleinsatzplanung vorgenommen werden. Dazu mussten wir in dieser Hinsicht Unwissenden natürlich geschult und eingewiesen werden. Also nichts wie hin, in die Westberliner Zentrale. Ich verstand anfangs nur Bahnhof von dem, was mir die für unsere Qualifizierung zugewiesene junge Schnepfe da vorbetete und mit der Tastatur auf den Bildschirm heran zauberte. Erst später gelangte ich zu der

Erkenntnis, dass sie nur das vollzog, was alle EDV-Experten bei derlei Verrichtungen auszeichnete, sich nämlich nicht zu bemühen, sich auf das Niveau der Lernenden herabzubegeben, sondern das eigene Niveau als Level für die Lehre anzusetzen. Hinzu kam noch, dass sie uns Ossis wohl als kommunistische Monster im Hinterkopf gespeichert hatte, so wie die bundesdeutsche Schule es ihr gelehrt hatte. Das machte die Sache nicht einfacher. Auch meinerseits war Aversion in den Adern. Und die pulsierte schon, wenn Madam in Lederkleidung mit ihrer Enduro angeknattert kam. Aber wie so vieles im Leben drängten die Räder des umzusetzenden Auftrages nach vorn. Ich begriff mehr und mehr von der PC-gestützten Personaleinsatzplanung, ich beherrschte sie schließlich einigermaßen. Wohlgemerkt als Anwender dieses Programmes. Was sich im Hintergrund des PC abspielte und welche Prozesse abliefen, das alles blieb mir verschlossen. Wie auch anders, ich hatte ja nicht einmal einen PC-Grundlehrgang vorzuweisen.
Ende April war dank der Mithilfe aller und mit hohen Mehrleistungen, ich brachte für diesen Monat 231 Arbeitsstunden zur Abrechnung, die neue Geschäftsstelle der Niederlassung Berlin-Ost in Kaulsdorf voll funktions- und arbeitsfähig. Kein Vergleich zu dem alten Fabrikschuppen in der Boxhagener. Licht durchflutete die Räume und ein Bibbern wich eher dem Schwitzen, weil die Heizungen wegen mangelhafter noch aus DDR-Zeiten stammender Ventile ungebremst ihre Wärme abgaben. Auf dem Dispo-Tisch stand der Computer mit dem Planungsprogramm. Der Vorhof bot genügend Parkplätze zum Abstellen der Autos. Es war geschafft, alle Mühen und zusätzlichen Anstrengungen zur persönlichen Qualifikation und zur Herrichtung des neuen Arbeitsplatzes hatten sich gelohnt. Ruhe konnte einziehen. In beruflicher Hinsicht, im Leben der Familie. Das wäre schon etwas Hehres im Kleinformat, denn in der sich umstürzenden, umorientierenden, von Haß, Verleumdung und Intrigen, von Wirtschaftschaos und Existenzängsten geprägten Gesellschaft des Jahres 1991 brodelte es nach wie vor wie in einem sich akut austobenden Vulkan.

*

Allerdings - der Wunsch war auch hier Vater meiner Gedanken. Zwischenzeitlich beherrschte ein bösartiger Kapitalismus mit all seinen Knechten und Mägden, mit seinen Lakaien und Dienerinnen die ostdeutschen Lande ganz ordentlich und ordinär, teilte seine Gemeinheiten breit gefächert, skrupellos und meist ohne Ankündigung an die Menschen aus.
Eine dieser Niederträchtigkeiten bekamen die Dispo-Assistenten der neu in Kaulsdorf installierten Niederlassung Berlin-Ost der seit 1923 im Westen Berlins angesiedelten kapitalismusträchtigen privaten Wachschutzfirma selbigen

Namens nun brutal und unvermittelt zu spüren. Diese Gemeinheit nannte sich Kündigung. Sie wurde mir am 17.Mai gegen 17.00 Uhr per Boten, es war ein äußerst betroffen dreinblickender mir gut bekannter Revierkontrolleur, in meiner Wohnung zugestellt. Wegen der Fristeinhaltung.
Mit Datum 15.05.1991 versehen, teilte mir ein für das Personalwesen zuständiger Herr Pechardscheck mit, dass mein Arbeitsverhältnis zum 30. Juni des Jahres fristgemäß gekündigt sei. Gleichzeitig wäre ich mit sofortiger Wirkung als Dispo-Assistent entbunden und würde als Separatwachmann eingesetzt werden.
Nach meiner Exmittierung aus der staatlichen Sicherheit nun reichlich ein Jahr später ein ganz anders gearteter Rausschmiss aus meiner mühsam erarbeiteten neuen Position in der privaten Sicherheit. Warum, weshalb, was war passiert? Überlegungen und gedankliche Nachforschungen strengten das Hirn an.
Wieder traf mich ein körperlicher, ein psychischer „nock out". Wieder einmal gab es einen Schock der Seele.
Doch alsbald zeigte ein telefonischer Rundspruch, dass ich nicht allein da stand mit meiner Kündigung. Etwas weniger schnell offenbarten sich die Ursachen. Wir ausbeutbare Ossis hatten der Stammfirma eben nur als moderne Kulis gedient. Man hatte unsere auf Vertrauen, Glauben und Zuverlässigkeit gegründete Mentalität schamlos ausgenutzt, um ein Nest aufzubauen, in das man nun das eigene Personal aus Westberlin gut einzubetten gedachte. Duckmäuser und Anpassbare durften verbleiben, andere wie eben auch ich, die klare Worte und sauberen Umgang bevorzugten und auch einmal ihre roten Socken aufblitzen ließen, sollten allerdings in besonders gemeiner Form abgewickelt werden. Mohr, du hast deine Schuldigkeit getan, wir benötigen dich nicht mehr!
Nicht mit uns, signalisierte das Oberstübchen. Wir müssen uns wehren, wisperten die kleinen grauen Zellen. Zuerst einmal mittels des Betriebsrates, den es beim Wachschutz gab und der ja bei Kündigungen angehört werden müsse. Aber falsch gedacht. Der „treu" zu seinem Unternehmen stehende „Betriebsrat Wachschutz Berlin" erklärte bedauernd, dass er nicht für uns zuständig sei, sondern nun der Betriebsrat der Niederlassung Berlin-Ost, da der sich zwischenzeitlich konstituiert haben solle. Letzterer legte nach Anhörung dann formell auch Widerspruch ein – aber zwecklos. Zum Zeitpunkt des Aussprechens der Kündigungen war er leider noch nicht konstituiert. Das Ringelspiel der nun folgenden Verantwortungszuweisungen und Prüfung von Verfahrensfehlern führte zu nichts. Oder doch: Auch wir Neubundesdeutschen wussten jetzt, wo ein Betriebsrat stehen und sich positionieren kann – als korrumpierter Arschkriecher des Unternehmers wie der West-Kollege namens Fuis oder als Interessenvertreter der Arbeitnehmer wie unser Ost-Kollege Bartnik. Und so erfuhren wir am eigenen Leibe wie ein Betriebsrat und das

Betriebsverfassungsgesetz durch ein Unternehmen gezielt und geschickt unterlaufen werden kann. Für mich persönlich war diese Angelegenheit quasi ein Schlüsselerlebnis. Meine ablehnende Meinung zu einem Betriebsrat bestand während der gesamten späteren Zeit, in der ich als Geschäftsführer einen Betrieb leiten sollte – es kam nie zur Bildung eines solchen Gremiums! Selbst als hauptamtliche Gewerkschaftsfunktionäre mit einigen „Gewerkschaftspionieren" aus den Reihen der Arbeitnehmer im Korridor der Geschäftsführung standen, führte das zu nichts. Wäre es in dieser Zeit und bei der damaligen ökonomischen Lage des Unternehmens zur Bildung eines Betriebsrates und anschließend zum Beitritt in den bestehenden Rahmentarifvertrag im Bewachungsgewerbe gekommen, wäre das Licht im Betrieb ausgeschaltet worden. Die Ware „Dienstleistung" wurde leider zu wenig gewürdigt und vom Kunden eben auch viel zu schlecht bezahlt. Dazu war und ist das Wachgewerbe leider noch immer am unteren Level dieser Sparte angesiedelt.

Zum Glück gab es in dieser Zeit und in dieser Situation genügend Mitarbeiter im Unternehmen, die das ebenso sahen wie die Geschäftsführung und sich als Antibetriebsratsliga in Front stellte. Man möge mir diese „absurde" Meinung und Haltung, die noch heute in mir ist, verzeihen.

*

Nun wieder zur aktuellen Situation des Jahres 1991.
Versuchen wir es im nächsten Schritt doch mit einer Kündigungsschutzklage, sinnierten wir gedemütigten Ex-Disponenten, obwohl dieser Ansatz kaum erfolgversprechend für mich als Probezeitkandidaten schien. Trotzig dachten wir, der Versuch soll es wert sein. Also stand die Gruppe der Entlassungshansel vor der Rechtsstelle der Gewerkschaft ÖTV in der Joachimsthaler Straße in Berlin. Wir waren mehrere, man nahm uns ernst. Keiner von uns aber war aktuell Gewerkschafter. In der DDR ruhte bei den Bewaffneten Organen außer für Zivilangestellte die Gewerkschaftszugehörigkeit. Ich selbst war auf Grund meiner persönlichen Entwicklung nie Gewerkschaftsmitglied geworden. Meine diesbezüglichen Wurzeln lagen beim Vater und Großvater, die beide über 50 Jahre Mitgliedschaft zu verbuchen und etliche Funktionen inne hatten.
Eine fehlende Mitgliedschaft stelle kein Problem dar, erklärte man uns. Ihr werdet eben zum Mitglied gemacht und das Eintrittsdatum etwas freundlich zurückdatiert festgelegt. So könnt ihr dann gewerkschaftlich in eurer Sache vertreten werden. Gesagt, getan. Die ÖTV hatte nun etliche Mitglieder mehr und wir konnten auf eine kostenlose Rechtsvertretung hoffen. Es lief wie am Schnürchen. Offensichtlich waren wir nicht die ersten Kandidaten aus ostdeutschen Landen, die derart zugewonnen wurden. Außerdem soll der

Mitgliederschwund gerade in dieser Zeit enorm gewesen sein, so dass jeder Art Mitgliederzugang der Gewerkschaft wünschenswert schien.
Der Verfahrensverlauf kann verkürzt aufgezeigt werden: Die Gewerkschaft stellte einen Rechtsanwalt, der erhob Kündigungsschutzklage und diese wurde vom Gericht wie erwartet abgeschmettert. Allerdings und das ist bis heute sonderbar, konnte ein Vergleich derart geschlossen werden, dass ungeachtet einer plötzlich durch den WACHSCHUTZ aus den Ärmeln herbei gezauberten „ordentlichen betriebsbedingten Kündigung" es für mich ein einmaliges Überbrückungsgeld von 350,-DM gab. Und das für einen Probezeitkandidaten. Verstehe wer will! Aber Geld stinkt nicht immer. Ich also nahm die Entscheidung und das Urteil an. Zumal - nach dem ganzen Knatsch hätte ich sowieso nicht mehr bei dieser Firma arbeiten wollen. War also halbwegs zufrieden mit dem Ablauf der Geschichte. Und der Anschlusszug dampfte zudem bereits auf dem Nachbargleis.
Zum eigenen Selbstverständnis postulierte ich trotz allem positiv: Junge, wieder hast du ein zeitliches Intermezzo zum Rentenziel hinter dich gebracht. Es dauerte sechs Monate. Lange genug, um allerhand Wissen und Kenntnisse für die Wachschutzbranche zu erwerben – letztlich hat das Wachschutzunternehmen des Altmeisters Riedel auf dringendes Anmahnen von mir dieses sogar in einem qualifizierten Arbeitszeugnis bestätigen müssen. Ich war also kein heuriger Hase mehr in dieser Dienstleistungssparte.

*

Der Anschlussarbeitsvertrag trägt das Datum vom 1.Juli 1991. Da war das vorgenannte Arbeitsgerichtsverfahren noch nicht einmal abgeschlossen. So kann es gehen! Schwein gehabt!
Noch in der Zeit des auch von mir vorgetäuschten Krankenstandes - man zeige mir den Gekündigten, der freimütig bis zum Kündigungstermin weiter für den Boss schuftet – brachten mit Freunden und Bekannten geführte Sichtungsgespräche Licht ins Dunkel der Zukunft. Ein jungfräuliches privates Wachschutzunternehmen „um die Ecke" suchte einen geeigneten sowie halbwegs ausgebildeten und qualifizierten zuverlässigen Mitarbeiter für seine Einsatzzentrale. Das war doch das, womit ich in den letzten Monaten mein Geld verdienen durfte. Welcher Genosse, Kamerad oder Freund „Zufall" hatte hier die Finger im Spiel? Ich kann es nicht mehr genau sagen. Zu viel ist im Strom der Erinnerungen verloren gegangen. Selbst alles zu den Personalgesprächen. Vielleicht lag es an den ausgeschütteten Glückshormonen und dem wonnigen Gefühl, wieder regelmäßig arbeiten zu dürfen, mich erneut selbst zu verwirklichen. Das mag heute banal klingen, ist aber schlicht gesagt die stinknormale Wahrheit!

Neuer Arbeitgeber wurde nun das erst 1990 gegründete mittelständische Unternehmen „ALWAS – Allgemeine Wach- und Sicherungsgesellschaft mbH.". Der operative Sitz befand sich in einem früher von der Sicherheit des Staates genutzten Industriegebiet in Hohenschönhausen, nicht weit von meiner Wohnung entfernt. Sehr angenehm bei einer künftigen Arbeitszeit von wieder 12 Stunden. Was sich aber noch schöner anhörte, waren Informationen, dass mein Betrieb ein reines Ostdeutsches Unternehmen sei und fast alle Verantwortlichen und sehr viele Arbeitnehmer aus den ehemaligen Bereichen der Sicherheit der DDR kamen. Meine Erwartungshaltungen hinsichtlich Ehrlichkeit und Einhaltung von Vereinbarungen waren groß. Um es gleich an dieser Stelle zu sagen: Diese anfänglichen Erwartungen von mir wurden nie in Frage gestellt. So ehrlich und konsequent ich mich nun in meinen neuen Betrieb einbrachte, so sauber wurde ich dort behandelt und auch gefördert. Den stillen Mäzen in der Geschäftsführung, der meine Geschicke lenkte und mich entsprechend meinen Fähigkeiten einsetzte, erkannte ich spätestens zwei Jahre später, als ich die Funktion des Leiters Dienstleistungen von ihm angeboten bekam.
Soweit war es jedoch noch nicht. Jetzt war ich laut Arbeitsvertrag noch Mitarbeiter im Werkschutz, eingesetzt aber bereits in der Disposition. Man zahlte mir 8,20 DM/h plus 0,20 DM/h Leistungszuschlag. Dazu kamen Zuschläge für Feiertage, Sonntage und Nacht. Damit konnte und musste ich leben. Ein Jahr später wurde ich geadelt zum Disponenten im Objektschutz mit einem Grundgehalt von 2 200 DM/Monat plus variablen Leistungszuschlag. Anfang 1993 war ich dann bei 2800 DM angelangt.
Eine kontinuierliche Entwicklung der meinerseits eine akkurate, zuverlässige und immerwährende konstruktive Arbeit und Einsatzbereitschaft zugrunde lagen. So wie ich das in meinem bisherigen Leben vorher immer wieder abrief. Ich hatte damit wohl die Erwartungen meines Arbeitgebers getroffen. Das schaffte Zufriedenheit und innere Ruhe bei mir, obwohl die Tätigkeit als Disponent rund um die Uhr nicht gerade physisch einfach zu verkraften und mehr Stress als Geruhsamkeit zu verzeichnen waren.

*

Das ALWAS-Unternehmen war mit Datum 21. Mai 1990 in das Handelsregister eingetragen worden. Das Siegel der Urkunde trägt die Aufschrift „Deutsche Demokratische Republik – Rat des Stadtbezirkes Berlin-Mitte". Als Gesellschafter sind aufgeführt: ein Dr. sc. oec., ein Diplom-Ökonom, ein Diplom-Journalist sowie zwei Diplom-Juristen. Sie kannten sich untereinander aus früherer Zeit, wo sie ihre berufliche Ausbildung und Karriere unter sozialistischen Fahnen vollzogen hatten. Nun, im Wendezeitraum, mussten

auch sie sich beruflich neu orientieren. Und das taten sie sehr frühzeitig und mit Vehemenz. Ob das Gründungskapital aus eigenen Ersparnissen kam oder als Geldgeber und sonstiger Berater der Besitzer eines Hamburger Sicherheitskaufhauses mit dem schönen Vornamen Horst fungierte, sei dahin gestellt. Irgendjemand der Ostdeutschen Gründerväter hatte sicherlich den Kontakt zu dieser Hamburger Adresse gepflegt, jetzt auf eine neue Stufe gestellt oder gar erst erschlossen. Der Pakt mit dem Teufel war ja nun kein Pakt mit dem Teufel mehr sondern ein Zusammengehen mit den Brüdern aus dem Westen eines bald sich zeigen sollenden „einigen" Deutschlands.
Allerdings stellte der Deutsche Bundestag den Gründungsgesellschaftern später in seiner Antwort auf eine „Kleine Anfrage", worauf noch zurückzukommen sein wird, folgendes Zeugnis aus: „... *Bekannt ist, dass die Stammanteile der ALWAS GmbH in Höhe von je 10 000 M/DDR von den fünf Gründungsgesellschaftern aus eigenen Mitteln finanziert worden sind. Umlaufmittel erhielten die Gesellschafter aus Aufträgen, die aufgrund von Beziehungen unmittelbar nach Gründung eingingen...*". Ja, ja, Beziehungen sind eben das halbe Leben!

Ähnliches war in dieser heißen deutschen Wendezeit gang und gäbe in allen ostdeutschen Landen. Nachfragen über das „Wie" und „Woher" und „Womit" waren nicht opportun. Der Zweck heiligte die Mittel und das Vorgehen!
Einzig und allein galten hier und heute existenzielle Fragen. Man befand sich auf dem Boden der ehemaligen DDR in einer Situation, die der Gründerzeit von vor hundert Jahren in ganz Deutschland etwas ähnelte. In meinem Buch „Schipkau Kolonie..." habe ich über die Gründerzeit am Ende des 19.Jahrhunderts in meiner Braunkohleheimat vermerkt: „...das rief natürlich Industriepioniere sowie alle Schattierungen von Kräften mit und ohne Kapital und selbstverständlich nicht wenige Spekulanten auf den Plan, die sich in dem neuen Industriezweig versuchen wollten...". Wie die Szene sich doch ähnelte! Das private Wachgewerbe stellte jetzt für Ostdeutschland einen solchen neuen „Industriezweig" im Dienstleistungsgewerbe dar. Und die aufbauwilligen aber eher mittellosen und branchenunerfahrenen Kräfte des Landes benötigten unbedingt Kapitalspritzen sowie Beratung zum Know-how, zum üblichen Branchenwissen. Also heiligte der Zweck die Mittel. Die einstigen Berufsrevolutionäre und Staatsschützer der sozialistischen DDR dealten eifrig mit Leuten, denen sie wenige Monate vorher noch die Begriffe Kapitalist und „Klassenfeind" anhingen. Aber wenn es gut geht... !
In Funktionen der ALWAS agierten derzeit: der ehemalige Mitarbeiter einer im sozialistischen Bruderstaat arbeitenden Operativgruppe der Staatssicherheit und der ehemalige hochrangige Mitarbeiter der Hauptverwaltung Aufklärung des MfS, ehemalige Mitarbeiter aus der Spionagebekämpfung und ehemalige

Antiterrorkräfte, ehemalige Offiziere im besonderen Einsatz des MfS, aber auch ehemalige Offiziere der Nationalen Volksarmee und frühere Mitarbeiter aus irgendwelchen anderen Ministerien. Eine illustre Truppe. Gewillt, aber unbedingt geeignet, ein Unternehmen der privaten Sicherheitsbranche aufzubauen und zu führen.

Ich kam dort an, als die Geburtswehen schon etwas abgeklungen, jedoch keinesfalls beseitigt waren. In der Struktur gab es die Einsatz- und Notrufzentrale, die Bereiche Separater Wachschutz(Objektschutz) und Revierkontrolldienst und Veranstaltungsdienst sowie den Geldtransport und die Geldbearbeitung. Es gab bereits eine Niederlassung im Erzgebirge und im Odernahen Raum sowie ein Geld-Werte-Unternehmen in Polen.

Niemand wird mir angesichts dieser Tatsachen die Feststellung verübeln können, dass ich, fast dreißig Jahre für die Sicherheit meines untergegangenen Staats tätig, mich in diesem personellen Umfeld und auch in diesen spezifischen Tätigkeitsfeldern richtig aufgehoben sah, wohl fühlte und Tätigkeitsdrang verspürte. Das war meine ganz persönliche aktuelle neue berufliche Ausgangslage.

Bedingt durch die Struktur des neuen Unternehmens und den vorhandenen Betriebsräumen vervielfältigte sich die Komplexität der Arbeit. Die Einsatzzentrale grenzte sich nur durch eine Arbeitsbalustrade von den übrigen Arbeitsbereichen oder Arbeitsprozessen ab. Die Revierkontrolleure rückten allabendlich ein, übernahmen ihre Arbeitsutensilien und führten bei einer Tasse Kaffee den üblichen Erfahrungsaustausch und Kaffeeklatsch. Ich war dabei – man kam sich näher. Die Routenüberwachung der Geldtransporter bei ihren Erlösabfuhren lag bei mir, die Abgabe der Geldtransportkisten erfolgte an mir vorbei zur Geldbearbeitung. Letztere natürlich im nicht einsehbaren Sperrbereich. Kurierfahrer holten die bei mir hinterlegten Belege und Pakete ab oder brachten solche zu mir. Der Großauftrag Flensburg, es ging dabei um den Transport von Dokumenten aus den neuen Bundesländern in das Verkehrszentralregister des Kraftfahrt-Bundesamtes nach Flensburg, spielte dabei eine wichtige Rolle. Lagen Veranstaltungsdienste an, etwa auf der Galopprennbahn in Hoppegarten, mussten mangels geringen Bestandes kurzfristig die im Objektschutz eingesetzten Handsprechfunkgeräte eingesammelt, geprüft und arbeitsbereit gemacht und später dann wieder an die Wachschutzkräfte zurückgeführt werden. Es gab also kaum eine operative Nuance, die sich ohne Wissen und aktive Mitarbeit der Kräfte der Einsatzzentrale vollziehen konnte.

Das war meine Welt, hier konnte ich trotz des 12-Stunden-Dienstes Kreativität entwickeln und ausleben, Unterlagen und Dokumente entsprechen meinen Vorstellungen und auch meines in früherer Zeit erarbeiteten Niveaus in die richtige Fassung bringen oder gar neu erarbeiten, wenn die Nacht lang wurde.

Manches wurde anerkannt und akzeptiert, manches aus falsch verstandener Eitelkeit, beispielsweise vom Leiter der Einsatzzentrale oder dem Leiter Objektschutz, ignoriert oder herabgewürdigt. Beide mussten sich später jedoch jahrelang mit mir als ihren Geschäftsführer und somit Vorgesetzten arrangieren. Jeder kann nicht mit jedem, heißt es. Aber im Interesse der Sache und vor allem der eigenen Arbeitsplatzsicherung sollte man manchmal persönliche Befindlichkeiten zurückstellen. Ich konnte es in einem Fall nicht und habe mich in einem sachlichen persönlichen Brief an die Geschäftsführung gewandt mit der Bitte, mehr Einfluss auf das Verhalten eines leitenden Mitarbeiters zu nehmen. Noch heute glaube ich, dass mir diese sachliche „Wortmeldung" Pluspunkte bei der Geschäftsführung und bei der späteren Übertragung verantwortlicherer Aufgaben eingebracht hat.

*

Die Tage vergingen wie im Fluge. Ein 12-Stunden-Schichtrythmus lässt die Zeit, scheinbar schneller dahineilen als das tatsächlich der Fall ist. Eine Woche ist flugs um, ebenso ein Monat. Und wenn Not am Mann war und die Ablösung fehlte, wurde die Schicht auf 16 Stunden ausgedehnt oder im Extremfall auf 24 Stunden erweitert. Die geschwollenen Füße fühlten sich dann schon einmal des Nachts in Filzlatschen wohl. Auch wenn Derartiges in dienstlichen Vorschriften oder gar im Arbeitszeitgesetz als nicht gestattet verurteilt wurde. Die in vielen dicken Wälzern in kleiner Schrift enthaltenen staatlichen Normative und manche praktische Lage im Betrieb waren zueinander nicht immer kongruent. Es mussten eben eigene Lösungen gesucht und gefunden werden. Lösungen aus der Situation und den bisherigen Lebenserfahrungen heraus, denn Lehrbücher fehlten damals ebenso wie ein Berufsbild in dieser Branche. Nachfolgend, als Leiter Dienstleistung im Unternehmen oder als Geschäftsführer, habe ich für derart zu erwartende Situationen oder Störfaktoren vorbeugend betriebliche Bestimmungen vorgeschrieben und festgelegt. Unter anderem durfte kein Wachmann seine Schicht beenden, bevor die Ablösung am Arbeitsplatz eingetroffen war. Er hatte auszuharren! Das war ein Ehrenkodex, der dem späteren doppelsinnigen Firmenslogan „Wir helfen ihnen mit Sicherheit", entsprach. Der Kunde hatte eine Sicherheitsdienstleistung eingekauft, für deren Garantierung jeder in der Firma Verantwortung trug. Da gab es zuweilen schon Unverständnis und Frust bei den Arbeitnehmern. Aber, nicht nur ich, sondern auch sie alle, hatten sich an die harten Bandagen neokapitalistischer Gepflogenheiten in Sachen Arbeitsdisziplin und Erfüllung arbeitsvertraglicher Festlegungen zu halten, sollten die bestehenden Verträge mit den Kunden stabil und das Unternehmen am Markt bleiben. Ich agierte in diesem Sinne immer hart und kompromisslos.

Was ich von mir verlangen würde, so meine Prämisse, verlangte ich auch von jedem Wachmann. Da hatte ich keinen Skrupel. Bis dahin, dass ich mich als „Chef" selbst solch einer Lücke annahm und die Aufgaben des Wachmannes erfüllte, bis eine Lösung gefunden war. Das klappte aber nur, weil ich die jeweilige Aufgabenstruktur aus dem „FF" kannte, fast jede Wachanweisung selbst geschrieben beziehungsweise bestätigt hatte und durch Kontrollen am Tage und in der Nacht mit dem Bewachungsgegenstand vertraut war. Sicher hat so mancher über dieses Verhalten gelächelt, wurde hinter meinem Rücken darüber geredet. Letztlich musste es akzeptiert werden. Unbelehrbare hatten im Unternehmen nichts zu suchen. Die Zeiten, wo eine erzieherische parteigeprägte Einflussnahme im und mit dem sozialistischen Kollektiv hoch im Kurs standen, waren Vergangenheit. Jede Abweichung eines Einzelnen von der Aufgabe, von der Norm, jede moralische Verfehlung, konnte jetzt zu einem Schlag in das Kontor, sprich, zu existenziellen Nachteilen ungeahnter Größenordnung für das Unternehmen führen. Das galt es zu vermeiden.

*

Während derart angespannt aber sicher geführt die operativen Prozesse noch in Hohenschönhausen abliefen, entwickelte sich im Stadtbezirk Friedrichshain, in der Petersburger Straße, eine neue Baustelle des ALWAS-Unternehmens. Durch Umbau des erworbenen Gebäudekomplexes einer früheren Produktionsgenossenschaft des Tischlerhandwerkes sollte das Zentrum eines auf die Zukunft orientierten Wach- und Sicherheitsunternehmens entstehen. Mit einer allen Anforderungen entsprechenden Alarm- und Notrufzentrale, mit einer modernen Geldbearbeitung, mit einem riesigen Tieftresor, mit den staatlichen Schutzbestimmungen entsprechenden Sicherheitsschleusen und Objektaußensicherungen. Die Zentrale der Firma und deren Berliner Arbeitsbereiche sollten künftig auf einem Grundstück und unter einem Dach vereint sein. Eine glänzende Idee.
Damit die umliegenden Anwohner die künftige Bestimmung des Umbauobjektes auch richtig wahrnehmen, wurde eine deutliche Beschilderung vorgenommen und trug der diese Baustelle sichernde Wachmann schön deutlich eine Pistole. Dass es nur eine Schreckschusswaffe war, musste ja niemand wissen. Der Zweck heiligte wieder einmal die Mittel.

Die Presse, damals hinter jeder neuen Idee und Maßnahme zu Schaffung von Arbeitsplätzen und neuen Unternehmen die Hand der Stasi und geheimes Geld der SED vermutend und so dagegen Gift und Galle verspritzend und Lügen in die Welt setzend, beschrieb den neuen Unternehmensstandort wie folgt:

„ Die Zentrale der Wachschutzfirma ALWAS in Ostberlin ist gesichert wie eine Festung. Das frisch renovierte vierstöckige Verwaltungsgebäude aus rotem Backstein ist rundum mit Zäunen abgeschirmt. Zahlencodeschlösser sichern die Eingänge, Kameras registrieren jede Bewegung".

Gut geknurrt, Journaille. Aber ein Sicherheitsunternehmen hat sich nun einmal primär auch selbst zu schützen, besonders wenn es Arbeitsbereiche, wie Geld- und Wertetransport, Geldbearbeitung sowie eine Alarm- und Notrufzentrale in

seinen Mauern betreibt. Da gehört ein fernregulierbares und über Video kontrollierbares und auf Funksignal reagierendes Rolltor der renommierten Firma Kettler genauso dazu wie der überwindungssichere Zaun zum Schutz der gepanzerten und mit Funk ausgestatteten Spezialfahrzeuge für den Geld-Werte-Transport, den Revierkontrolldienst und die Alarmverfolgung (Interventionsdienst). Da musste es codierte Zutrittssysteme und Personen- sowie Fahrzeugschleusen im Gebäude geben, damit nur Berechtigte in die sensibelsten Arbeitsbereiche gelangen konnten. Geldscheine und Münzen im Wert von Hunderttausenden von Mark wurden an den Tischen der Geldbearbeitung täglich sortiert, geordnet und umsortiert, um entweder bei der Landeszentralbank eingezahlt oder als Wechselgeld wieder an die Kunden ausgeliefert zu werden. Da durfte nicht einmal ein Mäuschen durch die Schleuse huschen, geschweige denn eine unberechtigte Person! Die Notrufzentrale konnte man einsehen – aber die Scheibe bestand aus beschusssicherem Glas und nur durch eine spezielle Durchreiche konnten Belege ausgetauscht werden.
Alle diese Dinge waren keine Überflugvorstellungen oder Erfindungen der ALWAS-Oberen wie man vermuten könnte. Nein, das war lediglich der Vollzug von scheinbar hunderttausenden von staatlichen Vorgaben, von Normativen und Richtlinien der Verwaltungs- und Berufsgenossenschaft(VBG), des Bundesverbandes Deutscher Wach- und Sicherheitsunternehmen(BDWS), des Verbandes der Schadensversicherer(VdS) und, und, und…, als Voraussetzung für den Betrieb einer Wach- und Sicherheitsfirma in deutschen Landen.
Nun, ich muss eingestehen, die Journaille hatte im Grundprinzip wirklich recht. Unser neues „Haus" in der Petersburger Straße war schon ansehenswert und funktionell und vor allem sicher. Jedenfalls zum Zeitpunkt der vollen Inbetriebnahme, der, so glaubte ich damals zu spüren, von allen Mitarbeitern sehnlichst erwartet worden war. Das waren immerhin etwa 300 an der Zahl. Somit präsentierte sich jetzt und hier ein prächtiges mittelständisches Unternehmen, das sich in der Berliner Branche gut ausnahm. Zudem der Name ALWAS inzwischen irgendwie zu einem Begriff mit Bekanntheitsgrad avanciert war!

*

Die Arbeitsbedingungen nach Umzug in die neue Notrufzentrale konnten sich sehen lassen. Das Inventar war neu, die technischen Gerätschaften atmeten teilweise noch den Geruch ihrer früheren Herstellungsfabrik aus, helle Fenster sorgten für genügend Tageslicht und Verdunklungen in der Nacht für das Verhindern des Einblickes von außen. Eine kleine Küche hob den sozialen Standard im nach wie vor 12-Stundendienst an. Statt des mit kochendem Wasser überbrühten Bino-Würfels konnte ich mir jetzt schon mal des Nachts

ein Ei in die Pfanne hauen. Etwas doppelsinnig: Das alles war so richtig nach meinem Geschmack. Ich fühlte mich, es mag lächerlich klingen, fast wie ein Kommandeur in seinem Gefechtsstand. Na, ja, irgendwie war da schon Ähnlichkeit. Es galt auch hier, das große Ganze im Blick zu haben, wenn es galt, den kleinen Knopf an der Apparatur zu bedienen oder die telefonische Kommunikation zu führen.
Was weniger schön von mir und den Mitstreitern der Einsatzzentrale empfunden wurde, war die jetzt eingetretene Isolierung in der eigenen Arbeitswelt des superstreng abgeschotteten und abgesicherten Raumes. Jedes Kollegenlachen sah und hörte man nur gedämpft durch die Sicherheitsglasscheibe, das gewohnte Händeschütteln gab es nicht mehr und das Kaffeetrinken fand nun separat auf jeder Seite der Panzerglasscheibe statt. Die meisten Bewegungsabläufe im Haus waren zwar sichtbar, aber ohne Ton – auf den Monitoren der Überwachungskameras.
Eines bekräftigte jedoch unsere absolute Souveränität. Wir waren die Herren der Türöffnung auch in unser „Heiligtum". Daran mußte sich selbst ein Geschäftsführer halten!
Alsbald hatte sich jeder von uns in dieser neuen Welt „eingerichtet". Der Mensch ist ein Gewohnheitstier, heißt es. Wie richtig. Und wenn noch ein Komplex neuer Aufgaben zu bewältigen ist, haben sich Kopf und Mensch neu zu konfigurieren, würde der Computerfachmann dazu sagen. Gesagt, getan. Neben den bislang gewohnten und erforderlichen Aufgaben lag nun unter anderem auch das technische Objektmanagement in unseren Händen, das Bedienen der wichtigsten Zugangssysteme. So hatte jeder Einlaßbegehrende, der nicht im Besitz des Zugangscodes war, am äußeren Zaun an der Wechselsprechanlage sein Anliegen kund zu tun. Selbst der Postbote blieb davon nicht verschont. Fiel mal eine Fernbedienung bei den Geldtransportern aus, mußte das Tor von der Zentrale aus bedient werden. Und auch über die Videofernüberwachung beobachtet werden, damit niemand eingequetscht wird oder unberechtigt den Hof betritt.

Also, alles in allem eine interessante, verantwortungsvolle sowie Kreativität und Selbstbewusstsein erfordernde Aufgabe wie ich sie mir in diesem Zeitfenster gewünscht und vorgestellt hatte. Die „Zentralisten", wie wir uns scherzhaft nannten, das wurde uns jetzt mehr und mehr bewusst, gehörten zu den „wichtigen" Mitarbeitern des Unternehmens. Hier liefen die operativen Fäden aller Dienstleistungen zusammen, von hier aus erfolgten vielfältige Steuer- und Überwachungssignale, hier waren die Kenntnisschubladen aller Dienstleistungsbereiche abgelegt und auch hier mussten wieder Kundenkontakte und öffentliche Kontakte bedient werden. Unsere Ohren nahmen fast jedes Geräusch im Mechanismus der Firma war und selbst der

Buschfunk fand seinen Weg in unsere so toll gesicherte Zentrale. Das alles zusammen genommen führte dazu, dass meine Kollegen und ich weit oben angesiedelten waren im Bereich des betrieblichen Insiderwissens. Manchmal drängte sich mir da die Erinnerung an meine Jahre in der Zentralen Auswertungs- und Informationsgruppe des MfS auf. Irgendwie gab es hier Ähnlichkeiten, wenn auch inhaltlich gänzlich anders geartet.

Da könnte man eigentlich mehr als zufrieden sein, eine solche Arbeitsstellung erreicht zu haben, signalisierten in diesen Augenblicken wieder einmal die kleinen grauen Kameraden im Oberstübchen. Ja, ich war im Moment mehr als das, und ich war schon irgendwie im inneren Gleichgewicht. Und stolz auf diese herausgehobene Tätigkeit. Ich war mit mir selbst im reinen wie es so schön heißt. Dass ich diesen Level in der kurzen Zeit nach nur reichlich zwei Jahren meines persönlichen beruflichen und gesellschaftlichen Supergaus erklommen hatte, gefiel mir außerordentlich!
Wenigstens einer in der Familie schwamm nun in etwas sicherem Fahrwasser. Währenddessen bestand beim Rest noch lange nicht die Aussicht darauf: Meine Gattin hatte in regelmäßigen Abständen Gänge zum Arbeitsamt im Plan, machte Umschulung nach Umschulung und wurde dabei qualifiziert in Richtung Speditionskauffrau und der Altenpflege, bekam hier ein Praktikum und dort Zeitvertrag um Zeitvertrag, bis sie endgültig im Hafen der Seniorenpflege Anker werfen konnte und vom Paritätischen Wohlfahrtsverband dann letztlich bis zum im 65. Lebensjahr beschäftigt wurde. Alle Achtung, die Familie war stolz auf sie, die Einzige in der gesamten Verwandtschaft, die das obligatorische Rentenalter erreichen konnte.
Töchterchin hielt sich nach dem durch die stürmischen Winde der Wende und des privaten Lebens abgebrochenen Weg des Studiums bei Humboldts mit Gelegenheitsarbeit in einem Kindergarten über Wasser, besuchte dann mit dem Abitur in der Tasche eine Berufsschule und ist nun schon lange examinierte Krankenschwester im neurochirurgischen Bereich eines Vivantes-Krankenhauses in Berlin. Für mich schön zu wissen, falls dem Kopf einmal etwas zustoßen sollte. Und Sohnemann schließlich stand mit einem Facharbeiterzeugnis als Gemeinschaftskoch wie viele andere auch auf der Straße. Die „Stasi-in-die-Produktion-Parolen" hatten ihn aus einer ihrer Esser entraubten Großküche des MfS hinausgefegt. Alle Mitarbeiter des MfS erhielten von den Parolisten auf den Straßen, in den neuen Behörden und bei den meisten der neuen Parteien eine Gleichstellung. Sie alle waren eben „Stasi-Leute" – egal, ob früher den Superspion Guillaume in Westlanden geführt, die sogenannten Oppositionellen um einen Pfarrer Eppelmann kontrolliert oder als Dienstleister für die Vorgenannten einfach nur die Zimmer geputzt und das Essen gekocht zu haben. Jetzt hieß es für Sohnemann konkret: aus der

bisherigen Produktion raus und eine neu bestimmte Produktion finden. Leicht gesagt, komplizierter zu bewerkstelligen. Und dabei geriet er schon an Gauner, die ihn wochenlang schuften ließen ohne ihn zu bezahlen. Auch eine neue Erfahrung, die es so im bisherigen Aufwachsstaat nicht gab! Aber auch er gab nicht auf. Als Lohn seines Fleißes und seiner treudeutschen Zuverlässigkeit darf er jetzt bereits anderthalb Jahrzehnte lang den Angestellten einer der größten deutschen Banken in Berlins Mitte ein gutes Mittagessen zubereiten und manchmal auch deren Obrigkeit Bankette auftafeln.

Aber zurück zum Jahr „2" nach dem Supergau. Da waren die für die Familie durch den vielfach zitierten „Herrn ganz da oben" angedachten Wege wirklich noch nicht erkennbar. Stunden des Bangens und des Zitterns waren noch an der Tagesordnung. Jeder Umschlag im Briefkasten sorgte für eine erhöhte Pulsfrequenz. Jede noch so kleine Abweichung von der Normalität führte zu surrealen Gedankenspielen.

Ungeachtet dessen drängten und bohrten in mir neue persönliche Fragen nach einer Antwort. Etwa derart: Wird die jetzige Tätigkeit mit ihren anspruchsvollen aber dennoch stereotypen Inhalten und Mechanismen mich auch perspektivisch ausfüllen können? Oder gar, bin ich nicht eher unterfordert in dieser roboterhaften „Arbeit streng nach Vorschrift"?
Ich wusste, dass ich mit meinen nunmehrigen in fast fünfzig Lebensjahren erworbenen Kenntnissen und Erfahrungen mehr konnte, als das jetzt Vorgegebene zu realisieren. Der Drang nach Kreativität, nach Selbstverwirklichung und selbstverantwortlicher Arbeit schlummerte in allen meinen Körperzellen und wartete darauf, dass da ein Ventil geöffnet werden würde. „Wann – wenn nicht jetzt?" – dieser Satz von Christa Wolf in ihrem Werk „Nachdenken über Christa T." drängte sich mir gedanklich immer wieder auf. Wann würde mehr kommen? Was würde mich mehr fordern?

*

Und urplötzlich ging dann tatsächlich ein weiteres Türchen in eine neue Perspektive auf. Ganz ohne mein Zutun.
Geschuldet einfach der Tatsache, dass die ALWAS-Geschäftsführung nun den angedachten Weg von computerunterstützten Arbeitsprozessen gezielt fortzuführen gedachte. Im Klartext: Beginnend im Objektschutz sollte die Planung des Personaleinsatzes von den bisher auf Formularen per Hand mittels Bleistift und Radiergummi erstellten Einsatzplänen radikal auf ein PC-Programm umgestellt werden. In der Art wie ich es mir beim Wachschutz Riedel aneignen durfte. Über den Gesellschafter Horst in Hamburg liefen die Kanäle zur Firma „UFA-Systemvertrieb Gesellschaft für Datentechnik" in Elmshorn, die ein zu

dieser Zeit praktikables Programm für Dienstleister im Bewachungsgewerbe auf dem deutschen Markt vertrieb. Es führte den Namen „PEP", die Kurzbezeichnung für „Personaleinsatzplanung". Bei der ALWAS war ich der einzige PEP-Vorbelastete. Und so kam, was kommen musste. Ich musste, nein, konnte ran an diese Aufgabe und wie so oft wieder einmal Neuland betreten.

Zwei Tage vor meinem 49. Geburtstag verließ ich dann die abgeschotteten Räumlichkeiten der Einsatzzentrale und nahm Platz im operativen Refugium des Objektschutzes. Der Leiter Objektschutz trug in Vorwendezeiten die Uniform der NVA und diente zuletzt in einem Wehrkreiskommando, wurde sogar, welch ein „Stolz" möglicherweise für ihn, in die Bundeswehr übernommen, bald jedoch „in Ehren" in die Arbeitslosigkeit entlassen. Seine beiden Assistenten, verantwortlich für die Planung, den Einsatz und die Kontrolle der in den Bewachungsobjekten tätigen Wachpersonale, dienten vormals im Wachregiment Berlin des MfS. Letzteres erfuhr ich aber erst viel später. Manche schwiegen sich untereinander schon etwas aus über die Vergangenheit. Schon gar nicht sprach man darüber mit mir, dem Eindringling in ihre Sphäre, der ihnen mit der neuen Technik nun ein Stück ihrer Arbeit, die sie bisher nach Gutdünken qualifiziert durchführten, wegzunehmen trachtete. Und das noch mittels moderner Technik, die sie nicht verstanden und der sie demzufolge argwöhnisch ablehnend gegenüberstanden. Zu ihrer Praxis gehörte es bisher, die Einsatzpläne in der eigenen Aktentasche mit sich herumzuschleppen, in der Wohnung daran noch zu basteln und von dort aus in kritischen Situationen superschnell mit der „eigenen Reserve" von Teilzeitbeschäftigten Abhilfe zu schaffen. Sicherlich, in der Anfangsphase der Computerzeit waren sie operativ dem PEP noch überlegen, aber zunehmend schwanden ihre (Aktentaschen)Vorteile, konnten sie ihre bislang streng gehüteten Geheimnisse zu Reservekräften und -möglichkeiten nicht mehr ausspielen. Und das war auch gut so. Die Entwicklung des Unternehmens wäre mit dieser egoistisch geprägten und praktizierten Art des Personaleinsatzes perspektivisch nicht möglich geworden.

Ich war also ab dem 1.Juni 1992 offiziell Disponent im Objektschutz und wurde kurze Zeit später „befördert" zum Hauptdisponenten und Stellvertreter des Leiters Objektschutz. Mit den Leistungszulagen kam ich auf ein Gehalt von reichlich zweieinhalbtausend Mark. Das beruhigte. Erst einmal.

Die wichtigste Änderung meines neuen Arbeitsdaseins bestand darin, keinen Wechselschichtdienst mehr zu schieben. Welch eine Wonne für das Wohlbefinden, die Psyche, das Familienleben.

Am Schreibtisch stand mir dafür jetzt der immerwährende Kontrahent namens Computer gegenüber, dem ich mittels eines Handbuches – jeder, der schon einmal nach den Vorgaben eines Handbuches ein Gerät zu installieren oder zu bedienen hatte wird an dieser Stelle sicherlich an seine eigenen negativen Erfahrungen damit zurückdenken – und der eigenen Intuitionen zu Leibe rücken musste. Alleine die Stammdateneingaben zu Personen, Wachobjekten, Schichtzeiten und Abrechnungsmodalitäten benötigten ihre Zeit, denn das gesamte System sollte vorausschauend so eingerichtet werden, dass irgendwann einmal sogar die Schnittstelle zur Fakturierung und Lohnabrechnung funktionieren würde. Manchmal steckte der Ärger im Detail, so beispielsweise, wenn ein jetzt mit seiner Familie in Berlin beheimateter Exmilitärpilot der Sowjetarmee plötzlich bekundet, von Herkunft kein Russe mehr zu sein, sondern Ukrainer. Weil er aber des Ukrainischen gar nicht recht mächtig war, wollte er die dem Deutschen angepasste Schreibweise seiner Personenangaben in einem halben Jahr wohl an die drei Mal korrigiert wissen. Ein Neudeutscher, aber wohl trotzdem ein kleiner Ukrainischer Nationalist – wer konnte mir in diesen Augenblicken diese, meine innersten Gedanken verdenken.

Auf Unterstützung meiner Mitdisponenten durfte ich bei der Lösung dieser spezifischen Aufgaben nicht hoffen. Alles schielte auf mich, den PEPer, und wie dieser wohl die Aufgabe lösen würde. Solch eine Situation war mir nicht neu. Das hatte ich im Leben vielfach durchstehen müssen. Warum also gerade jetzt davor kapitulieren? Telefonische Konsultationen mit den Programmierern in Elmshorn waren an der Tagesordnung, so dass wir uns schon bald als Kollegen fühlten. Ihre Konsultationen hier in Berlin führten den Faden der „Einsicht" in das System weiter voran und auch ein Besuch in der Höhle des Löwen, in Elmshorn, erweiterte meine praktischen Anwenderkenntnisse. Der Fünfer im Lotto, mit dem ich meine PEPer-Karriere für lange Zeit zu stabilisieren gedachte, gelang mir jedoch rein zufällig. Wie das Leben so spielt, suchte der Chef von UFA für seine Berliner Kunden dringend einen befähigten Außendienstmitarbeiter. Schwager Detlef, Elektroingenieur und Programmierer, stand wie viele andere auch, zu dieser Zeit auf wackliger Berufsebene. Ein Avis von mir, ein Vorstellungsgespräch dort und fortan begleitete mich mein Schwager als UFA-Experte in allen Fragen die Software betreffend, aber auch in Bezug auf die Hardware, wenn beispielsweise der Bildschirm nur noch rot leuchtete und ein Geräteversagen bevorstand. Oder der PC sich festgefahren hatte, oder, oder... Eine sehr gedeihliche, für alle Beteiligten unkomplizierte und vor allem kostengünstige Zusammenarbeit brach an. Eine Hand wäscht die andere – heißt es auch hier schön. Detlef und ich haben aus der familiären Situation und der Stimmigkeit von Trägern Roter Socken heraus praktikable Lösungen beruflicher Art gefunden und fürderhin daran intensiv weiter gebastelt. Das hielt für Detlef so lange an, bis die Firma UFA Systemvertrieb in Konkurs ging, der Chef sich nach Spanien absetzte und die Mitarbeiter auch dort sich nun wieder sich selbst und dem Arbeitsmarkt überlassen blieben.

Ich aber blieb mir in der Petersburger Straße nicht selbst überlassen. Das System PEP lief zufriedenstellend, ab und an knirschte es noch im Getriebe und in der Software. Systemsicherungskopien, die die vertraglich vereinbarten Nutzungszeiten – sie waren, welche Gerissenheit, im System selbst verankert und hätten an einer bestimmten Datumsgrenze zur selbsttätigen Abschaltung geführt - zu überwinden halfen, hatten wir und darüber hinaus eben noch Schwager Detlef, der als Systemmanager die kommenden Jahre auch ohne Firma im Rücken aushalf. Der Zeit vorgreifend: Ohne Aufwendungskosten und ohne Lizenz nutzten wir PEP ohne Skrupel so noch über etliche Jahre. Auch, als das eigene Unternehmen ALWAS Konkurs anmelden musste und mit der Allgemeinen Sicherheits- und Service GmbH an deren Stelle ein Nachfolgebetrieb die Dienstleistung fortsetzte, gehörte das mir ans Herz gewachsene PEP stabil zum Betriebsgetriebe und war ein großartiger technischer Helfer. Und ich ein überzeugter Anwender solcherart die praktische Arbeit unterstützender Computersysteme. Wer hätte das früher von mir gedacht. Ich selbst am Allerwenigsten!

*

Nicht immer operierte ich im Arbeitszimmer in der Petersburger Straße. Von der Geschäftsführung hatte ich mir ausbedungen, neben der Computerarbeit auch selbst einzelne Objekte steuern zu dürfen. Die Wohnanlage für Ausländer und Asylbewerber an der Gehrenseestraße in Hohenschönhausen, ein früherer Wohnkomplex für ausländische Arbeitskräfte in der DDR, schien dafür wie geeignet. Mit acht von einem Schichtleiter geführten Wachleuten sowie je einem Hundeführer pro Schicht in dem rund um die Uhr gesicherten großflächigen Objekt geriet schon die Monatsplanung nicht so einfach. Es galt, fast vierzig Mitarbeiter entsprechend deren Qualifikation, den Objekterfordernissen und Gefährdungsoptionen für dreißig Tage voraus zu planen. Und wehe, es fehlte in der Schicht ein Mitarbeiter mit der durch den TÜV abgenommenen Prüfung für die Aufzugsnotbefreiung, schlimmer noch, ein Personenaufzug mit Ausländern steckte fest. Da habe ich doch selbst die Prüfung durch den TÜV in Maschinenräumen und Aufzügen vor Ort abgelegt, um bei Erfordernis mit Hand anlegen zu können.

Vielfältigste Kundenanfragen und –vorgaben waren nun auch durch mich zu bearbeiten. Sie reichten von der Festlegung der Kontrollbereiche über die Organisation der Zugangssicherung bis zur komplexen Gefährdungsanalyse. In

Anbetracht der rassistisch motivierten Ereignisse zwischen dem 22. und 26. August 1992 vor der Aufnahmestelle für Asylbewerber in Rostock-Lichtenhagen gar nicht so weit hergeholt. Und schließlich gab es in dieser Zeit auch mehrere Nächte, an denen ich als Verantwortlicher der ALWAS mit dem Leiter der Senatseigenen Wohnungsbaugesellschaft ARWOBAU nachts im Bewachungsgelände unterwegs und letzterer sicherlich froh darüber war, einen sachkundigen Sicherheitsmitarbeiter an der Seite zu haben. Er fragte nie, woher diese Sachkunde wohl kommen könne. Für ihn war es nicht nur eine politische Frage, dass sein Bereich nicht durch rassistisch geprägte Randale wie in Rostock auffallen würde, sondern offensichtlich auch eine Frage des Überlebens auf seinem eigenen Arbeitsplatz. Unsere Zusammenarbeit in dieser Zeit war so optimal wie ich sie später kaum wieder mit anderen Kunden erfahren habe. Gelegentlich erinnere ich mich daran, wenn ich nach über 20 Jahren an den ruinenhaften aufgelassenen Gebäuden dieser Wohnanlage vorbei komme und mir die damals errichteten und zwischenzeitlich verrotteten Sicherheitszäunen und Zugangskontrollen (Container) in mein Blickfeld geraten. Es wohnt dort schon lange niemand mehr, aber wie Zeitungen kürzlich schrieben, habe man in den Ruinen bereits vier tote Ausländer aufgefunden. Sie lebten hier in deutschen Landen illegal, in den gesperrten Häusern unbefugt und sind wohl erfroren oder verhungert. Da ist nichts zu verspüren von bekannten Visionen der heutigen Stadt Berlin als Nachfolgerin früherer DDR-Zuständigkeiten und Besitzverhältnisse, dieses Gelände zurückzubauen um Platz für eine neue Wohnanlage zu schaffen. Zumindest der damalige Kneipier mit seiner Pizzabäckerei hat es geschafft, zu überleben. Allerdings weit weg, in Waren an der Müritz.

*

Also, dieses Objekt an der Gehrenseestraße in Hohenschönhausen mit seinen exotischen Bewohnern, ihrem fremdartigen Ansehen und Verhalten sowie dem besonders aus den Gemeinschaftsküchen durch die Häuser ziehenden afroasiatischen und anderweitig die deutsche Nase nicht unbedingt anrührenden Gerüchen hat mich schon sehr beschäftigt, besser ausgedrückt, zu schaffen gemacht. Nicht zu vergessen dabei die fast vollkommen unwirksam gebliebenen Bemühungen aller in die „Sicherheit" einbezogenen Kreise, dem schwunghaft organisierten Zigarettenhandel etlicher vietnamesischer Gangs, die sich des Objektes als Lager- und Umschlagplatz zu bedienen wussten, Einhalt zu gebieten. An diesem Ort habe ich schon Herzblut eingebracht und nicht wenig „Schweiß" vergossen, um alles zur Kundenzufriedenheit und zu dessen besonderer Bequemlichkeit ablaufen zu lassen. Das wurde irgendwie auch honoriert. Zu meinem 50. Geburtstag in der Mitte des Jahres 1993

gratulierte mir sehr herzlich nicht nur die Kundenseite sondern auch meine Wachmannschaft, die deren Schichtführer Rudi an meine Geburtstagstafel delegierte.
Umso bitterer das Ende, als es mir und anderen leitenden Kräften nicht gelungen war, im Zusammenhang mit der sehr unsauber abgelaufenen verschleppten Insolvenz des Wachschutzes Berlin und der darin zwangsläufig involvierten ALWAS das Vertrauen des Auftraggebers für eine weiterführende Zusammenarbeit zu erhalten. Einige der objektverantwortlichen Mitarbeiter der ARWOBAU hatten in diesem Zusammenhang, um ihren eigenen Arsch zu retten, hintenherum sehr schnell mit anderen Wachschutzhyänen aus der Branche angebandelt. Fies wie eigentlich nicht zu erwarten, hatte einer von ihnen, der Name Peikert wird mir ewig in Erinnerung bleiben, sogar die von mir selbst erarbeiteten qualifizierten Wachunterlagen und Sicherheitskonzeptionen vor Ort bei Nacht und Nebel geklaut und unverfroren an die neuen „Partner" der Firma KRUPPA verscherbelt. Das war eine besonders bittere Pille, die ich zu schlucken hatte. Ehrlichkeit und Zuverlässigkeit in langer Zusammenarbeit zählten weniger als die Angst der „kleinen Männer" auf der Auftraggeberseite, möglicherweise selbst in Turbulenzen zu geraten oder gar den eigenen Job zu verlieren.
Erstmalig in meinem Leben mußte ich nun Menschen, mit denen ich längere Zeit zusammengearbeitet hatte und die mir als ihren unmittelbaren Boss vertrauten, das Kündigungsschreiben, das sie in die Arbeitslosigkeit katapultierte, aushändigen. Ich hätte in den Erdboden versinken mögen, so fühlte ich mich. Die Tränen in den Augen einer Wachfrau und deren hoffnungslosen Blick werde ich wohl niemals vergessen können, wiewohl deren Name schon nicht mehr in meiner Erinnerung ist. Ich fühlte mich krank, innerlich ausgehöhlt, demotiviert, antriebslos. Und trotzdem musste es weiter gehen. Stündlich, täglich, im Selbsterhaltungstrieb und in Verantwortung. Ich war einmal wieder der Getriebene in diesen kapitalistischen Daseinsmechanismen. Furchtbar, wenn man sein Leben lang etwas anderes erfahren hat! Allerdings in einem anderen Land mit einem durchaus menschlichen System.
Später, bis zu meinem Berufsende, war die Erteilung von Kündigungen eine Sache, der ich mich so oft als möglich persönlich annahm. Es war eine Frage der moralischen Haltung für mich, den Gekündigten an einer Schnittstelle ihres Arbeitslebens sagen zu müssen, warum und weshalb der Arbeitsvertrag nicht weiterlief. Bei dem unzuverlässigen Arbeitnehmer, der Nächtens pflichtvergessend seinen Posten verließ, um sich etwas zum Essen zu holen oder sich sogar zur Freundin ins Bett zu stehlen erdreistete, gab es bei mir keinen Skrupel, diesem die Papiere auszuhändigen. Solch ein arbeitswidriges Verhalten verstößt gegen alle Vorschriften und birgt immer in sich die Gefahr

eines Vertragsverlustes und in Folge dessen den Verlust von Arbeitsplätzen. Ein sich solcherart verhaltender Wachmann ist somit nichts anderes als ein Kameradenschwein. In dieser harten pragmatischen Haltung kam wohl der Preuße in mir durch.
Anders der seine Krankheit geschickt tarnende Alkoholiker. Ihn gab es öfter einmal in der Uniform von Wachschutzmitarbeitern. Erst wenn Gespräche und andere Einflussmöglichkeiten wie etwa eine Abmahnung nicht fruchteten, mußte die Zusammenarbeit beendet werden. Leider ist jedoch die aktuelle deutsche Arbeitsgesetzgebung so unzureichend, dass ein derartiger Grund nie als Kündigungsgrund und ein solcher Fakt nie in Arbeitsbeurteilungen festgeschrieben werden durfte. Und so tauchten diese Leute, kaum wegen Alkoholproblemen in einem Unternehmen entlassen, sehr schnell mit einem anderen Logo an der Uniform in einem anderen Unternehmen wieder auf. Es stand keinem der Durst nach Hochprozentigem während der Einstellung auf der Stirn geschrieben. Mir half später, als sich ein sogenannter Stammtisch der Chefs von etlichen Berliner Wachschutzunternehmen etabliert hatte, der Anruf in der Chefetage des Vorgängerunternehmens, um mir nicht die Hände an C_2H_5OH-Kandidaten zu verbrennen.
Die meisten Fälle, sich von Mitarbeitern verabschieden zu müssen, lagen allerdings in den Vertragsmodalitäten und der Dienstleistungsbranche selbst begründet. War ein Bauvorhaben beendet, gab es nichts mehr zu bewachen. Wurde ein Bewachungsobjekt in die elektronische Überwachungsphase überführt, waren die bisher für die Sicherheit eingesetzten menschlichen Figuren überflüssig. Die blödsinnigsten Vorgaben in deutschen Landen bestehen allerdings noch heute darin, dass Ausschreibungsverfahren, vielfach sogar EU-weit, zu erfolgen haben und der billigste Anbieter mit dem scheinbar höchsten Qualitätsangebot den Zuschlag erhält. Ein derartiges Verfahren ist zeitlich regelmäßig zu wiederholen, sagen die Vorschriften. Hat man also als Wachschutzunternehmen eine solche Ausschreibung erfolgreich erkämpft und zum Abschluss gebracht, qualifizierte Mitarbeiter eingearbeitet sowie den Kundenkontakt auf einen positiven Level gehoben, musste man möglicherweise nach Ablauf von zwei Jahren schon wieder zum „Bieterzeremoniell" für dieses Objekt antreten. War der Konkurrent dann billiger, zählte nicht die geleistete „Sicherheit" der zwei Jahre zuvor. Der neue Dienst kam mit seinen Mitarbeitern und der bisherige hatte personellen Überhang, musste also den eigenen Mann in die Wüste schicken.
Scheißladen, klingelte es mehr als Einmal bei solchen Situationen in meinem Kopf! Aber ich hatte den Arbeitsvertrag zum Abschluss zu bringen und die Kündigung auszusprechen. Mit einer sauberen Argumentation, die von den Betroffenen selbst kaum begriffen oder angenommen wurde. Wie auch, wenn selbst mich derartige unsinnige staatliche Vorgaben nicht überzeugten. Die

Ware Sicherheit stellt gewissermaßen eine zarte Pflanze dar, die gut und kontinuierlich und langfristig gepflegt werden sollte, um letztlich die volle Gewähr dafür zu bieten, weshalb man sie pflanzt. Da kann man nicht einfach nach Gutdünken mit dem Rasenmäher darüber gehen! Das scheinen die Gesetzemacher „ganz da oben" bis heute nicht begriffen zu haben! So passierte es, dass die Ehefrau – Russlanddeutsche - eines durch mich also derart gekündigten Wachmannes geiferte und mich wütend sogar als Faschisten beschimpfte, was mich, welch seltener Fall, absolut sprachlos werden ließ. Andere drohten mir Prügel oder ähnliches Ungemach an. Wieder andere bewegten sich kerngesund sofort in den Krankenstand und waren so in der gebotenen Frist nicht kündbar. Das alles ging auf das Gemüt und rüttelte am eigenen Selbstwertgefühl. Dem Unternehmen kostete es zudem nicht gerade wenig Geld, welches für andere Dinge dringender einzusetzen gewesen wäre.

Einstellungen und Kündigungen im Wachgewerbe waren und sind ein wirklicher Teufelskreis. Und die Wachschutzbranche steht wohl mit an der Spitze der fluktuationsträchtigsten Gewerbe im Lande. Meine ich sagen zu dürfen.

*

Und so verging die nicht anhaltbare Zeit. Jeder Tag brachte neue Überraschungen, Probleme und Aufgabenstellungen mit sich. Jeder Tag forderte nach Engagement, Einsatzbereitschaft und die ununterbrochene Suche nach Lösungen für scheinbar nicht lösbare Dinge. Die Vervollkommnung und Stabilisierung der Firma auf der einen Seite aber auch der gnadenlose Konkurrenzkampf in der Branche gerade gegen im Osten neu entstandene mittelständische Unternehmen wie das unsere führten zu einem mir so nicht bekannten Hauen und Stechen im eigenen Team und auf dem großen Teller der Berliner Sicherheitsindustrie. Hiebe wurden oberhalb und unterhalb der Gürtellinie geführt, Neid und Missgunst prägten das Geschehen. Allein der geringste Verdacht in Richtung des möglichen Missbrauches von angeblichem SED-Vermögen oder Hinweise zu in den Medien immer wieder kolportierten Stasi-Verbindungen, genügte, um das Sammelsurium staatlicher und beigeordneter Instanzen vom Ordnungsamt über die Medien bis zur Verwaltungsberufsgenossenschaft in konzertierte Kontrollübungen gegen die Firma zu versetzen und so den Konsolidierungsbestrebungen unserer Mannschaft Knüppel in den Weg zu werfen.

Hilfe hatten wir keine, war von niemanden zu erwarten. Der Firmeneigner im norddeutschen Wessiland wachte nur akribisch darüber, dass seine als Reisekosten oder anderweitig deklarierten und getarnten monatlichen Apanagen pünktlich auf seinem Konto erschienen, dass seine zwielichtigen und

breitgefächerten Geschäfte florierten, dass sein Flugzeug flog, dass sein Feriendomizil auf Fehmarn nicht abbrannte...
Da war tagtäglicher Stress angesagt. Und seit dieser Zeit begannen mich nachts Träume in Fortführung zu den Tagesaufgaben zu begleiten: Ich plante, plante um, setzte ein und setzte um. Ich stellte Leute ein und entließ andere. Ich führte Auseinandersetzungen mit Angestellten im Haus, mit Wachkräften und mit Kunden, ich schrieb Dienstanweisungen und Entschuldigungsbriefe an Kunden. Und am Morgen dann: Aus der Traum. Aber auch keine richtige Erholung. Das nervt. Aber mehr noch, es schädigt. Seit dieser Zeit hat sich bei mir der Tinnitus eingeschlichen. Leise, wenig wahrgenommen und schließlich, wegen zu später Behandlung, bis heute präsent. So ist das eben, wenn man sich voll in die Arbeit hineinkniet. Halbheiten habe ich allerdings nie gemocht und deshalb nie zur Maxime meines Handelns gemacht. Das muss wohl an den Genen und der elterlichen Erziehung liegen, aber auch der späteren beruflichen Einflussnahme auf mich zuzuschreiben sein. Trotzdem fühlte ich mich in diesem Aufgabenwust aufgehoben! War ich doch in dieser Tätigkeit, so sah ich das selbst, einigermaßen ergebnisbezogen erfolgreich.

*

Die zweite Hälfte des Jahres 1992 bescherte der ALWAS eine anders geartete Konstellation. Ich erkläre diese Zeit spaßhaft in Gesprächen mit „Zeit der Nimmersatts". Die Geschäftsleitung und natürlich der Gesellschafter wollten in kürzester Zeit immer mehr an Umsatz und Gewinn erzielen und versuchten, das bereits gut aufgestellte mittelständische Unternehmen forciert weiter ausbauen. Expansion hieß auch hier und jetzt die Devise. Wer schneller ist als andere bekommt die größten und besten Stücke vom Vergabekuchen. Wer irgendwann einmal in die Nähe des Wortes „Marktführer" rückt, hat scheinbar gewonnen, vorerst ausgesorgt. In späterer Zeit wird sich einer der damaligen Geschäftsführer während einer Vertriebsberatung ergänzend dazu sehr deutlich wie folgt erklären: Das Unternehmensziel sei nicht die Schaffung von Arbeitsplätzen, das wäre nur Mittel zum Zweck. Das eigentliche Ziel bestehe darin, Gewinn zu machen. Gut geheult, liebes ehemalige SED-Mitglied!
Aber auch andere Unternehmen wie eine in der Nähe agierende Firma namens „CSG Holding für Dienstleistungsunternehmen", wollten das, blieben nicht untätig und suchten nach Partnern, mit denen sie die eigenen strategischen Ziele umzusetzen und zu realisieren gedachten.
Mein Einblick in die damals abgelaufenen internen Vorgänge reicht nicht aus, heute darüber zu befinden, wer mit wem an welchen Orten über welche Pläne und Konditionen hinsichtlich möglicher Fusionen gekungelt hat. Letztlich jedoch, so Presseberichten zufolge, soll die CSG Holding im Dezember 1992 für

fünf Millionen Mark 80Prozent der Anteile der ALWAS GmbH gekauft haben. Damit hatte sich der CSG Konzern mit seinen nunmehrigen Dienstleistungssäulen Security, Cleaning und Catering schlagartig und schlagstark neu aufgestellt. Und damit befanden sich die ALWAS und schließlich ich Würmchen inmitten dieses neuen Geflechtes. Ich war also mit verkauft worden! Durch wen und an wen? Und wer hat die fünf Millionen Mark für den Verkauf der ALWAS erhalten und was ist mit diesem Geld geschehen? Fragen über Fragen, die sich da bei mir auftaten. Für die ich keine befriedigende Antwort fand.

Somit steckte ich gedanklich und emotional in einer Zwickmühle – einerseits fand ich es gut und richtig, in dieser Zeit der Grabenkämpfe mit der Firma in breiterer Front aufgestellt zu sein, andererseits beängstigten mich die Schnelligkeit und der Radikalismus des Vorgehens. Meinten alle Beteiligten es wirklich ehrlich, kann die ALWAS künftig autark ihre bisherige Firmenstrategie fortführen und ist die Sicherheit der Firma und der Arbeitsplätze gegeben? Der Analytiker in mir kam zu keinem stichhaltigen Ergebnis. Ein flaues Gefühl irgendwo im Bereich des vegetativen Nervensystems blieb. Bestimmte Dinge regten es immer mal wieder an. So beispielsweise, als später auf Weisung der CSG mit einer Frau Dr. J. quasi als dritte Geschäftsführerin eine kaufmännische Leiterin etabliert wurde, in deren alleiniger Verantwortung nun alle Zahlungsflüsse lagen(Über diese Dame wird noch zu berichten sein). Der durch die Geschäftsleitung verbreiteten Euphorie, wonach wir ein nicht zu übersehender Faktor in der Berliner Wachbranche geworden seien, konnte sich aber letztlich kaum jemand entziehen, das steckte einfach an. Auch mich, der dachte, mit der eigenen Arbeit dazu beigetragen zu haben, die ALWAS als respektables Unternehmen mit profiliert zu haben.

*

Wie eine Bombe schlug in dieser Situation im Team ganz unerwartet eine Nachricht ein, Unglauben ebenso wie ein neues Hochgefühl auslösend: Die ALWAS kauft den Wachschutz Riedel auf. Richtiger müsste es geheißen haben, die CSG kauft den Wachschutz und integriert ihn in die eigene, ALWAS Wachschutz genannte Securitysäule. Nun ja, was ich bereits früher zum Riedel-Unternehmen angedacht oder vorausgesagt hatte, war dort inzwischen bittere Realität geworden. Diese alteingesessene Firma „Wachschutz Berlin Werner Loesch GmbH und Co KG" mit zwischenzeitlich etwa 4500 Mitarbeitern in allen Teilen Deutschlands befand sich in starken finanziellen Turbulenzen, besser, hatte sich mit den durch die eigene falsche und größenwahnsinnige Firmenpolitik installierten Fehlerquellen und Bruchstellen unumkehrbar selbst den Todesstoß verpasst.

Und so lief nun eine bis dahin im deutschen Sicherheitsgewerbe beispiellose Operation ab: Wach- und Sicherungsverträge mit einem vorgegebenen Monatsumsatz von mehr als 12 Millionen Mark wurden vom Berliner Wachschutz in die neue ALWAS und damit unter das Dach der CSG Holding überführt. So handelte man es aus, so stand es auf dem Papier. Stellt sich die Frage, wer eigentlich „man" war? Ich war es nicht.

Nur bleibt da zu konstatieren – wenn der Käufer Nimmersatt mit dem Verkäufer Schlitzauge dealt, muss ersterer mit Überraschungen und mit nicht wenigen Leichen im Keller rechnen. Jeder am Rande des Abgrundes Stehende kämpft mit allen ihm zur Verfügung stehenden Mitteln darum, seinen Hals aus der Schlinge zu bekommen. Eine alte Weisheit!

Vorerst jedoch war mit diesem Deal zwischen zwei markanten Visionären und gleichzeitig wohl mit allen Wassern gewaschenen Unternehmern, nämlich dem alten Mann Riedel aus Westberlin und dem skrupellosen Aufsteiger Valentin Fischer aus Frankfurt/Main mit seiner CSG, Anfang des Jahres 1993 ein neuer und damit gleichzeitig der größte Wachschutzkonzern in Berlin entstanden. Und ich befand mich mittendrin in diesem gigantischen Wirrwarr. Ich machte anfangs des Öfteren die Augen zu und dachte etwas hämisch, dass das nun die Strafe sei für die miese Behandlung meiner Person durch den Wachschutz. Beim Aufmachen der Augen und die reale Situation erkennend, sah ich aber schon schemenhaft die auf mich zukommenden neuen Dinge, Aufgaben und Störfaktoren. Allerdings keineswegs die möglichen Dimensionen und einen noch in den Sternen stehenden Supergau.

Wenn man etwas erwirbt, sollte die zu kaufende Ware gründlich auf ihren Wert geprüft werden – auch eine alte Weisheit, die bei diesem Deal käuferseitig im Euphorierausch wohl missachtet worden war. Einen Anzug zu kaufen ist etwas ganz anderes, als ein Unternehmen, noch, wenn es so chaotisch aufgestellt war wie der Wachschutz. Man kauft oft die Katze im Sack, heißt es klar deutsch. Und die Katze kann vielerlei Aussehen haben. Zwei Segmente davon tangierten meine Arbeit, mehr oder weniger.

Als die Wachschutzpleite und dessen „Nachfolgerunternehmen" in der Öffentlichkeit bekannt wurden, brodelte es im Westberliner Kundenstamm. Nicht nur fast alle größeren Banken, Autokonzerne wie Daimler Benz, sondern auch Sicherungsbereiche wie das sicherheitspolitisch besonders hoch eingestufte Hahn-Meitner-Institut gehörten dazu. Eine Verweigerungshaltung gegenüber der im Osten der Stadt angeblich mit dubiosen Geldern gegründeten stasibelasteten ALWAS brach auf, wesentlich durch spektakuläre Berichterstattungen in den Medien inspiriert und forciert. Somit bestand die akute Gefahr, dass langjährige Kunden radikal zu anderen Wachunternehmen abwandern würden. Als genialen Schachzug und schnelle Lösung schuf man die

Tochterfirma namens CSG Wachschutz im Westberliner Bereich als relativ selbständiges zweites Unternehmen nur für das „gefährdete Kundenpotential". Damit konnte sich diese schwankende Auftragsgeberschaft abfinden, nicht wissend, dass der Geschäftsführer ihres nunmehrigen Vertragshalters ein ehemaliger Offizier des MfS war. Wissen ist Macht (Francis Bacon), nichts wissen, macht nichts. Wieder einmal bewahrheitete sich meine Feststellung, dass die eingekaufte Sicherheitsdienstleistung „pflegeleicht" sein musste. Sie hatte zu funktionieren ohne aufzufallen oder Ärger zu machen. Zu letzterem gehörte auch jegliches Vermeiden von Tamtam in den Medien.

Mit den Kunden der durch die ALWAS-Wachschutz GmbH künftig zu sichernden Objekte gab es unzählige ernstzunehmende Gespräche. Immer wieder stand das Problem Betriebsübergang nach § 613a BGB zur Debatte. Unsere Kernargumentation dazu, Anfang des Jahres 1994 während eines Seminares über „Rechtliche Grundlagen im Bewachungsgewerbe" kurz so erörtert: Es war kein Betriebsübergang weil keine Übernahme der früheren Betriebsorganisation vollzogen wurde. Wenn so geschehen, hätte der neue Besitzer ja die Krankheitskeime eines Bankrotts übernommen. Eine nur scheinbar ausgelegte Beruhigungspille, ein Placebo, für die eigene Belegschaft wie für die nachfragenden Kunden.
Ich selbst war in nicht wenigen ehemaligen Wachschutzobjekten unterwegs, um mit den dortigen Verantwortlichen und den eingesetzten Wachpersonalen zu reden, Klarheit zu schaffen und die Verträge zu aktualisieren und umzuschreiben. Die Druckfarbenfabrik an der Ullsteinstraße bleibt wohl in dauerhafter Erinnerung. Nicht nur wegen des sehr akribisch nachfragenden und die Kosten ständig drücken wollenden Geschäftsführers, sondern auch wegen der bisher dort eingesetzten Wachleute, einer davon bereits 72 Jahre alt, ein anderer bereits über 15 Semester eingeschriebener Dauerstudent und der dritte ein anerkannter Verfolgter des „DDR-Regimes", dem er in früherer Zeit einmal als Volkspolizist gedient hatte. Halleluja, da taten sich mir plötzlich ganz andere Welten auf, da musste ich meine Gedanken ordnen, bevor sich die Zunge bewegt. Auch dieses Parkett erwies sich letztlich als begehbare Ebene. Wegen der eigenen Lernfähigkeit. Dem 72jährigen wurde aus Altersgründen in Abstimmung mit dem Auftraggeber die Kündigung ausgesprochen. Der Langzeitstudent verblieb wegen der ins Auge fallenden Lohnsteuervergünstigung - das erwies sich jedoch später als menschliches nicht explodiertes Schrapnell, als die Behörden, die wohl beim alten Riedel nie kontrolliert hatten, nun feststellten, dass diese Vergünstigungen gesetzlich nur für die reguläre Studienzeit zutreffen würden. Somit taten sich Nachzahlungen in Größenordnungen auf. Wachmann Nummer drei hieß nicht nur so, sondern war im wahrsten Sinne des Wortes ein bunter Vogel. Manchmal unnormal bis

verrückt, zu jeder Tages- und Nachtzeit allerding einsetzbar. Er liebte seine Wachunternehmen, also auch das jetzige, und er schickte sogar regelmäßig Urlaubsgrüße an die Geschäftsführung. Ob das noch ein Relikt aus seiner DDR-Zeit war, wer weiß das?
Allein dieses Beispiel macht deutlich, dass in jener Zeit die Schuhe scheinbar bis zur Brandsohle abgelaufen wurden. Arbeitsverträge mit den neuen Wachkräften waren abzuschließen, zu unterzeichnen und auszuhändigen. Es musste neu eingekleidet werden. Es gab neue Dienstausweise. Die Wachunterlagen waren neu zu fassen und die Objekte mit Aufklebern nach außen hin als bewachtes Objekt der ALWAS zu deklarieren, und, und, und... Das war meine Hauptarbeit in dieser Zeit. Und so musste ich, widerwillig, viele Ecken des Westteils der Stadt ergründen. Lernte sie kennen, ohne mich je in diesen Gefilden heimisch zu fühlen. Sie waren irgendwie Ausland für mich, teils sind sie es heute noch.

Wegen all dieser operativen Bewegungen habe ich, um noch einmal mit der schwarzen Katze im Sack zu fabulieren, von der zweiten „Übelkeit" beim Kauf des Wachschutzes durch die CSG nur tangierend etwas mitbekommen, meist auf Leitungsberatungen. Leider erwies sich diese Seite jedoch als ein äußerst wesentliches Element und eines der zwei Krebsgeschwüre der späteren CSG-Pleite.
Während einer Gesellschafterversammlung Ende Juli sprach man offen von einer aktuellen Bilanzlücke von etwa 30 Millionen DM. Man redete von einem „tiefen Interessenkonflikt" zwischen dem Alt-Wachschutz und der CSG Wachschutz, man erklärte, dass der alte Riedel seine Möglichkeiten und seine Westberliner Connection nutze, um „sein Schäfchen ins Trockene" zu bringen, weshalb er auch per Geschäftsführerbeschluss der CSG abberufen und zum Monatsende fristlos gekündigt sei, man sprach davon, den gesamten Kaufvertrag, sprich Deal, anfechten zu wollen. Starker Tobak!
CSG-Geschäftsführer Fischer, der im April 1993 vor leitenden Mitarbeitern der Bewachungsbereiche im Rahmen seiner Firmenpräsentation noch erklärte, bis zum 30. Juni die organisatorischen Probleme beim Zukauf des Wachschutzes geklärt haben zu wollen, um als primäre Aufgabe danach in das „Geldverdiengeschäft" einzusteigen, konstatierte etwas genervt am 26. Oktober auf einer erweiterten Geschäftsführer-Beratung: Die CSG habe mit dem Kauf des Wachschutzes eine „Black box" übernommen. Es gebe erhebliche, nicht vorhersehbare und erwartete Umsatzrückgänge, alle Niederlassungen würden ein negatives Bild erwirtschaften und die Hauptniederlassung habe keine Übersicht über die Kosten. Aber hallo, signalisierte irgendetwas in mir. Was hatte denn Frau Dr. Christiane J., die dritte Geschäftsführerin, die Schattenfigur der CSG in der Petersburger Straße,

zu tun? Etwa zwischenzeitlich auf Geheiß des Herrn Fischer alles verfügbare Geld aus dem Bewachungspool herauszuziehen und woanders hin zu transferieren? Möglicherweise auf sichere Konten im Ausland? Sie mußte wissen, was sie tat, denn sie war eine Fachfrau, sonst hätte sie nicht ihre später weitergehende Karriere in der Dussmann-Gruppe in Berlin so exzellent hinlegen können.
Ja, ja, die „Leichen im Keller" oder die „Black box". Mit derartigen kaum sachlich hinterlegten Aussprüchen vor der Mannschaft wurde geschickt mögliches anderes Tun vertuscht. Allerdings liegt das ausschließlich im Bereich meiner eigenen Spekulation.

Für uns leitende Mitarbeiter der ALWAS lautete in dieser Zeit das firmenbezogene Unwort des Jahres schlicht und einfach „Kosten". Mir drehte sich der Kopf. Überall Rote Zahlen, verbunden mit dem Wort Kosten – immer Punkt Nummer 1 jeder Beratung. Immer auch ein persönliches Schuldgefühl ausmachend, trotz qualmender Schuhsohlen nicht genug getan zu haben. Letztlich siegte in mir die Ratio, indem mein Verstand mir sagte, Junge, mehr kannst du persönlich nicht machen, Fehler muss die 4.Etage in der Petersburger Straße(Geschäftsführung) suchen und finden und ausbügeln. Der organisiert, raffiniert und kriminell agierende und sich als Gallionsfigur gebende und feiern lassende Boss Fischer stand eben noch nicht so klar im Blickfeld meiner Überlegungen wie das Monate später deutlicher wurde. Leider. Und ungeachtet der Erkenntnisse aus meiner früheren sicherheitspolitisch geprägten Tätigkeit im MfS, dass man Fehler und die Suche nach deren Lösungen leider oft viel zu weit nach unten delegiert und sie nicht in den Entscheidungsebenen sucht, besser, suchen muss. Wo fängt der Fisch zu stinken an?

*

In dieser durchaus lebhaften, allenfalls aber angespannten und brisanten betrieblichen und gleichermaßen auch persönlichen Situation lud mich ALWAS-Geschäftsführer Dr. H. zu einem persönlichen Gespräch ein. Unser Verhältnis basierte auf gegenseitiges Vertrauen und meiner absoluten Loyalität zu ihm und zur ALWAS. Ich darf es jetzt im Nachgang als respektvolles Miteinander und konstruktives Zusammenwirken bezeichnen. Er erläuterte mir in diesem Vieraugengespräch offen und knallhart die verzwickte und teilweise verworrene betriebliche Lage und skizzierte die vorgesehenen Maßnahmen der Geschäftsleitung, das taumelnde Schiff zu reparieren und wieder in sicheres Fahrwasser bringen zu wollen. Da ging es beispielsweise darum, mit allen Mitteln die Arbeitsprozesse im Dienstleistungsbereich konsequenter in den

Griff zu bekommen und zu beherrschen. Ferner darum, die Finanzbuchhaltung in Fibu und Fakturierung zu trennen und in diesem Zusammenhang das EDV-System STEEP in Gang zu bringen, um endlich das durch den Wachschutzzugang in vielerlei Hinsicht außer Kontrolle geratene finanztechnische Geschäft endlich zu beherrschen. Da sollte ferner ein Bereich Controlling entstehen, da wären neue Inspektoren für die Arbeitssicherheit sowie für Organisation und Auslandsprobleme einzusetzen sowie ein Beauftragter für Rechtsfragen und Rechtsausbildung zu bestellen.
Und letztlich ging es um mich. Nach Auffassung von Dr. H. würde im Dienstleistungsbereich ein menschlicher Adapter benötigt, der entsprechend des größer gewordenen Unternehmens die einzelnen Dienstleistungsbereiche operativ führen sowie zwischen diesen und der Geschäftsleitung vermittelnd tätig werden solle. Diese Funktion erhalte die Bezeichnung „Leiter Dienstleistung". Und dafür sei ich vorgesehen. Punkt, aus! Denkpause war angesagt. Die Zeit dazu sehr kurz gehalten.
Das eigene Ego wurde mit dem aus heiterem Himmel über mich gekommenen Angebot so stark gereizt, dass ich mich anfangs wie blockiert fühlte – das vorhergehende Intermezzo im Objektschutz dauerte nur ein halbes Jahr und nun sollte ich das Treppchen schon wieder nach oben steigen, wieder in ein möglicherweise neues Zwischenspiel einsteigen. Mit einem Mehr an Aufgaben, einem Mehr an Verantwortung, einem Mehr an Kompetenz, einem Mehr an unbekannten Größen.
Das Gerangel um wichtige Entscheidungen in meinem Leben habe ich fast immer mit mir selbst ausgetragen. Und nie habe ich diese Entscheidungen bereuen müssen. Wird es dieses Mal auch so sein? Diese Frage kann nur die Zeit danach beantworten. Wozu also stundenlang vor einem Regal mit zig Sorten von Tütensuppen in der Kaufhalle stehen und sinnierend abwägen, wenn ich eh nur ein einziges Mal nach meinem Geschmack zulangen werde. Also war die Entscheidung nach einer Kurzberatung in der Familie beschlossene Sache. Ich will diesen von mir in der Wachschutzbranche beschrittenen Weg gemäß der mir von der Geschäftsleitung offerierten Option weiter gehen. Es ist die einzige erkennbare Alternative. Ich werde zusagen!

Gedacht, gesagt, getan. Ab dem 1. Juli 1993 nahm ich nun als Leiter Dienstleistung im Unternehmen eine Funktion ein, die es vordem nicht gab, zu der keine Stellenbeschreibung vorlag und zu der niemand praktische Erfahrungen beitragen konnte.
Ich hatte überholt ohne einzuholen würden Heuristiker sagen. Bisherigen Vorgesetzten von mir, wie dem Leiter der ENZ oder des Objektschutzes hatte ich nun Chef zu sein. Da aber alle die mir jetzt unterstellten Bereichsleiter im früheren Leben in militärischen Kategorien lebten und (fast) noch immer so

dachten, waren sie an derartige Entscheidungen der übergeordneten Kommandoebene gewöhnt und fanden sich damit ab. Die Entscheidung des Herrn Doktor aus der Chefetage ließ eben auch keine Diskussion zu. Sie war unumstößlich. Trotzdem juckte es bei dem einen oder anderen schon mal im Oberstübchen und kleine Abwehrreaktionen waren normal. Eigentlich auch verständlich. Ich hätte sicherlich nicht anders reagiert.
Ungeachtet dessen meinte ich die Mehrzahl der Mitarbeiter und Leiter der einzelnen Bereiche so gut mit ihren Stärken und Schwächen zu kennen, um sie „leiten", anleiten und auch kontrollieren zu können.
Ich war auf einer Position und Leitungsebene angekommen, die ich mir manchmal spekulativ vorgestellt hatte. Nie hätte ich jedoch im Traum daran denken mögen, dass dieser Wunschgedanke irgendwann einmal Realität, besser Normalität, würde.

*

Die neue berufliche Stellung sah ich nun so: Leiter Dienstleistung der Hauptverwaltung Berlin bei der ALWAS-Wachschutz GmbH. Mit einem Bruttomonatsgehalt von 3500,- DM, einem zugesicherten Jahresurlaub von 28 Werktagen und einer festgeschriebenen wöchentlichen Arbeitszeit von 39 Stunden – die letzte Position deutet allerdings auf einen kleinen Papiertiger hin, dem ein imaginärer Arbeitstiger und die Realität tatsächlich ein ganz anderes Zeitpensum aufzudrücken verstanden.
Die Gestellung eines Dienstwagens Marke VW Golf3 zur Erfüllung der Aufgaben war ein normaler betrieblicher Vorgang – für mich ein kaum erwartetes neues Statussymbol, das wiederum irgendwelche Neider auf den Plan rufen würde? Damit alles seine Ordnung hatte wurde ein Dienstwagen-Überlassungsvertrag mit Geldwertenvorteil abgeschlossen. Ich durfte das Gefährt somit frei nach Belieben privat nutzen, mußte nur für den Sprit aufzukommen. Damit hatte mein die Wendezeit überstandener metallicblauer Wartburg endgültig ausgedient und konnte weiter veräußert werden. Bedarf gab es trotz nicht enden wollendes Anrollen von Westkarossen noch ausreichend. Schwieriger gestaltete sich schon das schadensersatzlose Ausklinken aus meiner Neuwagenbestellung in einem Mitsubishi-Autohaus. Da half nur scheinheilige Trickserei und Schwindelei. Mit Erfolg.
Und noch etwas ganz Entscheidendes gab es, veränderte mich, rein äußerlich. Die blaue Uniform mit dem hellblauen Hemd und dem dunkelblauen Binder hatte ausgedient. Ich bewegte mich neuerdings im Zivilistenlook. Wie ich es aber gelernt hatte und ein Leben lang gewohnt war sowie der jetzigen Dienststellung angemessen, immer mit Schlips und Kragen. Irgendwie kam auch da wieder der Preuße in mir durch.

Am 1. Juli bezog ich also mein neues und alleiniges Arbeitszimmer. Lets go.

Ganz im Hintergrund erster gedanklicher Überlegung tauchte im Rahmen unterschiedlichster Gefühlswallungen im Arbeitsalltag ab und zu nebulös und ein wenig Angst machend auch jetzt wieder die Frage auf, wie lange nun diese Etappe meines Berufslebens wohl andauern möge. Dass es nicht Jahre, sondern nur Monate sein werden, dass es wiederum nur ein Intermezzo für eine danach noch folgende länger andauernde Phase sein wird, konnte ich mir in den kühnsten Erwartungen nicht vorstellen. Noch waren Aufbruchsstimmung und Euphorie sowohl im Unternehmen als auch bei mir angesagt. Die auf vier Mitarbeiter aufgestockte Akquisitionsgruppe, deren Leiter man hinter vorgehaltener Hand mit der Verschacherung der sogenannten Rosenholz-Dateien der HVA des MfS in Verbindung brachte, kümmerte sich um die grundlegenden Vertragsstrukturen der Dienstleistungsbereiche. Der innere „Apparat" vergrößerte sich sukzessive und kostete… Es werkelten neue Gesichter hinter Türen, deren Schilder bisher unbekannte neue Funktionen offerierten. Der Bruder eines der Geschäftsführer, kurz „V2" genannt, war nun eingestellt und steuerte die EDV-sierung des Unternehmens. Eine Dame, deren DDR-Einsatz einmal das Kaiserreich Japan gewesen sein soll, hatte künftig das Controlling zu gewährleisten. Ungeachtet der Tatsache, dass das Unternehmen im Herbst aus dem Bundesverband der Wach- und Sicherheitsunternehmen wegen der tariflichen Querelen ausstieg, gab es einen Betriebsrat, allerdings mit einem vernünftig mit der Geschäftsleitung kooperierenden Vorsitzenden. Und noch Vieles mehr, das meine Arbeit tangierte, auf das ich mich sachlich und zweckmäßig einzustellen hatte.

Über dieses zweite Halbjahr 1993 ließe sich ein extra Buch schreiben, das sicherlich für den einen oder den anderen, insbesondere dem Insider, eine spannende Lektüre wäre, trotzdem nicht wenig Unverständnis hinterlassend und letztlich zur Ermüdung führen würde. Deshalb nur wenige Episoden wie aus dem Fenster einer Schnellzugfahrt gesehen und notiert.
Die neuen Arbeitsfelder schafften eine Zeitverdrängung, die Wilhelm Busch in anderem Zusammenhang so beschrieb: Eins, zwei, drei im Sauseschritt, eilt die Zeit, wir eilen mit.
Da wurden plötzlich die Geldfahrer verrückt und streikten. Der Sektor Geldtransport, Kurier- und Belegdienst war zwischenzeitlich wegen Platzmangels von der Petersburger Straße in ein Ausweichobjekt nach Biesdorf, Paulinauer Straße, verlegt worden. Die Nähe zur Geschäftsführung und die Stabilität der Leitungsebene ging dadurch ein wenig verloren, das eigene Management des Bereiches und die Führung vor Ort waren durch Kumpelhaftigkeit und eine übergroße Toleranz geprägt. Fast alle Beschäftigten

dort kamen aus dem gleichen früheren Stall, aus der staatlichen Sicherheit der ehemaligen DDR. Zudem erreichte der sehr öffentlich geführte Tarifstreit im Wach- und Sicherungsgewerbe zeitlich gerade einen Höhepunkt. Es ging um die Anhebung des Grundlohnes, um die Zuschlagszahlungen und besonders um die Gefährdungszuschläge für die außerordentlich gefahrengeneigte Tätigkeit dieser Branche. Geldfahrer bilden in einem Sicherheitsunternehmen immer den harten Kern und den Knackpunkt. Wenn sie die Hände in den Schoß legen und „Nein" sagen, kommt dies einem Kollaps nahe, der dem eines Streikes im öffentlichen Personennahverkehr gleicht. Das im Umlauf befindliche Geld kommt quasi zum Stillstand. Die Kassen in den Supermärkten quellen über mit Scheinen, das Wechselgeld dagegen fehlt und die Landeszentralbank arbeitet auf Sparflamme. Weil bisherige Verhandlungen und die Gespräche mit und in der Geschäftsleitung zu keinem Ergebnis geführt hatten und sich in die Länge zogen, rissen die Kumpels in der Paulinauer Straße die Notleine mit dem unschönen Namen Streik. Plötzlich, aber durchaus nicht unerwartet. Unerwartet jedoch für mich, gänzlich neu in meiner Funktion. Ich mußte mich, lediglich unterstützt vom Betriebsratsvorsitzenden, allein vor den meuternden Haufen stellen, Rede und Antwort stehen, ihn wieder in normales Fahrwasser bringen. Mir schlotterten die Knie, allerdings hatte ich es früher mal gelernt, stramm zu stehen und die Arschbacken zusammen zu kneifen. So bekam niemand meine Unsicherheit mit. Irgendwie gelang es, die Truppe zu beruhigen – es waren ja durchaus in Disziplin erzogene und einleuchtenden Argumenten zugängliche Männer. Ihre geforderten Lohnzuschläge erhielten sie nun auch zugesagt, obwohl das Geld dafür eigentlich gar nicht vorhanden war (was nur wenige in der Firma wussten). Sie hatten ihr Ziel erreicht und die verärgerten Kunden und Banken wurden durch die wieder rollenden Geldflüsse besänftigt. Nicht lange konnten sich die Geldtransporteure ihres Pyrrhussieges erfreuen, davon zehren. Knapp ein halbes Jahr später mußte der gesamte Geld-Wert-Bereich der ALWAS Wachschutz im Rahmen des Bankrotts verkauft werden. Nicht alle momentan noch eine halbwegs gesicherte Arbeit ausübenden Kräfte wurden dann von einer neuen Firma übernommen. Man kannte dort durch intensives Ausspähen die Geschichten vom Streik, man kannte „Rädelsführer", man kannte Betriebsratsaktivisten. Das hatte Konsequenzen. Ob bei dem neuen Unternehmen die Lohnbezüge gleich blieben und die Tarife eingehalten wurden, entzieht sich meiner Kenntnis. Bei späteren Begegnungen mit den Geldfahrzeugen anderer Sicherheitsfirmen sah ich vielfach bekannte Gesichter hinter den Scheiben. Man grüßte sich freundlich, heute noch! Man ist ja irgendwie Alt-ALWASinaner.

Eine der vom Riedel-Wachschutz übernommenen „Altlasten" war interessanterweise die Hundeschule in Freienbrinck, gelegen an der östlichen

Peripherie Berlins. Das gesamte etwa 4 Quadratkilometer große Lagergelände Freienbrinck samt Hundeschule befand sich vor der Wende in der Hand des MfS, war dessen zentrales Versorgungslager. Die Hunde waren MfS-geprüft und ausgebildet, die drei dort noch beschäftigten Hundeführer ebenso. Sie waren nahtlos und ohne Kinkerlitzchen in den privaten Wachschutz übergewechselt. Die Hunde brauchten nicht einmal Fell und Zwinger zu wechseln, deren Betreuer allerdings die Uniform.

Als eine erste Herausforderung an mich erwies sich die Erarbeitung einer sogenannten Hundeordnung, als sichtbarer Ausdruck der Geschäftsleitung, diese Einrichtung zu erhalten und ihr Profil zu geben. Es gab eine Menge Ordnungen im Betrieb, aber eine solche noch nicht. Mit Hunden hatte ich bekanntlich nicht viel im Sinn, über den Umgang mit ihnen wusste ich nichts. Mühsam und mit Unterstützung des dortigen Gruppenleiters ging es voran, bis endlich ein brauchbares und unterschriftsreifes Papier vorlag. Und just in diesem Moment kam wieder einmal und völlig unerwartet eine Keule besonderer Art auf uns zu. Ein größeres westdeutsches Logistikunternehmen hatte das gesamte Lagerareal von Freienbrinck von der Treuhand „erworben", wollte es nach eigenen Ideen profilieren und ausbauen, sogar mit gesonderter Autobahnzugleisung. Für einen Hundeeinsatz und eine Hundeschule hatte man angeblich keinen Bedarf. An Bewachung auch nicht, man war langfristig mit einem Wachunternehmen aus den Altbundesländern liiert. Für mich blieb nur die Aufgabe, der Geschäftsleitung die Liquidierung von Freienbrinck vorzutragen. Das es letztlich noch ein Verkauf an das künftig dort tätig werden Wachunternehmen IHS wurde, erwies sich als Glücksfall für die Hunde und als ein Positivum im Finanzsektor der ALWAS. Einer meiner drei Mitarbeiter hatte sich durch schweres abweichendes Dienstverhalten mittels Alkohol selbst disqualifiziert und musste gekündigt werden. Nummer zwei konnte durch meine Vermittlung seinen Job an alter Stelle erhalten und wurde übernommen. Nummer drei, der bisherige Gruppenleiter, hatte keinen Bock, erneut die Uniform zu tauschen und wechselte deshalb als Fahrer in den ALWAS eigenen Revierkontrolldienst.

So schnell also verliert man einen für durchaus wichtig erachteten Bereich. Bei nachträglicher Überlegung in ruhigeren Zeiten kam mir allerdings in den Sinn, dass der Unterhalt einer Hundeschule für ein mittelständisches Wachunternehmen dem Grunde nach absolut unökonomisch ist. Wesentlich effektiver gestaltet sich hingegen der lokale Vorhalt geeigneter Wachkräfte mit einem privaten Hund. Ich bin damit in den Folgejahren eigentlich recht gut und kostengünstig zurechtgekommen. Auch wenn mit den Hundeführerdamen und –herren namens Krüger und Co. sowie den zum Einsatz kommenden Bellos mit und ohne Adelszertifikat in den Stammkurden so manche disziplinarische und anderweitige Fechtstunde durchzustehen war. Dabei blieb ich mit ersteren

stets auf engem Kontakt, während ich bei den Viechern einen Sicherheitsabstand forderte, nachdem mir solch ein Riese mit seiner großen Schnauze und unangenehmen Atem einmal direkt vor dem eigenen Gesicht stand und die Vorderpfoten auf meine Schultern stellte.
Interessant zu Freienbrinck wäre noch ein Fakt, der mir erst etwa fünfzehn Jahre danach zu Ohren kam: Einer meiner Kompaniechefs im Wachregiment Berlin Anfang der 60er Jahre fungierte am Ende seiner Karriere zeitweilig als Verantwortlicher dieser Hundeschule. In Gesprächen mit alten Kameraden hieß es, er sei wegen ehrlicher Kritik, vorgetragen allerdings an der falschen Stelle, bei seinem Minister in Ungnade gefallen und so als Oberst „auf den Hund" gekommen. Immerhin eine interessante zu hörende Geschichte. Und es gilt: Heute wie früher wurden und werden nicht passende Leute in die Wüste geschickt. Egal, was sie geleistet oder geschaffen haben mögen.

Ende Oktober zog man im Bewachungsbereich der CSG zum X-ten Male Resümee. Die düsteren Wolken über der Hauptniederlassung Berlin hatten sich weiter verdunkelt. Bei einem Monatsumsatz von 1,4 Millionen DM beliefen sich die Personalkosten auf 72% und die Sach- und Verwaltungskosten lagen bei etwa 45%. Selbst für Laien erkennbar - keine Rentabilität!
Das Konzept der CSG sah nun vor, aus allen bisherigen Riedel-Niederlassungen sieben regionale GmbHs als selbst verantwortliche und überschaubare Teileinheiten zu bilden. Dazu eine Managementgesellschaft zu etablieren. Der bisherige Gesamtverlust sollte anteilmäßig aufgegliedert werden. War das etwa damals schon ein Rettungsschirm wie er heute in der Europäischen Union praktiziert wird? War das wieder eine von der CSG ausgehende Trickbetrügerei oder ein begehbarer und praktikabler Weg der Konsolidierung? Ich nahm alles zur Kenntnis, verstand vieles nicht und machte meine Arbeit vor Ort als Dienstleistungschef in Berlin.
Obwohl die Dinge als supereilig vorgestellt worden waren, lagen nach vier Wochen die Überleitungsverträge zur Bildung der neuen Gesellschaften, die Frau Dr. J. abfassen sollte, noch immer nicht auf dem Tisch. Wurde hier enorm geschlampt oder eher zielgerichtet auf Zeit gespielt? Man würde auch später darüber noch zu orakeln haben.
Chaotisch betriebsam indessen verlief in diesem Umorganisationsspiel die Arbeit im Hirn der ALWAS. Ich selbst hatte mit rein praktischen Dingen zu kämpfen. Zu dem Alltäglichen und Bekannten kamen akute Probleme auf mein Organisationsgeschick zu. Mannomann, da gab es manche Grübelstunde.
So gelangte ab Anfang Dezember kein Wechselgeld mehr von dem außerhalb gelegenen zentralen Geld-Wert-Bereich nach Berlin. Schnelles Handeln war angesagt, um die Verträge einzuhalten und die Märkte zu versorgen. Dazu kam eine nicht vorhergesehene enorme Feuchtigkeit im Kellertresor, die nun mittels

Entfeuchtergeräten minimiert werden sollte. Von wo waren diese Dinger zu beschaffen und wie viele benötigte man? Keine Ahnung, also Spurensuche. Weiter mussten bisher gewachsene Strukturen neu und der Situation entsprechend umgestaltet werden. Das und noch vieles mehr erforderte Wendigkeit in alle vier Himmelsrichtungen und auf allen Arbeitsebenen, erzwang, Prioritäten unter gleich wichtigen Problemen zu schaffen. Und alles schlauchte ungemein, physisch und eben auch psychisch.

Eines der anhängigen Probleme mit besonderer Aktualität – was war eigentlich wichtig im Topf voller Wichtigkeiten? - war die Zusammenlegung der Revierkontrolldienste des Riedel-Wachschutzes, der in Westberlin stationiert war, und dem aus der Petersburger Straße zu einem wiederum von der Einsatzzentrale sauber getrennten und eigenständig operierenden Bereich mit Sitz in der Paulinauer Straße. Wie es im Einzelnen angegangen wurde, kann ich nicht mehr sagten. Aber das ganze gelang. Und darauf bin ich noch heute stolz, denn diese Struktur, diese Mitarbeiter, begleiteten mich danach noch über 10 Jahre. Auch über bestimmte personelle Zugänge in diesem Zusammenhang freute ich mich. Da kamen doch tatsächlich zwei ehemalige Bataillonskommandeure des Wachregimentes auf mich zu, einer davon war der letzte Kommandeur der Ehrenformation, also der Truppe, die ich als reguläre Einheit im Jahre 1961 mit aus der Taufe gehoben habe. Dieser Mann wurde mit den Jahren zu einem meiner zuverlässigsten Mitstreiter im Unternehmen, später zu meinem Freund. Sie brachten aus dem Riedel-Haus viel Erfahrung mit. Natürlich auch die Kunden aus dem Westteil der Stadt. Hinzu kam noch die Alarmverfolgung für die etwa 350 alarmgesicherten und bei uns nun aufgeschalteten Objekte, die abzudecken war. Jetzt musste ich mich mit noch wesentlich mehr Objekten und Kunden als bisher befassen; sie reichten vom Standort der Freien Universität bis nach Spandau. Der Gesamtumsatz des RKD betrug nun monatlich um die 120 000 DM. Das lässt erahnen, wie viele Autos neben den ständig tagsüber an zentralen Stellen auftauchenden Geldtransportern mit dem ALWAS-Logo in den Nächten sowie an Sonn- und Feiertagen auch am Tage auf Berliner Straßen unterwegs waren. Das machte den Namen ALWAS in relativ kurzer Zeit auch im Westteil der Stadt mindestens so präsent wie den Namen beispielsweise des Großkonkurrenten IHS. Würde bescheiden sagen wollen, ALWAS war zwischenzeitlich zu einer Gesamtberliner Marke geworden.

*

Und so standen sich Tag für Tag und Woche für Woche die Wachleute des ALWAS Wachschutzes ihre Beine in den Bauch oder drehten ihre

Kontrollrunden, fuhren Nächtens die Revierkontrolleure und die Alarmverfolger die zu kontrollierenden Objekte an, rollten die Räder der Geldtransporter und ratterten in der Nacht die Geldzählautomaten, saßen die Mitarbeiter in der Einsatz- und Notrufzentrale vor ihren Monitoren, um bei Bedarf die erforderlichen Interventionsmaßnahmen einzuleiten. Eine allseits betriebsame und gut laufende Dienstleistungsmaschine in bester Funktionalität.
So neigte sich das Jahr 1993 langsam dem Ende zu, welchem Ende wohl?

In dieser scheinbar heilen Situation ließ sich Valentin Fischer etwas genial Irreführendes für das leitende Fußvolk seiner CSG Holding einfallen. Er wollte pompös feiern wie das vor dem Weihnachtsfest in Deutschland vielfach in Großunternehmen üblich ist. Oder wollte gar er gefeiert werden? Und so lud er in der ersten Hälfte des Monats Dezember die leitenden Mitarbeiter der drei Säulen seines Unternehmens, nämlich Security, Catering und Cleaning, zu einem Weihnachtsfest in eines der nobelsten Hotels von Berlin ein, dem InterConti in der Westcity. Keiner der Eingeladenen konnte sich ausklinken, jeder Niederlassungsleiter von Potsdam bis Trier hatte zu erscheinen. Jeder bekam ein Zimmer zur Übernachtung des auf anderthalb Tage geplanten Firmenevents, selbst die Berliner Mitarbeiter hatten sich in dieser Nacht dort zu betten, bekamen Heimfahrtsperre! Da wurden bei mir Erinnerungen an frühere Zeiten unter anderen Dienstherren wach. Nun gut, wir war es egal, so lernte ich das InterConti und dessen Betten für Null Promille kennen. Das war mir später einmal nützlich, als ich in dessen Mauern eine Sonderbewachung zu organisieren hatte.
Als der führungsseitig angewiesene „Feiertag" anbrach, sah man in einem großen Festsaal an überdimensionalen runden Tischen die großen und kleineren Firmenmacher versammelt, harrend der Dinge, die da kommen würden, die Gesichter eher versteinert als entspannt und freudig erwartend. Die Mehrzahl kannte sich untereinander nicht, sah sich erstmalig.
Der Boss, wer auch sonst, eröffnete. Wie mag er sich gefühlt haben, wie Zar Peter I. oder der damals in den Starlöchern stehende Bankmanager der Deutschen Bank, Josef Ackermann? Jedenfalls stellte er sich so in Positur. Nicht schlecht, Herr Specht, dachte ich und erwartete..., nun ja, irgendwelche richtungsweisenden Gedanken. Der Boss sagte dies und das, lobte die Mitarbeiter, verniedlichte oder überging allseits bekannte Probleme und gab große Aussichten in die Zukunft. Das war nicht die Substanz, die ich erwartete. Paladine aus der ersten Reihe schlossen sich seinen Worten an, bekundeten Treue und unerschütterliches Mitstreitertum. Wieder keine Substanz. Meine Erwartungen lagen eindeutig zu hoch. Es ist doch eine Weihnachtsfeier, fiel mir glücklicherweise entschuldigend ein.

Selbst das kulinarisch erlesene Menue und die nicht ausgehenden edlen Getränke ließen Realitätsferne bei allen erkennen, die das ganze Jahr Kosten einzusparen und am Betttuch des Unternehmens zu knabbern hatten. Kleinere Kontaktanbahnungen und Fachgespräche zwischen den Bankettteuren, man müsste besser den Begriff Bankrotteur verwenden, änderten an der schwierig einzuordnenden Stimmung, die einem meteorologischen Tief unmittelbar vor einem Unwetter ähnelte, nichts. Hinter den Kulissen der Veranstaltung sollen sich da schon interessantere und ominöse Dinge abgespielt haben. Horst aus Hamburg, der 80% seiner ALWAS-Anteile ein Jahr zuvor an Fischer verkauft hatte, wäre angeblich inkognito im Haus gewesen. Zwischen ihm und der Alt-ALWAS-Führung sollen im Geheimen Überlegungen angestellt worden sein, wie man das Wachschutzunternehmen ALWAS wohl vor dem bevorstehenden Untergang der Wachschutzbranche der CSG-Holding retten könne beziehungsweise was man im Falle des Bankrotts tun müsse, um wie Phönix aus der Asche ein neues Unternehmen zu kreieren. Ob es sich so verhalten hat? Im Nachgang zu diesem gut inszenierten Schauspiel der besonderen Art wurde noch so manches gemunkelt, vermutet und erdichtet. Die damaligen Hauptakteure sind stumm, denn es ging um undurchsichtige Deals und dabei um Geld und das eigene Wohlbefinden. Die Arbeitnehmer, zu denen letztlich auch ich gehörte, interessierten dabei sicherlich weniger.

Am Morgen des Folgetages sah man sich noch beim Frühstück, manch einer mit einem dem Alkoholgenuss geschuldetem verquollenen Gesicht, manch einer nur mit müden Augen, kaum einer aber frohgelaunt und in Festtagsstimmung. Trotz der Tatsache, dass man mit der Kaffeetasse in der Hand vom Obergeschoss des Hotels aus der Stadt Berlin bestens aufs Dach sehen konnte. Keiner ahnte, dass der Auftraggeber dieses Events dem InterConti alle Kosten schuldig bleiben würde. Das war die Masche des Valentin Fischer, mit der er bei weiteren seiner persönlichen Intermezzi in den neuen Bundesländern später noch ganz andere Leute um viel Geld bringen sollte.

Die Presse fand aus diesem Grunde des Öfteren Machenschaften des Herrn Fischer als publikationswürdig. So informierte beispielsweise die Berliner Zeitung ihre Leserschaft am 10.Februar 1994 im Zusammenhang mit dem Konkurs der ALWAS Wachschutz, dass die CSG Holding stark an der Wachschutzsäule verdient und 2,5 Millionen in Form von Krediten aus diesem Unternehmen herausgezogen habe.

Die Berliner Morgenpost schrieb zehn Jahre später, am 22.Mai 2004: *„In einem der größten Fälle von Wirtschaftskriminalität in den neuen Bundesländern ist den Ermittlern ein Durchbruch gelungen. In Berlin wurde ein 39jähriger Unternehmer unter dem Vorwurf des besonders schweren Betruges verhaftet...*

So soll er das Land Sachsen-Anhalt als Eigentümer des früheren Hettstedter Hüttenwerkes Aluhett um rund 100 Millionen DM Fördergelder geprellt und dabei einen strafrechtlich relevanten Schaden von rund 50 Millionen DM verursacht haben...
Fischer gehöre zu jenen Unternehmern, die vom ersten Tag an auf die deutsche Wiedervereinigung gesetzt und davon besonders profitiert haben...
Fischer habe bereits mehrere Großpleiten hingelegt, so mit seinem Berliner Wachschutzkonzern (ca. 5000 Angestellte) und mit seiner Cateringfirma in Halle (ca. 1000 Mitarbeiter). Millionenbeträge seien in dunkle Kanäle versickert, Geld sei über dubiose Beraterverträge ins Ausland verscherbelt worden...".

*

Bei all diesen Dingen um den Bankrott der ALWAS und die besondere Rolle der CSG dabei sollte und wollte natürlich auch die Politik nicht außen vor bleiben. Initiiert durch einen früheren kleinen DDR-Oppositionellen, jetzt zum Mitglied des Deutschen Bundestages mutierten und Fliege tragenden Profilneurotikers sowie selbsternannten Stasi-Jägers brachte die Gruppe Bündnis90/Die Grünen im Februar 1994 eine „Kleine Anfrage" an das große Gremium ein. Darin heißt es in der Präambel: Im Zusammenhang mit dem Konkurs der Berlin Commercial Group (CSG-Holding) wurde bekannt, dass diese Firma und ihre Tochterunternehmen in Berlin und in den ostdeutschen Bundesländern auch für zahlreiche sicherheitsrelevante Einrichtungen des Bundes, darunter der Bundeswehr, Wach- und Sicherheitsdienste geleistet hat. Wir fragen die Bundesregierung... Und dann folgten 25 Fragen, die weit über das in der Präambel Gesagte hinausgehen und die hinterpförzige Zielstellung der Initiatoren deutlich werden lassen. Da wird nämlich allgemein gefragt, wer oder was die leitenden Mitarbeiter der ALWAS beim MfS, in der NVA oder im Bereich Kommerzielle Beziehungen waren. Da wird mit konkretem Namenskürzel angefragt, ob diese oder jene Person in Leitungsebenen der ALWAS und der CSG Offizier im besonderen Einsatz des MfS gewesen sei oder etwa führender Funktionär der SED. Da wollte man Vermutungen bestätigt wissen, ob etwa die Unternehmen der CSG-Holding auch zur Geldwäsche bzw. zur Verschleierung von Vermögenswerten der SED/PDS gedient haben und ob gar deren Vermögen, einschließlich des vom MfS, in die CSG-Holding geflossen seien. Nachzulesen ist dieser Stuss in der Drucksache 12/6920 der 12. Wahlperiode des Deutschen Bundestages.
Na, ja, die Antwort des obersten Deutschen Gremiums gefiel dann überwiegend durch die Satzkonstellation „....es liegen keine Hinweise vor". Andererseits wurde natürlich bestätigt, dass wichtige Objekte des Bundes in Bewachung der CSG/ALWAS standen, wie etwa das ehemalige Haus der

Parlamentarier (ZK der SED), das ehemalige Staatsratsgebäude, das Bundesbauamt III, das Umweltbundesamt, das Bundesministerium für Gesundheit, Frauen und Jugend, das Bundesverwaltungsgericht sowie mindestens 9 Objekte des Verteidigungsministeriums und zahlreiche Objekte der Bundespost.

Natürlich(!) hätten die Wach- und Sicherungskräfte keinerlei Schlüsselgewalt und Zutritt zu sicherheitspolitischen Bereichen gehabt wie auch zu sicherheitspolitisch relevanten Dokumenten usw. usf. Und natürlich gäbe es da ein Zeit brauchendes Ermittlungsverfahren, in welchem weitere Erkenntnisse gewonnen werden sollten. Das alles wiederum ist nachzulesen in der Drucksache 12/7147, wobei der generelle staatliche „Ablass" mit folgender Aussage erteilt worden war: Es liegen der Bundesregierung keine Hinweise vor, dass Vermögenswerte der SED/PDS in die einzelnen Wachschutzfirmen geflossen sind oder von diesen Firmen Geldbeträge der Partei zur Verfügung gestellt wurden.

Flopp, eins auf den Hut, Herr Krawattenträger. Uns allen war ja schon lange klar, dass da überhaupt nix war. Aber das ganze politische Gezeter ließ zusätzlich zu den Bankrott- und Neugründungserschwernissen erneut meinen Blutdruck zu höheren Werten steigen. Und noch heute bewegt mich das Ganze wie unschwer aus der Wortwahl des Vorhergeschriebenen erkennbar ist. Allerdings hatte diese parlamentarische Anfrage gewisse Auswirkungen auf die gesamte Sicherheitsbranche. Es wurde weiter an der Erstellung bisher fehlender rechtlicher Instrumente hinsichtlich Auftragsvergabe und Sicherheitsüberprüfungen von führenden Unternehmenskräften und Mitarbeitern der Wachschutzfirmen gebastelt. Viel hat es nicht gebracht wie ich bereits weiter vorn dokumentiert hatte.

*

Um noch einmal auf den Herren Valentin Fischer zurück zu kommen. Es ist schon erstaunlich, welchen Schaden ein einziger von den vielen neudeutschen Ostlandrittern anzurichten imstande war. Und es wird kaum jemanden geben, der aufzählen könnte, wie viele Menschen durch diese deutschen Haifischmitbrüder in den Ruin getrieben worden sind.

Mir persönlich hat dieser Herr Fischer, nachdem er bereits über ein Jahr aus meinem Leben verschwunden war, die Eingliederung in ein von der Staatsanwaltschaft Berlin eröffnetes Ermittlungsverfahren mit dem Tatvorwurf „Bankrott des ALWAS Wachschutzes / CSG Wachschutzes" übergeholfen. Am 12.Juni 1995 stand ich deswegen bei der am Columbiadamm angesiedelten Abteilung 122 der „Zentralstelle für Regierungs- und Vereinigungskriminalität"(ZERV) auf dem Teppich, um mich gem. § 163a der

Strafprozeßordnung zu dieser Beschuldigung zu äußern. Meine Gefühlswelt war irgendwie schon schwer in Unordnung. Die Sieger der Geschichte ziehen mich kleines Würmchen vor den Kadi, um Fakten und Zeugnisse zur kriminellen Energie und den kriminellen Machenschaften eines geldgeilen Möchtegerns aus dem Wessiland zu ermitteln. Nun, für mich stand der Eigenschutz an erster Stelle. Und so konnte und wollte ich bei der Befragung zur Anschuldigung nichts sagen, außer, dass meine Funktion als Leiter Dienstleistung rein auf die Durchführung der operativen Prozesse ausgerichtet war. Also hätte ich, wenn überhaupt, nur die allseits bekannten und auf Dienstberatungen öffentlich gemachten Dinge zur Kenntnis erhalten. Mehr nicht. Punkt und aus. Und damit war ich aus der weiteren Bearbeitung des Ermittlungsverfahrens heraus wie ich annehmen musste. Denn ich hörte vorerst nichts weiter aus der Richtung Columbiadamm. Die Sache war fast schon in Vergessenheit geraten, da brachte mir zehneinhalb Jahre später der Postbote ein Schreiben der Staatsanwaltschaft Berlin ins Haus. Lapidar stand dort, beglaubigt von einer Justizangestellten Lehmann, dass das gegen mich „wegen des Verdachts Bankrotts pp. eingeleitete Ermittlungsverfahren" gemäß § 170 Absatz 2 StPO durch den zuständigen Oberstaatsanwalt eingestellt wurde.
Die Mühlen deutscher Justiz mahlen langsam, aber sie erinnern sich. Nachdem Herr Valentin Fischer 2004 gesiebte Luft atmen durfte, gab es für die vielen anderen zu Unrecht Verdächtigten nun mit solcherart Briefen Entspannung: Das Ermittlungsverfahren ist erledigt, eine Straftat konnte nicht nachgewiesen werden.
Bin ich nun ein unbescholtener Bürger, klingelte es da irgendwie? Natürlich, dafür hielt ich mich schon immer, besonders in diesem Fall und in diesem Zusammenhang! Im Archiv des bundesdeutschen Registers hänge ich trotz alledem. Mich stört das jetzt gar nicht mehr.

*

Das dicke Ende für die ALWAS Wachschutz-Gesellschaft erreichte die Petersburger Straße dann schneller als gedacht bereits in den Anfangstagen des Jahres 1994.
Der Neujahrstag war gelaufen, als auf einer Geschäftsführerberatung am 2. Januar aus eigener Sicht „schonungslos" die „Machenschaften" der CSG dargelegt wurden: Demnach habe die ALWAS über eine Million DM als Umlage an die CSG zu zahlen gehabt, zusätzlich hohe Provisionen und zusätzliche Kredite von fast 700 Tausend. Ferner waren eine Million DM Kredit an die Holding abzuführen. Und das alles bei angeblich 16 Millionen eigenen Forderungen/Außenständen der ALWAS. Es ging nichts mehr. Kein Öl, sprich Geld, im Getriebe. Kaum etwas dagegen tönte in den Raum wie man als

Geschäftsleitung bisher agierte und was man versucht habe, dem auf die ALWAS zukommenden Schlamassel zu entgehen. War man blauäugiger als blauäugig? Wurden tatsächlich wirksame Versuche zu einer Kehrtwende unternommen oder konnte Boss Fischer seine Netze so knüpfen, dass es gar keine Möglichkeiten für das Ziehen der Rettungsleine gab? Dazu gab es leider keine Aussagen. Stattdessen machte man die Anwesenden der Beratung mit großer Ernsthaftigkeit mit zwei angeblich vom Hauptgesellschafter gesehenen „Lösungswegen" bekannt, nämlich: a) der Einleitung des Konkursverfahrens und b) die Weiterführung der Geschäfte mit einem neuem Investor, einer neuen Bank...

Man habe sich für Variante a) entschieden, hieß es kurz danach. In Verantwortung für ihre etwa 350 Mitarbeiter, so die formulierte Verkündung, werde es die ALWAS-Geschäftsführung also für angebracht halten, Mitte Januar planmäßig den Konkurs einzuleiten. Gleichzeitig wolle man eine Auffanggesellschaft schaffen, die den Namen ASS – Allgemeine Sicherheits- und Service GmbH – tragen solle.

Na, das ist doch etwas. Auf zu anderen neuen Ufern, wenn die angestrebten nicht zu erreichen waren. Ich werde dabei sein.

Wie durch den Buschfunk bekannt, sah die Lage außerhalb von Berlin in den anderen territorialen Wachschutzgesellschaften der CSG analog aus! Ausgeblutet, zahlungsunfähig, bewegungsunfähig, dienstleistungsunfähig. Die für diese Situation verantwortlichen Herren Riedel und Fischer hätten sich dort nicht sehen lassen dürfen. Sie hätten vor ihren wochenlang ohne Lohn tätigen wütenden Arbeitnehmern und jetzt sogar teilweise Betriebsbesetzern bestimmt keine Reden halten können, sondern bestenfalls Prügel bezogen.

Was in der Petersburger Straße abging, glich weiter einem Russisch-Roulette. In ihrer Wirkung nicht absehbare Aktivitäten zum „Abfangen" vorhandener Betriebsprozesse und im gleichen Atemzug die Einleitung erforderlicher Bedingungen zur Schaffung einer neuen Betriebsstruktur gaben sich die Klinke in die Hand.

Wichtige äußere Faktoren waren erneut die Kunden sowie die Banken, die Leasingfirmen und die Behörden, währenddessen als wichtigste innere Faktoren die Mitarbeiter anzusehen waren, die schon seit der Vorweihnachtszeit auf ihre Lohnzahlung warten mussten und jetzt auf das vom Arbeitsamt zu zahlende Konkursausfallgeld hofften. Dem unermüdlichen Einsatz des Betriebsratsvorsitzenden Zötzel und dessen ergebnisorientierten Zusammenwirkens mit dem Amt war es mit zu verdanken, dass trotz aller Wirren das Personal bei der Stange blieb und letztlich den zustehenden Lohn, wenn auch verspätet, über diesen „Ersatzweg" in den Händen halten konnte.

Auch ich war davon betroffen. Wohl deshalb wurde mir aus rechtlichen Gründen mit Wirkung 31. Januar 1994 eine Kündigung ausgestellt, obwohl ich vorher einen Aufhebungsvertrag unterzeichnet hatte. Letzteres eher geschuldet den rechtlichen Maßnahmen zur Schaffung der Auffanggesellschaft, in die ich hundertprozentig eingebunden war.
Für diese Zeit gibt es hier und da viele nebulöse Erinnerungsbilder sowie nebeneinander stehende und sich scheinbar widersprechende Dokumente. Vielleicht ganz gut so, dass dieser Wirrwarr schlecht zu entknoten ist. Ich selbst kann und möchte mich wenig gern daran erinnern und wen interessiert das heute noch wirklich?
Die Zeit eilte weiter! Enorm schnell. Zu erinnerungswürdigeren Dingen.

III.

Erträumtes Intermezzo

„Ein Mann ohne Träume ist innerlich tot. Mögen die Träume undurchführbar sein; man braucht sie; sie sind die treibende Kraft" formulierte Stefan Heym in seinem Roman „Lasalle" und dem deutschen Fußballtrainer Christoph Daum werden die Worte „Mit Träumen beginnt die Realität" zugeschrieben. Außer mir gab es, besonders im Osten Deutschlands, in der hier angezeigten Zeitzone nicht wenige Träumer und auf Abruf in den Startlöchern stehende potente Leute auch in der Wach- und Sicherheitswelt, die auf eine, ihre berufliche Chance hofften. Die gesamte Branche offerierte nämlich eine ungemein hohe Steigerung der Betriebszahl in kürzester Zeit. Gab es im Jahre 1990 genau 899 derartige Unternehmen in ganz Deutschland, so wies die Statistik für das Jahr 1994 bereits 1320 Betriebe nach – eine Steigerung von sage und schreibe über 40%! Vor allem die neuen Bundesländer stellten eine Brache für dieses Gewerbe dar, die es zu bestellen gab. Dafür benötigte man Personal auf allen Ebenen, vom „Fußvolk" bis zum Betriebsleiter, besser gesagt, zum Manager. Und so erfüllten sich manches Träumers Träume. Viele Visionen, vielleicht sogar die meisten, platzten wie die berühmten Seifenblasen.
Wie es mit meinen Träumen weiterging, sollte sich erst zeigen.

*

Ohne dass sich meine betrieblichen Umgebungsbedingungen und meine eigentlichen Arbeitsaufgaben verändert hätten, war ich ab dem 16. Januar 1994 zum Mitarbeiter der Geschäftsleitung der „neu gegründeten" Allgemeinen Sicherheits- und Service Berlin GmbH, kurz ASS, mutiert. Dass aus diesem Firmenkürzel wenige Zeit später der allseits bekannte Name ASB Berlin als Sprach- und Schrift-Logo gebräuchlich wurde, lag daran, dass ein Berliner Unternehmen der Sicherheitstechnik bereits mit dem Kürzel ASS auf dem Markt und in allen Telefonbüchern präsentierte und wegen möglicher Wettbewerbsdissonanzen gerichtlich den Zeigefinger gegen uns erhob und Unterlassung forderte. Ich hatte die Idee der Änderung von ASS auf ASB, weil das bei Beibehaltung der sprachlichen Firmenkennung lediglich eine einfache Buchstabenänderung erforderte. Wir waren aus der Klemme, allen war recht getan und die Korrektur kostete kaum Geld. Zum Arbeiter-Samariter-Bund, dessen Kürzel ebenfalls auf unsere neue Kennung ASB hinaus lief, war ja nun

wirklich keine Verwechslung möglich, denn diese Truppe hatte andere Hausaufgaben an einer anderen Arbeitsfront zu machen. Mit der ASB war ein neuer Berliner Markenname geboren, der erst nach der Heuschreckenzeit, worüber noch zu sprechen sein wird, erlöschen sollte, besser, durch den nichtssagenden Wessinamen mit den Buchstaben W+I+S, der bis heute in Berlin keine besondere Akzeptanz gefunden hat, ersetzt wurde. So ist das mit Firmennamen, Logos oder Werbeslogans, die im Wettbewerb um den Kunden eine nicht unwesentliche Rolle spielen. Manche zeigen sich wie Sommerblumen nur eine kurze Zeit, um dann zu verwelken, sprich, in die Insolvenz oder anderswo hin zu gehen, manche halten sich wie ein Gingkobaum fast lebenslang lebensfähig oder in der Erinnerung.
Meinem Partner Heinz kam in dieser Zeit die goldrichtige Idee für die Prägung und dann jahrelange Nutzung des etwas doppelsinnigen Firmenslogans der ASB „Wir helfen ihnen mit Sicherheit". Das Wort Sicherheit konnte man in Bezug auf unser angebotenes Produkt aber auch als Güte der zu erbringenden Leistung sehen. Dieser Slogan machte sich zusammen mit dem blausilbrigen Logo übrigens auf jeder der jahrelang als Präsent verwendeten Sektflaschen der Firma Nierstein recht gut und beeinflusste, als Sinnspruch und Flasche, manche Konversationen durchaus positiv!

*

Dem unsinnigen Namensspektakel ASS-ASB vorausgegangen war natürlich die in den Händen des Gesellschafters Horst liegende amtsrichterliche Gründung des „neuen" Unternehmens. Aus einer in Hamburg angesiedelten aber laut Stammrolle ruhenden „VORRAT Vermögensverwaltungsgesellschaft mbH", was immer man auch darunter verstehen möge, war durch Beschlüsse ihrer Gesellschafterversammlung vom 5. Januar 1994 ein Wachschutzunternehmen gebildet worden, das seinen imaginären Sitz nun nach Berlin verlegt und vorhergehende lediglich papierne Geschäftsführer abberufen hatte. Einen dieser nur wenige Tage amtierenden sogenannten Geschäftsführer, der nach der Auswanderung mit seiner Ehefrau – sie war durch Big-Boss Horst vordem zeitweilig sogar als alleinige Gesellschafterin der ASB in Front, Verzeihung, aufs Papier gebracht worden - im Jahre 2002 in Israel durch den eigenen Sohn umgebracht wurde, durfte ich in Berlin kennen lernen, als er freudestrahlend seine gegen Geld in Nachfolgestaatsgebilden der Sowjetunion „erstandene" Promotionsurkunde präsentierte. Andere Mitbürger bis zu hochrangigen Politikern, so ist immer wieder in den Medien zu vernehmen, haben wenigstens im Schweiße ihres Angesichtes von anderen Arbeiten abgeschrieben und Plagiate erstellt. Und wie schwer dagegen hatte ich mir mein Diplom in jahrelangem Studium erarbeiten müssen. Dennoch: Ehrlich währt am Längsten

und nachdenken sollte man bei solch dubiosen Geschichten, deren eine diesen Sohn jüdischer Eltern im Drogenrausch beendete ließ, eher nicht.
Nachdenken sollte man auch nicht zu einer anderen „Handhabe" in dieser Zeit. Nämlich zum Stammkapital der neuen Firma. Der in keiner amtsrichterlichen Urkunde auftauchende frühere Eigner der ALWAS und jetzige Besitzer der ASS erschien mit einem Aktenkoffer voller Geldscheine in Berlin, zahlte die erforderlichen 50 000,- DM auf das Betriebskonto der Firma ein und zog es nach einigen Tagen von dort wieder ab. Dem Gesetz war Genüge getan. Für die Liquidität in Berlin hatte Neu-Geschäftsführer Heinz, seines Zeichens Diplom-Ökonom, aus den Umlaufmitteln und einem sogenannten „Hanseatischen" Darlehen selbst zu sorgen. Ein kurzzeitig benannter Zweitgeschäftsführer, ein Herr „von", saß in Hamburg und dort selbstverständlich nur als Attrappe. Ich habe ihn nie zu Gesicht bekommen.
Die Sonne bringt es an den Tag, verspricht eine alte Redensart. In unserem Falle brauchten wir keine Sonne, um später zu erkennen und zu erfahren, was es mit dem Stammkapital und dem „Hanseatischen" Darlehen so auf sich hatte. Mit Datum 6. Januar 1997 ging beispielsweise ein Schreiben aus Hamburg bei uns ein, in dem es lapidar hieß: " *Die Zinsen für das Darlehen für die Jahre 1995 und 1996 ... auf 57.000.- DM... in Höhe von gesamt 9.484,80 DM überweisen Sie bitte in den nächsten Tagen auf mein Konto Commerzbank...*". Gut „verdient" Herr Gesellschafter! Und sicherlich dazu noch im grauschwarzen „Gewinn"-Bereich angesiedelt. Und geschickt und erpresserisch gemacht. Um seine Ansprüche auch 100pro zu sichern, forderte er noch im Nachgang im Oktober 1996 von der ASB, notariell abgesichert, ein Schuldanerkenntnis in Höhe eines „anerkannten" Betrages von 57 000.- DM. Natürlich mit der Option einer sofortigen Zwangsvollstreckung, falls es Probleme im Unternehmen geben sollte. Dieser Wessi war mit allen Wassern gewaschen und würde wohl nie in einer Finanzfalle landen. Als Geschäftsführer dagegen saßen Heinz und ich andererseits sofort in der Schuldenfalle. Grund genug, mich unverzüglich privat abzusichern. Die persönliche Gütertrennung in der Familie war wie bei vielen Geschäftsleuten üblich, auch für mich nun der Ausweg. Nach einer Sitzung beim Notar besaß ich ab sofort außer meinem Monatslohn fast nichts mehr, dafür mein Eheweib alle Rechte auf das bisschen gemeinsam Ersparte und alles im Eheleben bisher Angeschaffte. Was tut man nicht alles für die berufliche Existenz! Aber hallo, sagte der Verstand, vorrangig für das private Überleben – denn bekanntlich kommt „Privat" vor „Katastrophe".

*

In einem Buch fand ich kürzlich die Aussage: *Es gibt Dinge, von denen es besser ist, nichts zu wissen...* und weiter: *Vollständige Transparenz erreicht am Ende nur eines, sie beraubt der Welt ihres Zaubers.* Das war wohl auch eine Maxime unseres Hamburger Chefs für seine Geschäftsphilosophie und alle ihm nachgeordneten Menschlein. Denn was Horst während der gesamten Existenz der ASB auf Gesellschafterebene hin und her jonglierte, war kaum durchschaubar und nachvollziehbar. Mehrere Notare in Hamburg und zwei in Berlin hatten ständig zu tun, um Gesellschafterverträge und ähnliche Dokumente in Form zu bringen oder zu aktualisieren. Zuerst wurde das Stammkapital des Unternehmens von 50 Tausend DM von Horst (25 000), seiner Frau (12 500) und einem uns kaum bekannten Dr. Soundso (12 500) gehalten. Dann wurde der Dr. Soundso ausgebotet und Horst hielt künftig 37 500 und seine Gattin 12 500. Aber Schlitzohr Horst erwirkte von seiner Gattin unverzüglich notariell bestätigte Generalvollmacht, sie in allen Angelegenheiten vertreten zu können, also auch was die Geschäftsanteile betraf. Somit blieb er im tatsächlichen Geschäftsleben immer Alleinherrscher, Alleinbestimmer.

Weil dieses Geschäftsgebaren ja offensichtlich niemanden störte, holte er im Laufe der Zeit noch so allerhand Ungereimtheiten aus seiner Hosentasche wie eine Wirtschaftsconsulting GmbH mit Sitz in der Petersburger Straße in Berlin. Eine reine Schein- oder Briefkastenfirma, die mit Bestimmtheit irgendwelchen dubiosen Aktionen oder Transaktionen diente. Es gab ergo auch für mich immer wieder Dinge, von denen ich gar nichts wissen wollte, weil dieses Wissen mich nur zusätzlich belastet hätte. Demzufolge ist es folglich ebenso gut, etliches Wahrgenommene aus dieser Zeit absolut vergessen zu haben.

*

Aber noch sind wir nicht in 1996 und später, sondern in den Anfangstagen des Jahres 1994.

Da wurde mit Datum 24. Januar 1994 in Hamburg ein Schreiben mit dem Inhalt „Gesellschafterbeschluß" verfasst und nach Berlin geschickt. Darin ist lakonisch festgeschrieben, dass die unterzeichnende Gesellschafterin, Frau Dr. Anne-Marie Kassay-Friedländer, „unter Verzicht auf die Einhaltung sämtlicher Form- und Fristenvorschriften für die Einberufung einer Gesellschafterversammlung" eine solche abhält und beschließt, dass zum weiteren Geschäftsführer Herr Eberhard Rebohle bestellt ist, der fortan berechtigt ist, mit einem zweiten Geschäftsführer oder einem Prokuristen die Gesellschaft, sprich ASB Berlin, zu vertreten.

Upps, das war deutlich, das hatte gesessen. Ich war perplex. Hatte mit mir doch vorher niemand gesprochen, meine Meinung oder gar Zustimmung eingeholt! Hatte ich doch nie diese Frau Kassay-Friedländer, die nun gar selbstherrlich im Alleingang über mich verfügte, kennenlernen dürfen. Aber wie schon gesagt, hinter dieser Frau stand Horst als graue Eminenz und dirigierte seine Puppen.

Was sollte ich tun? Freilich, bis auf die fehlende Zeichnungsberechtigung für mich hatte ich schon Aufgaben und Befugnisse eines Geschäftsführers für den operativen Bereich wahrnehmen dürfen. Jedoch nicht die Last der vollen Verantwortung tragen müssen. Das würde sich nun ändern! Aber was in aller Welt würde sich ändern? Wieder ein Scheideweg. In die Spitzenposition des Unternehmens führend. Weiter ginge es nicht. Wieder einmal Karussellfahren im Synapsenbereich.
Doch ich war erneut zuversichtlich, es schaffen zu können. Und ich wollte es auch. Träume waren von mir ja schon geträumt worden.
Trotz geringer und auch bleibender Befindlichkeiten mit Geschäftsführer Heinz, hier ging es wohl eher um Rang- oder Hackordnung, um die Frage eines imaginären ersten oder zweiten Geschäftsführers, sah ich gutes Gelingen in unserem künftigen Duo. Spaßhaft verkündete ich später des Öfteren, wir beide verstehen uns wie zwei alte Latschen. War sicher auch so, weil jeder dort seine Hausaufgaben für das Unternehmen machte, wo seine speziellen Kenntnisse und Fähigkeiten lagen. So Heinz im kaufmännischen Bereich und ich im operativen Kerngeschäft.
Also nahm ich das aus Hamburg herbei geflatterte Angebot an. Mit der Eintragung im Handelsregister am Amtsgericht Charlottenburg vom 14.Oktober 1994 war es offiziell verkündet und landesweit einsehbar. Ab diesem Datum saßen Heinz und ich künftig immer gemeinsam bei den Gewerbe- und Finanzämtern, bei den Notaren und weiteren Institutionen, wo zwei Figuren und zwei Unterschriften für irgendwelche amtlichen Akte erforderlich wurden. Und das war gar nicht so selten, denn der Deutsche liebt die Gründlichkeit und das neue Deutschland zeigte sich uns noch viel spießiger und vollendet bürokratischer, als das der entschwundenen DDR angedichtet wurde. Manch Bürger mit sichtbarem Migrationshintergrund kam mit freudigem Gesicht schneller aus den behördlichen Amtsstuben heraus, als wir, auf den Bänken davor wartenden deutschen Bittsteller. Wir konnten uns außerdem kaum des Gefühls erwehren, bei diesen Behördengängen stets bis auf die Knochen durchleuchtet zu werden. War es die von uns vertretene Branche, die dort Unsicherheit verbreitete und so mehr Obacht gebot, waren es die durch die Medien verbreiteten Informationen, dass die Stasi fast in jedem dieser Unternehmen „mitsprach"? Ich kann es nicht sagen. Mein Bauchgefühl hatte da schon Antworten parat – Gefühlsantworten eben.

*

Die nachfolgenden Monate kennzeichnete ein windiges Dreiecksspiel.
Die Führung der in Abwicklung befindlichen ALWAS saß noch im Obergeschoß des Gebäudes in der Petersburger Straße, die neu gegründete ASB verfügte über den gesamten Restbereich und der Big-Boss agierte von Hamburg aus. Ich

kann die geführten Gespräche zwischen Obergeschoß und darunter liegender ASB nicht zählen. Da wurde die Strategie der neuen Firma beraten, da wurden operative Abstimmungen in allen Richtungen vorgenommen und, sehr wichtig, da wurde nicht wenig zum taktischen Verhalten in Richtung Hamburg konspiriert. Die Herren da „oben" kannten den Big-Boss und seine Manie nach Rendite und seine Schlitzohrigkeit viel viel besser als Heinz und ich. Und sie wussten auch wie man mit ihm umzugehen hatte, welche Geschütze man gegen ihn auffahren konnte. Das war nicht übel, sondern eher eine echte handhabbare Hilfe für uns nun geschäftsleitende Greenhörner.

Ob die früheren Bosse der ALWAS möglicherweise hofften, sich eventuell einmal leitend in der ASB wieder zu finden, kann ich nicht sagen. Ihre kostenlose Beratung in dieser Zeit jedenfalls hatte einen unschätzbaren Wert für den Aufbau und das Funktionieren des neu entstehenden Betriebes. Und auch dem Schutz vor den vielfältigen äußeren negativen Einflüssen auf die junge Pflanze „Auffanggesellschaft ASB". Ohne dieses Zusammenwirken, das besonders von meinem Gönner Dr. H. gestaltet wurde, wäre manches nicht so gelaufen wie es dann eben lief! Das betraf auch etliche Dinge, die über uns schwebten wie das berühmte Schwert des Damokles. So waren die Anschuldigungen und Vorhalte im laufenden Ermittlungsverfahren gegen die CSG/ALWAS verwirrend umfangreich. Und immer irgendwie mit einer Speerspitze gegen die junge Pflanze ASB gerichtet.

Da wurde beispielsweise vorgehalten, dass die ASB aktuell durch die Datenhausvernetzung der CSG-Holding weiter von diesem System „profitieren" würde. Das war natürlich honoriger Unsinn, weil es diese Vernetzung in dem früheren operativen Hausbereich vor der Insolvenz noch gar nicht gab. Die Personaleinsatzplanung dagegen lief immer noch separat als eigenständiges PEP-System. Und das war auch gut so!

Da stand der Vorhalt, dass sich die ASB bei den gegebenen Zugriffsmöglichkeiten im Verwaltungsobjekt Petersburger Straße alle Kundendokumente der ALWAS hätte an sich bringen können. Ja, ehrlich, einige Papierchen hatten wir uns schon gesichert. Aber der Großteil der Unterlagen entfleuchte mit einigen sich schnell aus dem Staube machenden Ex-Akquisiteuren der ALWAS, von denen einer den schönen Namen eines früheren Politbürooberen führte, zu neuen Gestaden, sprich, zu potenten Wachschutzkonkurrenten. Quasi als Einstandsbonus. Das war fieser Diebstahl, aber in dieser Situation nicht zu ahnden. Hätte ich es anders gemacht? Nach meinen Erfahrungen beim Rauswurf aus meinem Büro im MfS zu Wendezeiten wohl kaum, als ich mit sauberen leeren aber nicht erhobenen Händen das Objekt verließ, später aber dieses oder jenes Schriftstück schon hätte gebrauchen können. Vorbei. Geschichte. Ein Nachdenken bleibt...

Da unterstellte man in diesem Fragenkatalog der ASB ganz kleinlich kleinkariert, sich unrechtmäßig Dienstbekleidung aus den Beständen der ALWAS angeeignet zu haben. Auch das konnte wie alles andere entkräftet werden, denn die Dienstbekleidung hatten die Sicherheitsmitarbeiter ja „selbst gekauft", das heißt, sie erhielten im Lohn integriert Bekleidungsgeld. Dass ich tage- und wochenlang unbeobachtet in der ehemaligen Kleiderkammer der ALWAS im Übriggebliebenen herumwühlte wie heute ein Müllsammler auf einer Halde in Afrika, musste niemand wissen. Ich „rettete" dort Stück für Stück noch so viel, dass uns die bekleidungsmäßige Überbrückung gelang. Auf einer vom Auktionshaus Plohmann realisierten Insolvenzversteigerung von Großposten aus dem Bestand der ALWAS/CSG konnte ich in Henningsdorf außerdem zu günstigen Bedingungen weitere Bekleidung (in bar) erwerben. Und schließlich stand in Poznan/Polen der Uniformfabrikant Kloczkowski in den Startlöchern, zu dem ich Kontakt aufnahm und bei dem ich vor Ort günstig einkaufte. Probleme mit dem Zoll – die gab es damals noch ernsthaft – hatte dieser Pole geregelt, so dass unsere allererste direkte Einfuhr nach Deutschland ohne Gebühren und Probleme gelang. Aber: Wie es so schön heißt, freu dich nicht zu zeitig – der Zoll forderte später doch noch einige Märkerchen ein, mit denen wir nicht rechneten. Mit diesen akuten Dingen hatte wohl kaum ein anderes Bewachungsunternehmen in Deutschland zu kämpfen. Und so behandelten wir diese Dinge und Schwierigkeiten auch als Interna. Und so versah mancher Wachmann in dieser Zeit seinen Dienst mit fast durchgewetzten Hosen und durch die Reinigung jeglicher Appretur verloren gegangener Uniformjacke. Das Erscheinungsbild veränderte sich jedoch sukzessive zum Positiven. Der Kunde, der die Frauen und Männer in dieser Montur und durch ihre Arbeit ja kannte und schätzte, nahm das verbesserte Erscheinungsbild später dann wohlwollend und zustimmend zur Kenntnis. Aller Anfang ist eben schwer!

*

Die Objekte, das Personal und die Technik, allem voran die Kraftfahrzeuge und das Inventar der Einsatzzentrale waren wie man so schön sagt, „langsam ins Laufen gekommen". Freilich quietsche es verständlicherweise hier und da im Gebälk und zumeist dort, wo man es am wenigsten gebrauchen konnte. Für derartige Dinge gab es allerdings etliche findige Köpfe, die sich uneigennützig für „ihr" Unternehmen einbrachten und Abhilfe schafften. So wurde beispielsweise wegen noch fehlender Tankkarten gleich mal der Kraftstoff durch unseren quirligen Thomas „Hansdampfinallengassen" einfach per Fass aus Richtung Oder geholt. Das half über den zeitlichen Engpass hinweg. So griff eben jeder einmal bei Bedarf entsprechend seiner Fasson in die individuelle

Trickkiste. Das förderte Teamgeist und Zusammenhalt. Wir wollten doch alle einen Arbeitsplatz – und das ging nur mit einer dafür vorhandenen Firma!

*

Eine erste größere und außergewöhnliche Bewährungsprobe für das noch in den Geburtswehen liegende junge Unternehmen sollte die Durchführung des Veranstaltungsdienstes beim Jahresauftakt auf der Galopprennbahn in Hoppegarten am Ostersonntag werden.
Im zurück liegenden Jahr verfügte der ALWAS-Wachschutz noch über einen funktionierenden umfänglichen Veranstaltungsdienst mit einem aus einem Subunternehmen heraus gewonnenen Leiter an der Spitze sowie einen eigens in diese Richtung agierenden Akquisiteur. Einige Ziele in dieser Sparte wie beispielsweise die Teilnahme an der Ausschreibung zur Bundesgartenschau im fernen Osnabrück waren Phantastereien und Wunschdenken der obersten Führung und kosteten ausschließlich Geld. Sogar sehr viel Geld. Sie waren zu dieser Zeit nicht nur eine sondern mehrere Nummern zu groß. Aber klüger ist man oft erst hinterher. Andere Veranstaltungen, wie die Sicherung der Weißenseer Blumenfeste, von Baumessen und der Berliner Seniorenmesse am Fernsehturm oder eben die Rennveranstaltungen in Hoppegarten lagen im Limit, waren machbar, machten zudem direkt auf das Unternehmen in der eigenen Region aufmerksam. Auf diese Erfahrungen und auf dieses Equipment wollten wir künftig aufbauen. Das verfügbare Personal stand nach der Winterpause auch für die neue Firma in Rufbereitschaft. Das war die Ausgangslage.

Der für die Liegenschaft der Rennbahn zuständige Geschäftsführer der Treuhand, Herr A., hatte der Vertragsfortführung hinsichtlich der Bewachung durch die ASB zugestimmt und der Geschäftsführer des für die Rennveranstaltungen verantwortlichen Union Clubs, Artur Boehlke, gab ebenfalls sein „Ja" für den Veranstaltungsdienst. Beide Herren kannten uns, vertrauten uns und wollten wohl in Anbetracht der geringen Zeitspanne auch kein Risiko mit einem neuen Unternehmen eingehen. Vorab gesagt, die ASB hat dieses Vertrauen zu keiner Zeit in Frage gestellt.
Die Vertragsunterzeichnung passierte, soweit ich mich erinnere, am 10. März. Nicht viel Zeit also bis zum ersten Renntag an Ostern, wenn bis dahin alle Vorbereitungen zu treffen und vor allem die etwa benötigten 30 Pauschalkräfte aus dem Veranstaltungsdienst zu aktivieren waren. Vorwiegend handelte es sich dabei um Gymnasiasten und Lehrlinge aus dem Klientel der eigenen Mitarbeiterfamilien und deren Freunde sowie geringfügig Beschäftigte, die früher fast alle staatsnah agierten, und die sich auf der Rennbahn ihr

Taschengeld oder Zubrot zur Strafrente bar auf die Hand erarbeiten konnten. Gerade dieses „bar auf die Hand" wirkte wie ein Magnet. Jahrelang. Man musste kaum lange bitten. Durch „Flüsterpropaganda" unter den jungen Leuten war für eine „Wachablösung" stetig gesorgt. Bei Not am Mann stand sogar mein Feriengast Timi aus Ungarn am Einlass. Das war zwar nicht erlaubt, aber wo kein Kläger da kein Richter. Was ist in diesem Staat alles nicht erlaubt und wird trotzdem gemacht?!

Neue Überlegungen waren indessen nötig auf dem Geld-Sektor, für die Beschaffung des Wechselgeldes unter anderem für den Wettbetrieb sowie die Erlösabfuhr am Ende des Veranstaltungstages. Die ASB verfügte ja bekanntlich über keinen eigenen Geldtransport mehr. Nun kamen die Roten Socken wieder ins Spiel. Freund Jürgen, in der Ehrenkompanie der 60er Jahre Fahnenträger und durch mich mit einem Säbel begleitet, verdiente derzeit seine Brötchen als Akquisiteur bei dem Bewachungsunternehmen Wienert & Co. Selbiges hatte sich gerade im Objekt des ehemaligen REWATEX-Büros in der Frankfurter Allee-Süd ein nagelneues Domizil geschaffen. Nun der Zufall – dort, wo ich vor Beginn meines Anfangsintermezzos meinen ersten zivilen Arbeitsvertrag unterzeichnet hatte, trat ich als Geschäftsführer ein, um einen Kooperationsvertrag für den Hoppegarten-Geldtransport zu vereinbaren. Der Deal gelang bestens. Es war der Beginn einer viele Jahre währenden gedeihlichen Partnerschaft unserer beiden Unternehmen und einer deutlich aufgefrischten Freundschaft zwischen zwei Kerlen von nun über 50 Jahren. Nicht alles ist käuflich zu erwerben. Manche Dinge lassen sich eben auch anderweitig zuverlässig regeln. Und zuverlässig absichern, denn die Firma Wienert hat im Rahmen unserer Zusammenarbeit weder uns noch den betreffenden Kunden je enttäuscht. Kurz gesagt, dieser erste Renntag unter ASB-Flagge ging ohne Makel über die Bühne. Ihm sollten in den folgenden Jahren noch sehr viele Rennereignisse folgen. Manche ganz normal und nur zum Abhaken gedacht, andere, darunter die zur Meisterschaft gezählten Gruppenrennen, oft mit Spektakel, mit Prominenz oder mit Einlagen.

1995 konnte der Union-Klub von 1867 aus seinem Exil in Köln wieder auf den angestammten Rasen nach Hoppegarten zurückkehren und wollte die „Rennbahn im Grünen" zu neuen Höhen führen. Das klappte nicht, es folgte 2005 deren Insolvenz, obwohl die Galopper liefen und liefen und liefen. Aber das Geld lief nicht so wie im Fußballsport. Pferderennsport ist unheimlich teuer und leider nur durch Sponsoring am Leben zu erhalten. In der heutigen Zeit ist aber „Nehmen" gängiger als „Geben". Da nützte es auch nichts, dass ein Urenkel des letzten deutschen Kaiser in Aktion war, dass die Nachfahren des Pudding-Königs Dr. Oetker sich deutlich einbrachten oder dass man den ehemaligen Pressesprecher von Kanzler Kohl, Peter Böhnisch, in die Leitung berief, um Kontakte und Sponsoring zu eruieren. Mit allen diesen Personen

hatte ich hautengen Kontakt; für sie war ich als Security-Chef allerdings auch nur Glied einer ganzen Kette von dienstbaren Menschen, die zum störungsfreien Renngeschehen beitrugen.
Zur Rettung des Union-Clubs trugen letztlich auch nicht Spitzenveranstaltungen bei, an denen etwa Kanzler Schröder, der Brandenburgische Ministerpräsident Stolpe, der Regierende Bürgermeister von Berlin, Diepgen, Wirtschaftsbosse a`la Porsche-Manager Wiedeking oder Künstler wie Jaecki Schwarz und Andreas Reim in der Ehrenloge saßen. Sie alle hatten den Geldgürtel nicht angelegt und oder gar Schecks mitgebracht. Sie sonnten sich augenscheinlich im besonderen Ambiente des Pferdesports und ließen sich hofieren.
Auch half zur Stabilisierung und Rettung des Clubs nicht das Kamelrennen im August 1997, das 25 Rennkamele, einen Prinzen der Vereinigten Arabischen Emirate und endlich einmal nicht nur Teilnehmer im einstelligen Tausenderbereich, sondern um die 40 000 interessierte Menschen auf die Galopprennbahn versammelte. Allerdings gestaltete sich dieses Kamelrennen, ebenso wie ein späteres Elefantenrennen, einfach nur als eine Posse der besonderen Art, als eine Beleidigung für jeden Turfliebhaber und fand später keine Wiederholung.
Bei all diesen Events, bei deren Vor- und Nachsicherung war die ASB mit im Rennen wie es so schön heißt. Ich selbst hatte zu kooperieren mit dem Staatsschutz und saß mit diesen Leuten zusammen an einem Tisch, um die Sicherheitslage des Objektes und das aktuelle Sicherheitskonzept zu erörtern. Bald wie in früheren Zeiten, klang es in der persönlichen Erinnerungszone. Die Herren der anderen Fakultät am Tisch suchten allerdings nur meine objektbezogene Sachkompetenz. Auf Spurensuche nach meiner Vergangenheit waren sie nicht. Und das war gut so, weil das nur gestört hätte. Und so sicherten wir, der neue Staatsschutz und die Kräfte eines früheren sozialistischen Staatsschutzes eben den Kanzler der BRD und andere schützenswerte Personen gemeinsam. Übrigens erfolgreich, ohne Zwischenfälle. Und wenn doch wie im Falle einer nackten Flitzerin auf dem Geläuf, fingen der Mitarbeiter des Staatsschutzes und ein Mann in der roten Jacke der ASB, dieses störende Subjekt eben gemeinsam ein und verhüllten es. Wie man Schröder und andere Promis kennt, hätten die sich alle beim Anblick einer Nackten nicht unbedingt weggedreht sondern höchsten einen Witz auf dieses Spektakel gemacht wie die vielen derart erfreuten „rennbegeisterten" Zuschauer unmittelbar am Geläuf.

Die Arbeit in Hoppegarten zeigte sich durchaus interessant und war eine Abwechslung in der üblichen Wach- und Sicherungstätigkeit. Sie gestaltete sich jeweils als besondere Herausforderung, denn kein Rennereignis glich dem anderen. Ständig musste das Sicherungsregime überprüft und neu geordnet werden, immer wieder waren die Belange vor allem der Sponsoren zu berücksichtigen. Nicht zu reden von den Naturgewalten, denn alles spielte sich in Mutters freier Natur ab. Da fiel zu Ostern schon einmal Schnee, da gab es im Hochsommer dann Blitz und Donner und Wolkenbruch. Und mit der Wetterstimmung konform verlief die Stimmung der Menschen – Hochs und Tiefs wechselten sich ab. Auch beim Rennbahndirektor, dem man dann lieber aus dem Wege ging, um nicht Blitzableiter für seine Launen zu sein.

Leider brachte der Veranstaltungsdienst der ASB Berlin unter dem Strich außer Mühen rein gar nichts ein. Er diente fast ausschließlich als effektives und wirksames Werbungsmittel. Weshalb, so die Frage? Nun ja, wir hatten uns beim Rennverein nach der Devise „Geben" und „Nehmen" eingekauft. Artur Boehlke suchte sich an allen Ecken und Enden sein Geld zusammen. Auch bei uns. Also gab es jährlich ein Sponsoring-Rennen der ASB Berlin. Kostete 10 000 Mark, davon fielen 8,5 Tausend an das Siegerpferd und der Rest ging drauf für sogenannte Ehrenpreise für Jockey, Besitzer und Trainer... So war das eben. Ein Gutes hatte diese Sache trotzdem: Wir Geschäftsführer konnten zu diesem Rennen wichtigen Geschäftspartnern in den Logen auf der Haupttribüne eine nicht alltägliche Attraktion bieten und bei einem Glas Sekt im Gespräch den einen oder den anderen Vertrag sichern, günstiger gestalten oder gar vorverhandeln.
Letztlich hieß es im klaren Deutsch: Außer Spesen nichts gewesen. Selbst die Werbewirksamkeit dieses Veranstaltungsdienstes ließ sich objektiv nicht bemessen.
Das alles wurmte verständlicherweise unseren auf Gewinn orientierten Hamburger Boss und so versuchte er andauernd, an den Stuhlbeinen dieses Veranstaltungsvertrages herum zu sägen. Wir beiden Geschäftsführer blieben indes hartnäckig. Und so gab es diesen Vertrag bei der ASB später auch unter anderen Oberhoheiten und solange ich dort Geschäftsführer war. Nach mir die Sintflut, dachte ich dann. Sie kam später auch und regelte alles neu. Besitzverhältnisse, leitende und lenkende Personen, Securityunternehmen... Was blieb und was heute noch existiert, das ist das Rennfluidum in Hoppegarten, dem ich persönlich doch etwas nachtrauere.
Soweit dieser etwas ausführliche, indes hoffentlich nicht uninteressante Exkurs in ein Spezialgebiet der Wach- und Sicherungsbranche.

*

Die Anfangszeit unseres ASB-Unternehmens kennzeichneten wohl besonders die hinlänglich bekannten Merkmale fast aller derartigen Neugründungen – die roten und die schwarzen Zahlen in der Bilanz kämpfen ohne Unterlass miteinander. Das real erzielte Betriebsergebnis deckte kaum die erforderlichen Kosten. Da kam es schon einmal vor, dass Spannemann Heinz risikobereit ganz uneigennützig auf sein privates Sparkonto zugriff, um akute Finanzlücken, beispielsweise im Zeitraum der Lohnzahlung, zu decken. Selbsthilfe war unsere einzige Devise um zu überleben. Gebete, an wen auch, hätten nichts, aber rein gar nichts gebracht. Und ganz Hamburg hatte in dieser Hinsicht erfahrungsgemäß „Bohnen in den Ohren".

Eine unserer erdachten Selbsthilfeaktionen war demzufolge die Arbeit mit Darlehen, die die Geschäftsführung einem kleinen Kreis leitender Mitarbeiter anbot. Für die ASB eingebrachte Darlehen über eine Mindestlaufzeit von einem Jahr wurden mit 8% verzinst. Damit konnte so manche Durststrecke gemeistert werden. Sicherlich, diese betriebsinterne Darlehensgeschichte war schon ein Risiko, sowohl für den Darlehensgeber, ich selbst war mit einigen Tausend Mark dabei, als auch für das Unternehmen. Ob das Ganze gesetzeskonform war, sei dahingestellt. Irgendwann war die kleine innerbetriebliche Finanzaktion endlich ausgelaufen, wurde nicht mehr benötigt. Jeder Einzahler erhielt seine Darlehenssumme zurück und zusätzlich eine Rendite, die ihm kein Finanzunternehmen gezahlt hätte. Alle waren zufrieden, aber letztendlich unendlich „erleichtert", das Geld wieder im eigenen Kästchen oder auf dem Sparbuch, zu haben. Meine Frau und ich zählten dazu!

*

Ein schwerwiegendes Problem tat sich auf und war begründet in der Vertragsgestaltung mit den Kunden. Bekanntermaßen stieg die ASB in viele früher durch die ALWAS realisierte Verträge ein. Geändert wurde lediglich der Name des Dienstleisters. Der Leistungsumfang und die ehemals vereinbarten Konditionen blieben unangetastet, verblieben auf der Kalkulationsgrundlage früherer betrieblicher Größenordnung. Die nunmehrige Verkleinerung des gesamten Vertragsvolumens der ASB hatte zum Ergebnis, dass die allgemeine Gewinnspanne deutlich geringer ausfiel. Zudem begann sich zusätzlich ab Mitte der 90er Jahre die bis heute andauernde Preisspirale insbesondere bei Kraftstoff und Energie unablässig nach oben zu drehen. Klar, dass da beispielsweise im Bereich des Revierkontrolldienstes und der Alarmverfolgung, dem Spritfresser im Unternehmen, diese Kostenexplosion übel mitspielte. Die Überlegungen zum Finden von Auswegen gingen wenig ergebnisorientiert hin und her. Kein Kunde zeigte sich willig, zu den bisherigen Vertragskonditionen nachzudenken oder etwa gar nachzuverhandeln. Väterchen Uneinsichtigkeit saß in jedem Vertragspartner stur und unerbittlich fest. Eher denke man darüber nach, aus dem Vertrag aussteigen, hieß es allerorts, bevor man pro Monat vielleicht einen Zehner draufzulegen gewillt war. Also mussten die

Touren effektiver gemacht werden. Das ging objektiv auch nur bis zu einem gewissen Grade, denn es galt sowohl den Straßenverkehrsvorschriften als auch den durch das Wächterkontrollsystem (Dateneinlesung an festgelegten Kontrollstellen) überprüfbaren Kontrollrundenzeiten Rechnung zu tragen. Weit entfernt im Westberliner Bereich gelegene Objekte mussten deshalb gekündigt werden, falls sich kein geeigneter Subunternehmer fand.
Letztlich standen nur noch die Personalkosten zur Disposition. Bekanntlich hatte die ALWAS den Riedel-Revierkontrolldienst in seiner Struktur übernommen und das eigene Potential dort eingegliedert. Diese Struktur bestand noch immer. Es gab einen Bereichsleiter, es gab Schichtführer, die gleichzeitig die Alarmverfolgung wahrnahmen, und es gab die Revierfahrer. Hier galt es einzusparen. Der an seiner Zigarre kauende Bereichsleiter sei nicht ausgelastet, flüsterte sogar der Buschfunk. Ein Fehler in der neuen Geschäftsführung, der sich auch später hier und da wiederholte, war der Tatsache geschuldet, bei personellen Entscheidungen nicht schnell genug die Reißleine gezogen zu haben. Das kostete nicht nur Geld sondern leider auch Nerven. Wie in diesem konkreten Fall. Als dann eine machbare Option für Bereichsleiter Hans-Herrmann gefunden worden war, er sollte als Schichtführer im Bereich weiter tätig sein, also aktiv Leistung erbringen, stieß das keineswegs auf Gegenliebe. Verständlich, wer möchte schon einen Schritt zurück treten und sich quasi in das vorher geführte Fußvolk einreihen. Aber immerhin ging es um den in dieser Zeit nicht gerade unwichtigen individuellen Arbeitsplatz eines früher in Staatsnähe Befindlichen. Hans-Herrmann, dessen Gattin wohl im Schulwesen tätig war, und der dadurch im Gegensatz zu anderen Leuten nicht an der Bettkante nagen musste, lehnte diese Option ab und nahm etwas beleidigt lieber seinen Abschied aus unserem „jungen" Unternehmen. Es gab darüber ganz und gar nicht etwa Betrübtheit im Team. Die neue Struktur mit den fortan mehr Verantwortung übernehmenden Schichtführern, sie alle kamen aus dem früheren Wachregiment Berlin, etablierte sich hervorragend und gestaltete den Bereich künftig effizienter, leistungsfähiger.
Analoge Sparmaßnahmen im Personalsektor galt es gleichfalls im Objektschutz vorzunehmen. Auch hier stand einfach ein „Inspektor" zu viel auf der Lohnliste. Und auch hier war die Entscheidung „wer geht" – „wer bleibt" äußerst schwer. Beide zur Auswahl stehenden Kandidaten hatten ihre Sonnenseiten bei gleichzeitigen nicht zu übersehenden Mankos. Der Zeiger der Waage neigte sich zugunsten des Mannes mit der Herkunft NVA, weil der doch operativer und scheinbar besser für die künftigen Aufgaben der Firma geeignet schien. Dass gerade dieser Mitarbeiter mir danach jahrelang den meisten Ärger mit dem Personal und in der Führungsarbeit bereiten sollte, gehört zu meinen ganz persönlichen Schicksalsschlägen. Ich kann mich noch heute in den Hintern beißen, wenn ich daran denken muss, ihn nicht rechtzeitig die Papiere in die

Hand gedrückt zu haben. Skrupel waren angesagt bei mir, und über meinen Schatten konnte ich in dieser Sache nicht springen. Als er sich durch sein Verhalten und den Druck von ganz oben dann selbst aus der Firma entließ, trat nicht nur bei mir eine spürbare Erleichterung ein. Und die Erkenntnis fiel wie Scheuklappen von den Augen: es läuft ohne ihn auch. Also hieß es als Lehre für die Perspektive: Lieber ein Ende mit Schrecken als mögliche Schrecken ohne Ende. Viel persönliche Arbeit, Nacharbeit, Wiedergutmachung von Fehlern und ich weiß nicht was noch, wäre mir bei einer frühzeitigeren Entscheidung zu dieser Personalie nicht auf die Schultern gefallen. Man lernt halt nie aus!

Um einmal vorzugreifen: Gerade die Auswahl von Mitarbeitern auf der mittleren Arbeitsebene, die eine qualifiziertere spezifische Arbeitsleistung zu erbringen hatten, gestaltete sich durchgängig unendlich schwierig. Waren die Wach- und Sicherheitskräfte für die durch sie zu verrichtende Tätigkeit vielfach deutlich überqualifiziert, traten hier nun echte Mängel auf. Der bisherige Buchhalter beispielsweise betätigte sich auf der Basis eines angelernten Wissens und der Erkenntnisse von vorgestern. Zuzüglich wohl nach der individuellen Denkschablone, einen sicheren Sitz bei der ASB bis zum Rentenalter zu haben. Er war tatsächlich etwas durch den „Wind", dieser Herr Windhausen, und hatte sich später woanders zu bestätigen.

Als Akquisiteure versuchten sich einige Leute, die besser als Versprechfrauen a'la Buchela in Jahrmarktbuden aufgehoben schienen. Aber die geforderte und praktizierte Akquise wurde in der DDR nicht gelehrt, war so wie heute auch nicht erforderlich. Verständlicherweise! Der aktuelle Arbeitsmarkt gab demzufolge zu diesem Anforderungsprofil wenig her. Wirklich talentierte, geeignete und mit Biss ausgestattete Talente konnte sich unsere kleine Firma leider nicht leisten. Deren Provisionsansprüche hätten uns ruiniert. Das war schon paradox. Selbst eine dauernde enge Zusammenarbeit mit einer Reihe von privaten Schulungs- und Weiterbildungseinrichtungen in Berlin behob diesen spezifischen Engpass nie. Und so blieb es beispielsweise oft an mir hängen, in der Kundenarbeit helfend mitzuwirken, Angebote und Verträge zu gestalten oder vertragsvorbereitend umfassende Sicherheitseinschätzungen zu erarbeiten.

*

Im Herbst des Jahres 94 war ein andersgeartetes Zittern als die bisher bekannten Zitterpartien angesagt. Es ging schlicht und einfach um den bisherigen Betriebssitz in der Petersburger Straße. Das der Alt-ALWAS einst gehörende Gebäude ging mit dem Fischer-Bankrott einen besonderen Weg, nämlich als Konkursmasse an eine Bank namens WestLB (die übrigens knapp 20 Jahre später selbst ihre Konkursphasen zu drehen hatte). Natürlich arbeitet eine Bank mit Finanzmitteln und nicht mit alten Gebäuden. Also lautete deren Devise: Umwandlung mittels Versteigerung. Der Weg dahin war selbst den Bankern nicht in den Schoß gelegt, denn durch irgendwelche Rückübertragungen der Grundstücksbodenfläche des Objektes kam eine Mischpoche, eine jüdische Großfamilie, auf den Plan, von der jedes Mitglied entsprechend den jüdischen Erbgewohnheiten letztlich nur eine Handtuchfläche sein Eigen nannte. Und diese Handtücher aneinanderzureihen, deren Besitzer zu finden und diese in Verkaufsstimmung und Verkaufsübereinstimmung zu bringen, war ein Unterfangen nicht gar der leichten Art.

Letztlich fand im Gericht die Versteigerung statt. Ich saß auf einer Holzbank im Saal. Als Zuhörer. Das Ganze verlief schleppend. Wenig Gebote. Anwesend immer der letzte Geschäftsführer der ALWAS, im Handy-Gespräch mit jemandem außerhalb des Gerichtes. Meiner Vermutung nach könnte es sich um unseren Boss Horst in Hamburg gehandelt haben. Letztlich wurde jedoch über eine Summe verhandelt, die Horst nicht zahlen konnte oder wollte. Aus der Traum für uns von einem möglichen eigenen Betriebsobjekt. Nun waren wir Mieter in einem Gebäude, das ein Hamburger Immobilienmensch – wieder ein Hamburger, schoss es mir damals schlagartig in den Kopf – mit dem Ziel erworben hatte, es einzureihen in einen am dortigen Standort entstehenden Hotelkomplex. Um es vorweg zu nehmen: Es ist ihm gelungen, das Hotel steht. Ob sein erklärtes Prinzip, die kontinuierliche Aufnahme von Reisegruppen, erfolgreich ist, kann ich nicht beurteilen, ist mir auch schnuppe. Wir alle und ich selbst hatten unter diesem Vermieter Horrorzeiten durchzustehen, über die an anderer Stelle noch zu berichten sein wird.

Hier nur eines als Lehre aus dem Verlust dieses Standortes und auch dem des späteren Sitzes in der Hauptstraße: Ein Wachunternehmen mit seinen sensiblen Bereichen sowie möglicherweise mit einer Notrufzentrale darf sich bei Strafe seines Untergangen nie und nimmer in ein Mietobjekt einquartieren. Vermieter sind unberechenbar, Vermieter wechseln, Immobilienvermieter sind nie Freunde und wirtschaften mit ihrer Immobilie zumeist ohne jeglichen Anstand. Das kann also bei Nichtbeachtung durch den Mieter zu einer nicht gewollten späteren Selbsttötung führen. Aber solche Erkenntnisse gewinnt man nicht in der Euphorie eines Unternehmensaufbaus sondern in der Agonie um dessen Rettung. Wenn dann überhaupt noch etwas zu retten ist.

(So ist mit Stand 2016 das Rudiment des einstmals beachtlichen mittelständischen Wach- und Sicherheitsunternehmens ASB Berlin heute nur noch mit Mühe in der Nähe der Bornitzstraße in Berlin-Lichtenberg zu finden, weil auch der letzte Objektvermieter in der Hauptstraße ganz individuelle Pläne mit seinem „Knorr-Bremsen-Haus" zu verwirklichen wusste und sich einen feuchten Dreck drum scherte, wie viel Geld, Herzblut und Energie ein Mieterunternehmen wie das unsrige dort eingebracht hatte).

*

Der Termin der ersten Wiederkehr des ominösen Weihnachtsspektakels im InterConti kam heran. An eine Betriebsfeier dachte niemand, konnte niemand denken. Es gab keinen Anlass zu feiern. Die ASB war noch in Aufstellung begriffen, funktionierte allerdings einigermaßen. Eher galt es nun, die Feiertage im Dezember und zum Jahreswechsel durch eine gute Planung professionell abzusichern. Wer vom Personal sollte, durfte und konnte am Heiligen Abend für die Sicherheit in die Spur gehen, wer wollte lieber am Sylvester seinem persönlichen Affen Zucker geben und feiern, statt in irgend einem Objekt beim Streifengang die Raketenspuren am Himmel und die Blitzknaller vor dem Auto zu haben. Wer von den Geringfügig Beschäftigten war bereit, in Bereitschaft zu stehen, ohne dafür (zu dieser Zeit noch) keinen Pfennig Bereitschaftsentgelt zu sehen?

Das galt es zu durchdenken, zu planen und rechtzeitig bekannt zu geben. Fast alle Mitarbeiter hatten Familie, Partner und Kinder, auf die es Rücksicht zu nehmen galt. Nicht immer gelang das, auch später nicht! Manchmal waren die persönlichen Wünsche zu weit von der Realität entfern, manchmal gab das betriebliche Regime nicht mehr her. Man musste also in dieser Zeit viel mit den Mitarbeitern reden, sie überreden, besser jedoch von dieser und jener Notwendigkeit und den Erfordernissen der Zeit überzeugen. Das war mein Forum. Und dass ich es zumeist positiv gestalten konnte, lag wohl daran, dass ich im Mitarbeiter immer irgendwie den Mitstreiter, den Menschen sah und so mit ihm umging. Und diese Leute nahmen es dann mit sichtlichem Gefallen an, dass ich am Heiligen Abend vor der Nachtschicht der Revierkontrolleure sie mit dem Weihnachtsteller und einem kleinen Weihnachtsbaum in ihrem Einsatzraum überraschte, dass ich am Neujahrstag in einer Kontrollrunde etliche Objekte besuchte, um den dortigen Wachleuten gute Wünsche für das neue Jahr zu übermitteln. Verständnisvoll und wohlwollend wurde meine Festlegung für die Fahrer im Revierkontrolldienst aufgenommen, in der Sylvesternacht aus Gründen der Eigensicherung die Zeit von 23.00 Uhr bis 01.00 Uhr in einem naheliegenden Bewachungsobjekt zu verbringen. Somit kam es während meiner Dienstjahre in diesem Zusammenhang niemals zu Unfällen oder Verletzungen, allenfalls zu einem im Straßenmüll zerfahrenen Reifen. Auch wurde dadurch nie – zum Glück für das Unternehmen - die Sicherheit eines der zu kontrollierenden und zu schützenden Objekte in Frage gestellt oder beeinträchtigt. Es passierte nichts, weil die Massen, vielleicht auch das kriminelle Volk, zum Jahreswechsel anderen Dingen frönte.

Als der für das Funktionieren der Dienstleistungen im Unternehmen verantwortliche Geschäftsführer sah ich in dieser Denk- und Verhaltensweise meine ganz persönliche Verantwortung für den Mitarbeiterbestand. Ich mußte diese Einstellung und Haltung nicht neu begründen. Sie war mir im ersten Leben vor dem Supergau gelehrt und anerzogen worden. Demzufolge wirkte sie jetzt, so denke ich jedenfalls noch heute, nicht aufgesetzt oder unnatürlich. Ungeachtet der Tatsache, dass hinter meinem Rücken durch den einen oder anderen anders geredet worden sein mag. Aber, wo wird nicht überall anders gedacht, gesehen oder beurteilt? Es war meine Spur, die ich zog! Keine besondere Spur, allenfalls eine individuell sozial und solidarisch geprägte.

*

Einen wichtigen Blickpunkt bis zum Ende meiner Tätigkeit im Wachgewerbe sah ich in der Umsetzung und Kontrolle der staatlichen Normative hinsichtlich der Eignung und Befähigung des Wach- und Sicherungspersonals. Jetzt umso mehr, als ich durch meine Funktion direkt in der Verantwortung stand. Alle und jeder hielten sich an den Geschäftsführer. Eine Delegierungsmöglichkeit nach oben gab es nicht. Es gab kein „Oben", wo ich nachfragen konnte, von wo aus ich Unterstützung erhielt.
Ich fühlte mich veranlasst, quasi zur Gewährleistung der Effizienz meines eigenen Durchsetzungsvermögens, das bestehende System der gesetzlichen Normative, der staatliche Vorgaben zu nutzen, hatte vollinhaltlich dieses um- und durchsetzen.
Und so drückte ich unter anderem darauf, dass jährlich durch jeden Mitarbeiter das beim Generalbundesanwalt im Bundesgerichtshof beantragte aktuelle Führungszeugnis vorgelegt wurde. Es gab keine Einstellung oder Arbeitsaufnahme ohne dieses mit dem Pleitegeier auf hellgrünem Untergrund beschriebene Papier, auch wenn man dafür jährlich bis zu 10 Emmchen hinzublättern hatte. Der Vermerk „Keine Eintragung" galt im privaten Wachschutzgewerbe als Beleg für „Untadeligkeit". Mehr durften und konnten wir nicht überprüfen lassen. Diesem Papier hatten wir einfach zu glauben.
Hätten das die Macher jenes privaten Sicherheitsdienstes in den Altbundesländern, die im Jahre 2014 und danach mit der Sicherung von Asylbewerberheimen beauftragt waren, auch so gehalten, wäre es nicht zu den durch die gesamtdeutsche Medienlandschaft gehenden eklatanten Vorkommnissen und Missbrauchshandlungen durch vorbestrafte und anderweitig im Blickpunkt der staatlichen Überwachung stehenden Menschen bei ihren Firmen gekommen. Uns hatten Anfang der 90er Jahre die zuständigen staatlichen Organe wie beispielsweise das Ordnungsamt da ganz anders auf die Finger geschaut. Wir befanden uns ja auch im Osten der neuen Republik und

als die „Paten" eines Unternehmens wie wir es darstellten, waren fest in den Hirnen der staatlichen BRD-Gesamtrepräsentanz bestimmt die SED und die Stasi eingebrannt. Darauf war man fokussiert. Das machte den kleinen Unterschied zur Heutzeit aus.
Ich selbst hatte nicht nur das Führungszeugnis beizubringen sondern dazu noch beim selben Adressaten die Auskunft aus dem Gewerbezentralregister nach § 150 Gewerbeordnung zu beantragen. Das kostete noch einmal extra. Da bei mir nirgendwo eine „rechtskräftige Hinterlassenschaft" vorlag, bei laufenden Ermittlungsverfahren gilt bekanntermaßen das Unschuldsprinzip, konnte ich stets mit einer blütenreinen Weste aufwarten.
Wozu die von den Geschäftsführern, also auch von mir darüber hinaus noch beizubringenden (kostenpflichtigen) Auskünfte bei der SCHUFA und beim Zentralen Schuldnerverzeichnis von Amtsgerichten erforderlich waren, kann ich nicht mehr genau nachvollziehen. Es müsste im Zusammenhang mit dem Leasinggeschehen zur Vervollständigung der Kfz-Flotte und dem Aufbau und der Modernisierung der Notrufzentrale gestanden haben.
Und alles kostete nicht nur Geld sondern auch nicht wenig meiner kostbaren Zeit, denn alle diese Anträge mussten persönlich vor den örtlichen Schranken der dafür Zuständigen eingereicht werden, als notwendige nachweispflichtig abzuhakende Akte in der deutschen Bürokratie. Stellt sich nur die Frage, woher bei dieser Kontrollbürokratie in Deutschland nach wie vor so viele kriminelle Delikte im Wirtschaftssektor her kommen? Ist die Bürokratie selbst eine gemeine Schlampe, wird durch diese Bürokratie und die staatlichen Mechanismen die kriminelle Energie so mancher Geschäftsleute und Macher nur mehr inspiriert und angekurbelt oder liegt es einfach nur an unserer schlechten und auf Profit orientierten Welt. Fragen, die kaum jemand ausreichend beantworten kann und wird.

Nachweispflichtig abzuhaken bei jedem Wachschützer war auch die Unterrichtung gemäß § 34a Gewerbeordnung. Ohne diesen „Schein", der bei der Industrie- und Handelskammer sowie bei den unterschiedlichsten Schulungs- und Umschulungsunternehmen erworben werden konnte, gab es bald keine Einstellung mehr im Unternehmen. Für Leser, die über keine Insiderkenntnisse verfügen, hier im Klartext: Der Anwärter auf eine Tätigkeit im Wachgewerbe hat sich einige Stunden lang von unterschiedlich qualifizierten Lektoren notwendigste praktische und rechtliche Vorgaben hinsichtlich der Ausübung seiner künftigen Tätigkeit „anzuhören". Ob er das ihm Gesagte versteht, oder auch nicht, sei dahin gestellt. Es gab, zumindest damals, keine Prüfung, das zu testen! Und so passierte es mir persönlich während einer Nachtkontrolle auf einer Baustelle am Potsdamer Platz, dass mir ein während meiner Urlaubsabwesenheit eingestellter unbekannter Wachmann gegenüber

stand, der fast kein Wort in deutscher Sprache reden und die Dienstanweisung nicht lesen konnte, geschweige denn verstand. Der aber den Unterrichtungsnachweis, der sich in seinen Personalunterlagen befand, bei der Einstellung beigebracht hatte. Ja, wo und wie leben wir denn bei einer solchen Praxis. Hatte hier bei den unterrichtenden Einrichtungen jemand nur auf Quote geachtet? Oder war gar die Russenmafia schon aktiv und fälschte Belege? Solche Gedanken scheinen durchaus opportun.
Ein Glück, dass es arbeitsrechtlich möglich ist, während der Probezeit Arbeitnehmer ohne Nennung der Gründe zu kündigen. Was ich bei dieser Sachlage schleunigst tat. Aus Sicherheits- und auch aus Qualitätsgründen.

*

Ich nahm mir in dieser Zeit vor, selbst möglichst viele Qualifizierungsangebote zu nutzen, um mein praktisches Branchenwissen auf einen angemessenen Stand zu bringen. Die Zukunft sollte die Richtigkeit dieser Ansicht bestätigen. „Was ich nicht weiß, macht mich nicht heiß" – dieser Spruch war hier und heute nicht angesagt. „Wissen ist Macht", in der Abwandlung „Wissen macht fähig, geforderte Aufgaben qualifiziert zu erledigen" schien der Sache eher gerecht zu werden.
Etwas unfreiwillig bewegte ich mich in dieser Richtung noch während der ALWAS-Zeit, als erste interne Qualifizierungsseminare durchgeführt wurden. Da wurde doch tatsächlich mit mir, der einen juristischen Hochschulabschluss vorzuweisen hatte, das Delikt Diebstahl (die Wegnahme einer fremden beweglichen Sache) banal durchexerziert. Am Beispiel der Entnahme eines Löffels Kaffee aus der fremden Kaffeebüchse im Wachlokal. Nun gut, ich beantwortete am Ende der Lektion alle Kontrollfragen, konnte es mir jedoch nicht verkneifen, bei der Kaffeefrage den Hinweis anzufügen, dass ich mich bereits mehrfach an einer solchen Büchse vergriffen hätte, jedoch auch ab und an ein ganzes Paket Kaffee zurück gestellt hätte, und wie das dann zu bewerten sei. Eine Antwort gab es darauf nicht. Allerdings holte der Lektor bei meinem damaligen Boss Informationen ein, wer denn dieser Opponent wohl sei.
Zu meiner Schande (oder besser Beleg meiner Einsicht) muss ich berichten, dass dieses Kaffeebeispiel von mir später immer und immer wieder bei der Einstellung von neuen Mitarbeitern verwendet wurde, um diesen banal die strafrechtlichen Konsequenzen bei der Wegnahme fremden beweglichen Eigentums deutlich zu machen. Es könnte bei solchen Handlungen zu einschneidenden arbeitsrechtlichen, strafrechtlichen und strafprozessualen Problemen kommen wie später das Beispiel der kleinen Kassiererin in einem Supermarkt in Berlin-Hohenschönhausen zeigte, die sich mal schnell einen liegen gebliebenen kleinen Pfandbon selbst auszahlte.

Wertvoller erschien mir später schon ein Seminar für Führungskräfte im Geld- und Werttransport. Hier fehlten mir noch viele theoretische Kenntnisse. Von der Panzerung der Geldtransporter etwa bis zur Kontrolle der Geldbearbeitung. Einiges hatte ich mir in der Fachliteratur angelesen, auf andere Dinge wurde ich bei Kontrollen aufmerksam gemacht, anderes wiederum brachten die Tagesprobleme in meinen Kopf und auf den Tisch der notwendigen Veränderung.

Zu einer der wichtigen Qualifizierungseinrichtungen zählte unzweifelhaft die Verwaltungs-Berufsgenossenschaft (VBG), die für das Wach- und Sicherungsgewerbe zuständige Berufsgenossenschaft, eine Körperschaft des öffentlichen Rechts. Als Unternehmen hatten wir jährlich nicht gerade niedrige Beiträge, die sich nach dem Gefahrentarif errechneten und der im Sicherungsgewerbe fast doppelt so hoch eingetaktet war als beispielsweise der der Kraftfahrbetriebe, an diese Einrichtung abzuführen. Also galt meine Devise, so viel wie möglich von den kostenlosen Schulungsangeboten der VBG für das eigene leitende Person abzufassen. Damit waren zwei Fliegen mit einer Klappe geschlagen. Die dorthin Delegierten wurden auf den spezifischen Gebieten aktuell qualifiziert, was dem Unternehmen gut zu Gesicht stand, und gleichzeitig konnten sie sich in wunderschöner Umgebung – die VBG ließ sich nicht lumpen und duldete kein einfaches Landschulheim als Seminarstätte - ein paar Tage von den Strapazen der Arbeit erholen.
Ich selbst habe angenehme Aufenthalte in den Schloßhotels von Gevelinghausen im Sauerland, von Storkau an der Elbe oder im Heidehotel Hildfeld verbracht und mir erforderliches neues Wissen zum Qualitätsmanagement und zur Gewährleistung der branchentypischen Arbeitssicherheit und Arbeitsmedizin angeeignet. Der Vorteil dieser Veranstaltungen bestand darin, dass die Berufsgenossenschaft bei der Lektorenauswahl vielfach auf Praktiker der Branche zurückgegriffen hat und eine breite Diskussionplattform zum Erfahrungsaustausch gewährleistete. Erfahrungsaustausch ist bekanntermaßen die billigste Investition. Das habe ich unter dieser Prämisse gnadenlos genutzt. Im Seminar und darüber hinaus am Abend beim Glase Bier. Dort wurden Bekanntschaften geschlossen, die später für das Zusammenwirken mit anderen Unternehmen in der Branche äußerst förderlich waren. Und es kam zu Bekanntschaften und Freundschaften, die nach meinem beruflichen Ende noch bis heute anhalten.
Das ich mir notwendiges Wissen in angebotenen Seminaren für „Existenzgründer und bereits Selbständige in Einzelhandels- und Dienstleistungsunternehmen" oder zum Thema „Neue Dienstleistungsarten in der Bewachung" abrief, ist nach bisheriger Darstellung verständlich. Auch, dass

ich selbst den „Unterrichtungs-Schein" gemäß §34a Gewerbeordnung, Kategorie Betriebsleiter, absaß. Dauer fünf Tage, Kosten, von mir selbst getragen, 80,- Mark, Themen unter anderem: Auf das Wachgewerbe bezogene Gesetzesvorschriften einschließlich Straf- und Verfahrensrecht, Grundzüge von Sicherheitstechnik, Umgang mit Menschen... Die Stunden in der Zentrale der IHK in der Hardenbergstraße ließen sich anstrengungslos absitzen. Die Anwesenheit eines libanonstämmigen dubiosen Arabers mit Vornamen Mohammed, damals wie heute Chef eines Personenschutzunternehmens, der samt einigen seiner ebenfalls auf den Bänken sitzenden Paladine die Zeit mit laufenden Späßchen absaß und nicht nur in den Pausen deutlich arrogant erkennen ließ, wie wenig ihn die ganze Sache berühre und dass er nur wegen des für die Gewerbeausübung notwendigen Scheines „seine Zeit opfere", machte die Unterrichtung recht kurzweilig. Auch manch Redebeitrag von Referenten trug dazu bei, die übliche Vortragssachlichkeit launiger zu gestalten. So wirkte es bei den Zuhörern schon etwas kurios und kurbelte die Lachmuskeln an, als der langjährige Leiter eines Berliner Ordnungsamtes am Ende seiner doch sehr qualifizierten Ausführungen zu der Feststellung kam: ja, meine Herren, wenn sie alle die von mir angeführten und für ihre Branche Bedeutung habenden Gesetze und Verordnungen künftig einhalten wollten, müssten sie nach Rückkehr in ihren Betrieb alle Sicherungen herausdrehen und ihr Gewerbe abmelden... Dieser Ordnungsamtsleiter sagte uns Betriebsleitern und mittleren Kadern eigentlich gar nichts Neues. Des Deutschen liebstes Kind sind nun einmal die nur nach Tonnen aufzuwiegenden Gesetze, Verordnungen, Anordnungen, Durchführungsbestimmungen und was es sonst noch auf diesem Tableau gibt, die kaum jemand, selbst in seiner ureigensten Branche, vollständig kennt und demzufolge auch nicht beachten kann. In der Praxis lebt man da mit dem inzwischen die Runde gemachtem Wort eines ehemaligen Berliner Bürgermeisters recht gut, das da heißt: Und das ist auch gut so! Im Kontext mit dem Anliegen der Unterrichtung war diese Aussage schon eine echte Nummer des sehr ehrlichen Ordnungsamtsleiters.

Eine Nummer, die nur noch übertroffen wurde vom letzten meiner späteren Oberbosse, Spitzname Rote Jacke. Der ließ es sich nicht nehmen, die im damaligen Firmenverbund agierenden Geschäftsführer regelmäßig zentral „anzuleiten" und auch zu befähigen. Eine dieser Befähigungsveranstaltungen fand im Februar des Jahres 2003 in seinem Stammsitz in Bad Homburg vor der Höhe statt. Der Seminarleiter mit dem Namen Weber „webte" in diesem Zusammenhang mit uns eine am Institut für Biostruktur-Analysen in Baar/Schweiz entwickelte Analyse namens „Schlüssel zur Selbsterkenntnis". Jesus und Maria – ich, wenige Monate vor meinem 60. Geburtstag, sollte mich nun endlich selbst erkennen! Geworben wurde mit den im Analysebuch vorangestellten Worten von Stefan Zweig: *Wer einmal sich selbst gefunden, kann nichts auf dieser Welt mehr verlieren. Und wer einmal den Menschen in sich begriffen, der begreift alle Menschen.* Ohgottohgott, ohgottohgott. Aber alle Teilnehmer – die Oberhoheit Rote Jacke saß jedem im Genick - griffen zum Stift und malten fleißig die Kladde aus und beantworteten „ehrlich" die Fragen. Etwa der Art wie man typisch auf Ärger und Aufregung reagiere – eher, indem man leicht in die Luft gehe und sich sogar körperlich abreagieren würde, oder ob man sich jemanden mitteile oder ob man sich nichts anmerken lassen und sich zurückziehen würde. Je nach Antwortentscheidung hatte man in der anliegenden Structogram-Tabelle im Plus- oder Minusbereich zu votieren. Zuallerletzt wurde eine Wertung errechnet. Ich hatte mich deutlich (und tatsächlich durch ehrliches Inmichgehen) der blauen Dominanz zugeordnet. Blau war gekennzeichnet unter anderem für Charakterzüge, wie Orientierung an die Zukunft, planvolles Handeln, präzise Zeiteinteilung, systematisches und ordnendes Denken, Tendenz zur Abstraktion, Bedürfnis nach Distanz. Dem Analysebuch zufolge, würde für Menschen in dieser Kategorie immer die Zeit arbeiten, weil sie vorwiegend mit ihren Argumenten überzeugen würden. Allerdings lägen in ihrem Perfektionismus auch bestimmte Risiken... Nun, ja, ich war selbst vom Endergebnis etwas überrascht. Wer mich allerdings kennt, würde bestimmt meiner Selbsterkenntnisanalyse sein bescheidenes „ja" geben. Nicht so Oberchef Rote Jacke. Der hätte mich am liebsten in der „impulsiv reagierenden Rot-Komponente" gesehen und brachte das ob seiner individuellen „Fehleinschätzung" auch etwas bestürzt zum Ausdruck. Vielleicht lag sein Fehlurteil darin begründet, dass ich ihm gegenüber im Gegensatz zu den etlichen Arschkriecher-Amtskollegen aus anderen Betrieben der Gruppe mit meiner Meinung nie hinter dem Berg gehalten und nie aus rot etwas schwarz gefärbt habe. Trotzdem. Im 60. Lebensjahr war ich Dank einer grandiosen Schulungsmaßnahme eines alles in Allem schon etwas merkwürdigen Chefs nun endgültig zu meiner Selbsterkenntnis gelangt. Und deshalb steht dieses Analysebuch immer noch im Bücherschrank. Für meine Arbeit habe ich keine Erkenntnisse gezogen. Ganz im Gegenteil. Diese Kenntnisse hatte ich mir überwiegend fundiert bereits in meinem Leben vor dem persönlichen Superschnitt erworben.

Letztlich hat mich aber all jenes, was ich in den zahlreichen Schulungs- und Qualifizierungsmaßnahmen während der Zeit im Wachschutzgewerbe verinnerlichen konnte, dazu befähigt, meine Arbeit hier und dort doch besser zu machen als vorher. Und in dieser Welt des Neokapitalismus, des Fressens und Gefressenwerdens, der breiten Würdelosigkeit in der Gesellschaft, in welcher der Kampf ums Dasein nach wie vor einen hohen Stellenwert besitzt, zu bestehen. Und mich ohne Skrupel im Spiegel betrachten zu können.

Aber mir auch die Frage zu stellen, welchen Stellenwert die Schwemme der vorhandenen Aus- und Weiterbildungszertifikate von staatlichen und privaten Instanzen im Leben eines derart „Weitergebildeten" beziehungsweise bei Entscheidungsprozessen beispielsweise von Arbeitgebern spielen, welchen tatsächlichen Wert sie wohl haben oder welcher ihnen tatsächlich beizumessen wäre? Wenn ich manch großkotzigen Namen manch eines Bildungsinstitutes auf dem Urkundenpapier sah und dann deren „Bildungs-Produkt" – siehe Wachmann mit Russlandhintergrund – vor mir hatte, kamen mir schon merkwürdige Gedanken. Ungute in der Mehrzahl.

*

Drehen wir den Zeiger wieder auf den zeitlichen Anfangsstatus des sich noch in den Kinderschuhen befindlichen Unternehmens zurück.
Im August 1994 dachten erst einmal alle an den Urlaub. Dringend notwendig nach den Mühen der Arbeit, mehr noch, nach dem andauernden und an die Gesundheit gehenden Stress. Zwei Geschäftsführer haben es da relativ leicht, sich terminlich einzuteilen. Und so teilten Heins und ich uns eben in die Sommermonate ein. Was dem Big Boss in Hamburg wenig interessierte – seine Devise: Hauptsache, der Laden läuft! Na, ja, er lief gerade so im Anfangstempo. 10% Unternehmensgewinn standen bei 78% lohngebundenen Nebenkosten zu Buche. Das Wasser stand uns immer noch bis zur Nasenspitze.

In die Nachurlaubszeit fielen dann viele weitere das Unternehmen ASB sicherstellende Aufgaben an. Da ging es um das Erstellen von Strukturdokumenten bis hin zum Geschäftsverteilungsplan. Letzterer war für uns Geschäftsführer nicht gerade unwichtig, war dort doch schwarz auf weiß vermerkt, dass Partner Heinz für die kaufmännische und die personalpolitische Flanke die Hauptverantwortung zu tragen hatte, ich dagegen als Leiter Dienstleistung für alle Prozesse der tatsächlichen Wach- und Sicherungsarbeit zuständig war. Später, unter neuer Oberhoheit, sollte dazu noch ein perfekteres Dokument gleichen Inhaltes erarbeitet und den Aktenschrank füllen sollen. Letztere Aussage trifft den Kern. Wenn zwei Köpfe und vier Hände das Geschäft führen, auch wenn eine Hälfte davon später feminin geworden war, kann man die Aufgaben kaum trennen oder teilen. Das ist wie bei einem gut funktionierenden Ehepaar oder den bereits zitierten alten Latschen.
Die zu pflegenden Außenbeziehungen teilten wir uns gerechterweise auf, wobei die Palette der Kontakte mit den befreundeten oder auch konkurrierenden Wachschutzunternehmen auf meinem Konto landete. Das war insofern wichtig, als in den späteren 90er Jahren diese Kontakte enorme Bedeutung hinsichtlich des Zusammenhaltes der ganzen Berliner Branche

annahmen – sei es im Rahmen der Positionierung zur aktuellen Tarifgestaltung gegen den unbändigen und gar nicht zeitgemäßen Druck der Gewerkschaften, des Zusammenwirkens und der Arbeitsteilung bei neuen oder moderneren Arten insbesondere technischer Dienstleistungen oder sei es bei der Abstimmung aus der Personalfluktuation herrührender Probleme. In dieser Zeit bildete sich ein für mehrere Jahre funktionierender statutengerechter Zusammenschluss etlicher in Berlin ansässiger Wachunternehmen, mit Vorsitzenden, mit Rechtsanwalt udgl. Mit dabei die Unternehmen Industrie- und Handelsschutz (IHS), die für die Berliner Bahnsicherung zuständige Firma BOSS, die Firmen SAFETY, GWS, ABD und KRUPPA, aber auch etliche mittelständische und kleinere Unternehmen, wie unsere ASB, die ARGUS GmbH, FEMOS und PHÖNIX sowie die Firma DEBO-Sicherheit, deren Geschäftsführender Gesellschafter, Detlef Bogatzki, ein ehemaliger Kriminalhauptkommissar, dieser „Arbeitsgemeinschaft Wach- und Sicherheitsunternehmen e.V." als Gallionsfigur vorstand. Dieser durchaus beachtliche zeitweilige „Schulterschluss" von Bewachungsunternehmen außerhalb des Bundesverbandes Deutscher Wach- und Sicherheitsunternehmen ist wohl als Novität zu bezeichnen und war damals geschuldet den Unsicherheiten in und dem immensen Druck auf die ganze Branche, besonders in den neuen Bundesländern und in Berlin. Und in Berlin wurde diese AG sogar von zuständigen Stellen der Polizei akzeptiert und zu öffentlichen Veranstaltungen, Foren und Diskussionen zur Sicherheitsproblematik eingeladen. Er schien also zweckdienlich. Letztlich war die Arbeitsgemeinschaft jedoch allenfalls eine nicht auf langes Überleben orientierte Interimserscheinung. Die meisten der an diesem runden Tisch der Arbeitsgruppe befindlichen Geschäftsführer hatten in den Etagen über sich gewaltigere Sachwalter ihrer Betriebsgruppen oder Konzerne zu sitzen, die die Firmenstrategie bestimmten und letztlich sagten, wo es lang zu gehen hat. Trotzdem möchte ich, auch im Nachhinein, diesen, sagen wir einmal, taktischen Schulterschluss, nicht missen. Konnte ich persönlich in diesem Kreise doch über eine Menge von Problemen reden oder mich zu solchen sachkundig machen, zu denen ich nirgendwo anders einen Ansprechpartner gefunden hätte.
Ungeachtet der Firmenkonkurrenz zeigten sich die Zungen der Teilnehmer auch ohne Alkohol hier eher locker. Wer miteinander redet, findet irgendwie immer ein wenig an Gleichgesinnung und muss darüber hinaus nicht die großen Geschütze in Stellung bringen! Ich empfand das ganze etwa als eine besondere Form von Solidarität vielleicht gleichermaßen gequälter, gepisackter, unter dem Druck ihrer „Oberetagen" leidender Manager… Ob sie nun aus dem urwestlichen Management kamen oder als Ossis sich erst einzugewöhnen hatten.

Kuriose Anmerkung: Die ersten der monatlich stattfindenden Zusammenkünfte der damaligen „Arbeitsgemeinschaft in Gründung" fanden statt in Räumen der IHS, im historischen Marstall. Mit Blick auf die Spree und Berlins Mitte um den Fernsehturm. Dort, in dem Gebäude also, wo ich in diesen Stunden saß, hatte mein Onkel Paul, Vaters ältester Bruder, im Jahre 1918 gemeinsam mit den Roten Matrosen für ein besseres Deutschland gekämpft. Und dort war vor dem Supergau 1989 die Verwaltung des Nachbargebäudes untergebracht, das für viele Jahre sich als ein wahrer Palast der Republik und des Volkes in der DDR darstellen sollte, letztlich aber nach Siegerwillen nicht überleben durfte. Auf der gegenüber liegenden Gebäudeseite lag das Staatsratsgebäude, dessen Einweihungsfeier ich 1964 als Angehöriger der Ehrenformation des MfS mitgestalten durfte. Und noch einige Meter weiter westlich und über den zweiten Arm der Spree hinweg befand sich das ehemalige Parteizentrum der SED, in dessen unterirdischen Teilen ich als junger Soldat einstmals aktiv wurde und das ich noch vor kurzem unter dem Namen Haus der Parlamentarier mit einer Mannschaft aus ehemaligen Mitarbeitern des MfS-Personenschutzes im privaten Wachschutz zu sichern hatte.
Unbegreiflich, diese „historisch fast greifbare Nähe", diese persönliche Verquickung. Wie das Leben eben so spielt!

*

In der momentanen Betriebsphase folgten fortgesetzt weitergehende und für den Standard sowie die Existenzberechtigung notwendige Betriebsprüfungen. Die Überprüfer meldeten sich an oder standen einfach auf der Matte. So die des Verbandes der Schadensversicherer(VdS) - die ASB betrieb in Fortführung des ALWAS-Wachschutzes von Anbeginn an eine VdS-anerkannte Notrufzentrale, deren hohe Qualitäts- und Leistungsstandardeinhaltung von existenzieller Bedeutung für das neue Unternehmen war – oder des Landesamtes für Arbeitsschutz, Gesundheitsschutz und technische Sicherheit(LAGetSi), des Gewerbe- und Ordnungsamtes oder auch der für das Wach- und Sicherungsgewerbe zuständigen gesetzlichen Unfallversicherung, der Verwaltungsberufsgenossenschaft, deren Prüfer mir mit seinen überakribischen und schulmeisterlichen Belehrungen oftmals auf den Senkel ging. Aber gerade diesem Herrn Schmeichel habe ich hier im Nachhinein wohl noch eine Entschuldigung angedeihen zu lassen. Er trug mit seiner Akribie und mit seinem sturen Pochen auf die einzuhaltenden Vorschriften nicht unwesentlich dazu bei, dass meine eigene Gründlichkeit in Sachen des vorbeugenden Arbeits- und Gesundheitsschutzes fast an die betriebliche Machbarkeitsgrenze stieß. Wie so oft erkennt man den Wert von Prophylaxe erst bei Eintritt eines in dieser Richtung zu würdigenden Geschehens.

Bei mir waren das vor allem die zwei Arbeitsunfälle mit leider tödlichem Ausgang. Kapitel im Betriebsgeschehen, die man sich und selbst dem miesesten Konkurrenten nicht einmal im Geiste wünscht. Geht es doch letztlich immer um Menschen, auch wenn sie im bundesdeutschen Kaderbegriff die abstrakte fleisch- und seelenlose Bezeichnung Arbeitnehmer zu tragen haben. Bei mir ging es damals um Kollegen, die im Boot namens ASB saßen, das es gemeinsam auf Kurs zu bringen oder zu halten galt. Und ohne Pathos oder Scheinheiligkeit - ihr plötzlicher Tod riss tatsächlich Lücken in unserem System und im Team.

Beide Unfälle ereigneten sich im Team des Revierkontrolldienstes. Jenem Bereich, der wohl, um mit der Formulierung der Versicherung zu sprechen, neben dem Geld- und Werttransport der gefahrengeneigteste im Branchengeschäft war. Eine Werksruine oder eine unübersichtliche Großbaustelle lassen schon tagsüber ungute Gefühle aufkommen. Ebenso Objekte, die bekanntermaßen von kriminellen Banden oder von nadelsüchtigen Kiffern heimgesucht worden waren. Keiner, der eine derartige Tätigkeit nicht selbst einmal praktizierte, kann nachvollziehen, wie sich solche Gefühle in dunkelster Nacht potenzieren, wie sich der Adrenalinspiegel sprunghaft erhöht und wie sich die Nackenhaare sträuben bei den vielfältigen undefinierbaren Geräuschen und den monströsen Schattenbildern im Gelände oder an ungewöhnlichen Fassaden im Spiegel der Handscheinwerfer. Und doch musste und muss sie auch heute noch getan werden, diese Art der Arbeit. Als menschliche Kontrolltätigkeit zur vorbeugenden Verhinderung von Raub, Diebstahl, Plünderung, illegaler Einmietung. Nicht überall ist Technik verfügbar oder finanziell machbar. Hut ab also vor diesen Revierkontrolleuren, die stets fast immer auf sich selbst gestellt, ihren Job zu tun, ihre Entscheidungen zu treffen und zeitnah zu handeln haben.

Das erste Unglück ereignete sich auf einem ehemaligen Betriebsgelände auf der Halbinsel Stralau in der Rummelsburger Bucht. Im entkernten Flaschenturm der früheren Brauerei. Der Revierkontrolleur stürzte durch ein Deckenloch in das Erdgeschoss und fiel auf einen früher Maschinen dienenden abgestuften Fundamentsockel aus Beton. Schwerst verletzt, gelang es ihm noch auf seinem Bündelfunkgerät den Notrufknopf zu betätigen. Dank der Kontrollrundenpläne und der vorhergehenden Funkkontrolle, eine GPS-unterstützte Sicherheitskontrolle gab es noch nicht, konnte der Unfallort in kurzer Zeit geortet und Hilfe geordert werden. Ungeachtet dieser schnellen Hilfe und einer sofortigen Operation im Krankenhaus verstarb der Kollege. Die Verletzungen waren zu schwerwiegend. Schock in allen Etagen des Unternehmens, bei den Arbeitskollegen, bei den Freunden des Toten. Irgendwie Ausnahmezustand auch bei mir. Was Rang und Namen in dieser Angelegenheit hatte, nahm die

Klinke meiner Zimmertür in die Hand. Um mir mitzuteilen, dass ein Ermittlungsverfahren zur Klärung eines unnatürlichen Todesfalles eingeleitet worden sei, um in allen dienstlichen Unterlagen nach möglichen Fehlern und Versäumnissen zu schnüffeln, um, um...
Um es kurz zu machen: Alle dienstlichen Weisungen und die Unterlagen zum Kontrollobjekt waren klar und deutlich abgefasst. Die halbjährig durchzuführende Arbeitsschutzbelehrung lag gerade vierzehn Tage zurück. Arbeitgeberseitig gab es keine Versäumnisse. War es nun menschliches Versagen? Der Kollege hätte laut Vorschrift das Innere des Flaschenturmes gar nicht betreten dürfen. Hatte er, vom Team mit dem Spitznamen „Cowboy" geadelt, weil er außer Dienst immer einen solchen Hut auf dem Kopfe hatte und in der Dienstverrichtung kaum Angst oder Scheu zeigte, im sogenannten vorauseilendem Gehorsam von sich aus etwas näher in Augenschein nehmen wollen, das er zuvor als verdächtig eingeordnet hatte? Ist er gezielt von möglichen Tätern in das Gebäude gelockt worden? Ist er durch die schlecht gesicherte und kaum erkennbare Deckenöffnung gestürzt worden, was auf Fremdverschulden hindeuten könnte? Auf diese Fragen konnten die ermittelnden Behörden nie eine schlüssige Antwort finden. Die Akte wurde geschlossen. Meine innere Akte zu diesem Kollegen und diesem tödlichen Unfall konnte ich nie schließen. Die Bilder von der Trauerfeier auf einem Westberliner Friedhof und das mich dort anblickende Foto des Verunglückten mit seinem geliebten Cowboyhut bleiben in mir wach.

Gleichfalls nicht schließen kann und werde ich die Unfallakte Nummer zwei. Zu einem Unfall, der wesentlich später erfolgte und der einen Revierkontrolleur betraf, mit dem ich viele Jahre länger zusammen gearbeitet hatte als mit dem Cowboy, und weil dieser der Gruppe der Roten Socken angehörte, zu der auch ich mich bekanntlich zähle.
Wieder erwischte mich die telefonische Horrornachricht zu Hause im Bett. Wieder hatte ich mich im Eiltempo in die Betriebszentrale zu begeben. Wieder hatte ich mich nicht nur dem betrieblichen Sachverhalt sondern erneut den anrückenden behördlichen Kontrolleuren zu stellen. In Kenntnis des Prozedere vom Unfall Nummer eins und der zwischenzeitlich eingetretenen Betriebsqualifizierung, es gab bereits eine bestellte Fachkraft für Arbeitssicherheit, einen Arbeitssicherheitsingenieur, sowie einen Qualitätsmanagementbeauftragten, wurden die Aufgaben aufgesplittet. Kurz gesagt, auf Seiten des Arbeitgebers namens ASB konnten erneut keine Versäumnisse festgestellt werden. Moralische Erleichterung aber kein seelischer Freispruch für mich. Auch dem Verunglückten konnte keine Fehler nachgewiesen werden. Nach Lage der Dinge wollte er ein offen stehendes und im Regelfall elektrisch funktionierendes Rolltor ordnungsgemäß schließen, was

wohl nicht klappte. Beim Versuch, es manuell ins Laufen zu bringen, kam es offensichtlich zu Schwierigkeiten. Das relativ lange und sehr schwere Torungethüm kippte dabei aus der Führungseinrichtung, fiel auf unseren Kollegen und erschlug ihn. Er hatte keine Chance. Die Ermittler kamen im Endergebnis zu dem Schluss, dass als Ursache dieses tödlichen Arbeitsunfalles ein technischer Mangel sowohl in der Konstruktion als auch in der Wartung des Rolltores vorlag. Wofür letztlich der Auftraggeber, also der Kunde, verantwortlich zeichnet. Letztlich eine deutliche Klärung und Erklärung zum Unfall. Unseren Kollegen brachte das nicht zurück. Ihn begleitete auf seinem letzten Weg ein Trauerkorso aller im Revierkontrolldienst eingesetzten Fahrzeuge – mit Trauergebinde und Hupkonzert. Nicht nur Ausdruck von Pietät zu diesem Kollegen sondern eben auch als Ausdruck des betrieblichen kollegialen Zusammenhaltes in dieser Zeit.

Mein Resümee: Auch das qualifizierteste und ausgefeilteste, in Theorie und Praxis durchgängig angewandte Arbeitsschutzmanagement kann nicht jeden Arbeitsunfall verhindern. Das ist eine der bitteren Wahrheiten in diesem Zusammenhang. Und wohl auch deshalb war zu meiner Zeit das Wach- und Sicherheitsgewerbe im Gefahrentarif der VBG wegen des hohen Gefahrenrisikos bei knapp 4%-Punkten angesiedelt, während etwa der Sport, man denke an die Verletzungen der Fußballer oder Eishockeyspieler, oder die Zoologischen Gärten, man denke an die Zahl der bissigen Wildtiere und der Giftschlangen, lediglich mit etwa 1,5%-Punkten gehandelt wurden.
Manche von Menschen wissenschaftlich, gutgläubig oder sonst wie gemachten und festgelegten Vorgaben sind von anderen, diesen Weg beschreitenden Menschen also hinzunehmen, ob diese sie verstehen oder auch nicht!

*

Nun, ich bin weder vor diesen Unfallproblemen noch anderen Schwierigkeiten oder anstehenden Problemen je weggelaufen. Ganz im Gegenteil – meine Prämisse, dazugelernt und ausgehärtet während der Arbeit beim Altmeister in der Zeit vor dem Super-GAU, war es, möglichst vorausschauend die Dinge zu betrachten und mit dieser Einstellung anzugehen. So, wie das letztlich in meiner „Selbsterkenntnis-Arbeit" bei Rote Jacke zum Ausdruck kam.
Außerdem konnte ich in meinem Arbeitszimmer auch vor niemandem als mir selbst davonlaufen. Ich besetzte sicherlich in ganz Berlin das kleinste aller Geschäftsführerarbeitszimmer. Knapp vier Meter lang, knapp zwei Meter breit, eine Tür, ein Fenster ohne Gardinen. Ein etwas schräg gestellter Schreibtisch, damit ich überhaupt dahinter kam und an dem ich mir regelmäßig blaue Flecken an den Oberschenkeln holte, ein Drehstuhl, ein 80X80cm Beistelltisch

mit zwei Stühlen, ein Stahlschrank mit 1,60cm Höhe. An den Wänden zwei private Gemälde und ein Kalender mit mindestens Zweimonatsvorschau. Das war es. Der Kopf war wichtiger als Raum und Mobiliar.
Kamen drei Kontrolleure oder Gäste, musste einer stehen bleiben, während ich hinter meiner Schreibtischbastion wie eingeklemmt, ungeachtet dessen jedoch „sattelfest", operierte. Manchmal gab es beim ersten solcher Kontakte ein mitleidiges Lächeln, das in der praktischen Diskussion zusehend verschwand. Man war auf Hautfühlung, anders als in manch großkotzigen, nach Leder und Chrom riechenden Chefsalons. Und es tat gut. Auch, wenn ich mit dem einen oder anderen Arbeitnehmer einmal ein Wörtchen Tacheles zu reden hatte. Es war keine zur Schau gestellte Bescheidenheit, dieses Zimmer. Es war einfach der Struktur unseres Objektes in der Petersburger Straße geschuldet und meiner angestrebten Nähe zu den Mitstreitern der Dienstleistungsbereiche. Deshalb stand auf dem Türschild zu meinem Zimmer auch „Leiter Dienstleistung". Mit dem Umzug des Unternehmens in die Neue Bahnhofstraße belegte ich dann, der Struktur dieses moderneren Objektes nachgebend, ein durchaus ansprechendes Arbeitszimmer. Auch mit dem Bonus, das ab und an das Zimmer professionell gereinigt wurde. In allen Zeiten davor hatte ich die Reinigungsgeräte in den von mir bewohnten oder als Arbeitsraum benutzten Zimmern stets selbst zu schwingen. Im Wachregiment und während meines dreijährigen Studiums schrubbte ich auch Klos und Gemeinschaftsräume. Niemand nahm es mir je übel, dass ich meinen eigenen Dreck selbst beseitigte und meine stinknormale Umgebung in das für eine angenehme Arbeit erforderliche Fluidum brachte.

*

„Alle Anstrengungen zum Ende des Jahres 1994 müssen darauf fokussiert sein, vernünftige Startbedingungen für das Folgejahr zu schaffen", so meine Vorgabe in einer Leiterbesprechung. Das betraf die Lohnentwicklung – durch ein Monatsstundenvolumen von bis zu 250 kam es einer schleichenden und das Unternehmen belastenden Gehaltsentwicklung – aber auch die Akquisearbeit, wo plötzliche Abgänge durch eine bessere Kundenarbeit hätten eher erkannt werden müssen. Das betraf die Verbesserung der innerbetrieblichen Rentabilität durch Qualifizierung von Kooperation und Zusammenarbeit der einzelnen Bereiche. Die KFZ-Reparaturkosten, bedingt durch Schäden wegen unangemessenem Fahren, waren zu hoch und machten 1,45 % des Umsatzes aus. Selbst die Kleinkosten hatten nach der Devise „Kleinvieh macht auch Mist" überschaubar und in Grenzen zu bleiben. So kostete damals im Bündelfunk eine Gesprächsminute/Tag 1,25 DM und das gleiche Nächtens 0,44 DM. Bei bis zu acht täglich im Einsatz befindlichen Geräten kam man am Monatsende gut und

gerne auf ein beträchtliches Sümmchen. Die Tatsache, dass der Sprechfunkverkehr auf der Grundlage einer gesetzlichen Funkverkehrsordnung zu erfolgen hat, begriff nicht gleich jede Plappertasche. Und musste folglich zur Ordnung gerufen werden. So unglaublich es klingen mag: Das Unternehmen konnte sich sinnlos verplapperte Funkgebühren einfach nicht leisten!
Für 1994 standen der ASB knapp 3 Millionen DM Jahresumsatz zu Gesicht – nicht schlecht, Herr Specht, dachte ich mir wieder einmal und war gedanklich schon über den Jahreswechsel hinaus.
Allerdings, auch das Jahr 95 brachte danach nicht den großen Durchbruch. In meinen Aufzeichnungen wimmelt es nur so von Begriffen, wie Kosten, Zeiten, Effektivität, von Umsatz, Technikproblemen, Vertragsgestaltung. Auch an Feststellungen, wie „ Wir hängen noch zu viel an alten Vorstellungen/Zöpfen" oder "An der Planung liegt es nicht, wenn die Personalkosten ständig steigen" mangelte es nicht. Es gab leitende Mitarbeiter, die offen ihre angebliche Überforderung in den Raum stellten, während andere ackerten, was das Zeug hielt und wie einst Münchhausen agierten, sich am eigenen Zopf aus dem manchmal wirren Arbeitssumpf zu ziehen. Ein schlitzäugiger und besserwisserischer Marketingverantwortlicher versuchten sich sogar an einer Analyse. Das Ergebnis der Untersuchung zu Kundenabgängen sah nach dessen „Untersuchungen" dann so aus: 68% der Kunden hätten angeblich das Gefühl gehabt, dass man seitens der ASB nicht auf sie eingegangen sei und ihre Erwartungshaltung nicht verstanden habe, 10% der Kunden wären Querulanten, 7% der Kunden fielen der Fluktuation zum Opfer und 9% hätten einen preislich günstigeren Anbieter gefunden. Demzufolge wäre bei zwei Dritteln der Kundenabgänge primär eine schlechte Dienstleistung und Kundenbetreuung daran schuld. Als gelernter Analytiker hatte ich solche, möglicherweise das interne Klima des Unternehmens negativ beeinflussenden Aussagen kritisch unter die Lupe zu nehmen und bestimmte Dinge dann vom Kopf auf die Füße zu stellen. Vor allem galt es, die mächtig gewaltig aussehenden Prozentzahlen mit den tatsächlich überschaubaren Kundenabgängen in Relation zu bringen und das mögliche Ansinnen einer Schutzbehauptung durch den Vertrieb vom Tisch zu wischen, das Betriebsklima optimal zu gestalten. Ob das gelungen ist? In die Köpfe kann man nicht hinein sehen. Aber hinter die Schliche des einen oder anderen bin ich schon gekommen, auch wenn bestehende Verwandtschaftsgeflechte, Kameradschaftsgeflechte aus früheren Zeiten oder das jetzige Betriebsgeflecht die Sache schon schwierig werden ließen.

Die Bilanz dann nach dem 1. Quartal des Jahres 1996 zeigte erfreulicherweise einen erkennbaren Aufwärtstrend. Sollte er anhalten, wäre mit einem Jahreszuwachs von einer Million zu rechnen. Allerdings blieben die

Personalkosten, das Damoklesschwert jedes Unternehmens mit menschlichen Produktionsmitteln, konstant bei 85 % hängen. Ich habe es nie in meiner Zeit als Geschäftsführer lösen können, dieses windige Problem. Es wird wohl ewig auf der Agenda fast jedes Unternehmens stehen und wohl jeden Unternehmer nicht nur eine Nacht im Schlaf verfolgen.

*

Nun brach eine Zeit an, wo wir entsprechend unserer Firmenphilosophie nicht nur den Ämtern und branchentypischen Notwendigkeiten hinterher laufen und diesen in übertragenem Sinne den Hintern wischen wollten, sondern mit eigenem Esprit unseren Namen, unsere althergebrachten sowie eben auch neue Dienstleistungen stärker zu offerieren trachteten. Das ging nicht ohne Geld und noch mehr ohne enormen Einsatz. Zwei Ausstellungen im Fernsehturm im Rahmen der jährlich stattfindenden Berliner Seniorenwoche seien stellvertretend genannt. Da musste ein Konzept her, da mussten Werbeträger von der großflächigen Standwerbung bis zu ansprechenden mitnehmbaren Flyern her, da hatten Beratungsmuster als Hardware vorzuliegen, da musste das dem Anliegen dieser Messe adäquate freundlich lächelnde Standpersonal im vorgerückten Alter requiriert werden...
Unser erklärtes Ziel war es, den Personennotruf für ältere und kranke Menschen anzubieten. Eine nicht unattraktive und im Kommen begriffene Dienstleistung mit Umsatzsicherung. Die Notrufzentrale machte eine scheinbar unbegrenzte Anzahl derartiger Aufschaltungen möglich und durch die Tag und Nacht eingesetzten Interventionskräfte des Revierkontrolldienstes wäre eine optimale „Notrufbearbeitung" möglich gewesen. Selbst für Kauf- und Mietangebote entsprechender Technik, wie Telefonwahlgeräte und Notruftaster, war durch Einbeziehung eines geeigneten fachkundigen Partners gesorgt. Mit unserem Angebotspavillon standen wir dann in den Fußhallen des Fernsehturmes schon etwas im Blickpunkt. Selbst der Herr Regierende Bürgermeister Diepgen fand Gefallen an ihm und wurde dort im intensiven Gespräch mit einem ASB-Mitarbeiter abgelichtet.
Doch leider fand sich niemand unter den sehr vielen Interessenten an unserem Personennotruf, der darin für sich eine „erwerbsfähige Ware" sah. Die Zeit Anfang der 90er war einfach noch nicht reif für unser Vorhaben. Zu viele Unsicherheiten, zu wenig Geld, zu wenig Vertrauen. Ja, geschenkt hätten dieses Produkt sicherlich hunderte Menschen dankend angenommen.
Der Personennotruf ist erst später so richtig in Fahrt gekommen. Die Johanniter und auch das Rote Kreuz verdienen heute gutes Geld damit. Und auch in meiner Familie funktioniert solche eine Anlage. Ich hätte sie, bei damaligen

Bedingen, allerdings billiger und mit einem effektiveren Interventionsmodus anbieten können.
So wurden unsere damaligen Bemühungen zum Einstieg in eine relativ neue Dienstleistung leider nicht mit Erfolg gekrönt. Gewonnen hat das Unternehmen dabei jedoch. Zumindest an Erfahrung. Und allenfalls stieg unser Bekanntheitsgrad. Redeten wir uns nicht nur ein!

*

Gleichfalls in diese Zeit fiel der Beginn unserer unternehmerischen Bemühungen, Schulterschluss zu mittelständischen Unternehmensbereichen zu finden. In einem meiner späteren Arbeitszeugnisse wird zu lesen sein: „*Aufgrund der mannigfaltigen Kontakte... in das Wirtschaftsleben gelang es ihm, die genannte Gesellschaft... zu einem angesehenen Unternehmen in Berlin... auszubauen*".
Gemeinsam mit Spannemann Heinz besuchte ich auch Politikerauftritte von CDU bis FDP, bis wir beide endlich merkten, dass es im eigentlichen Sinne immer nur um Selbstdarstellung oder Wahlpropaganda ging. Eine tatsächliche Hilfe für den Mittelstand stand direkt nie auf der Agenda der am Pult stehenden oder in der Runde sitzenden Politiker. Als Händchenklatscher waren wir uns zu schade und ließen es fürderhin, in solche Runden einzutauchen.

Anders sah das schon aus im Kreise der gerade aufkeimenden lokalen Interessengemeinschaften mittelständischer Unternehmen. Hier waren tatsächlich die gemeinsamen Interessen, die gemeinsamen Probleme oder auch die gemeinsamen Gefährdungen gleich welcher Art, ein gemeinsamer Nenner. Und so besuchte ich den gerade erst im Umfeld gegründeten Wirtschaftskreis Hohenschönhausen einige Zeit als Gast, um etwas später offiziell den Beitritt unseres Unternehmens dort zu vollziehen. In den monatlichen Treffen kamen allerhand interessierende Themen auf den Tisch, gab es Hinweise zu vorgesehenen Investitionen und Baumaßnahmen, sprachen schon einmal der Bezirksbürgermeister oder der Boss der größten Wohnungsbaugesellschaft, der HOWOGE, in der Runde.
Wenn dann aber der Chef eines ortsansässigen Schlüsseldienstes sowie ich als Sicherheitsdienstleister feststellen mussten, dass bei den Ausschreibungen unserer Wirtschaftskreiskameraden nicht unsere in der Region angesiedelten Betriebe, sondern ganz andere Unternehmen von sonst wo her für die Installation der Schließtechnik oder für Bewachungsaufgaben angeheuert wurden, war das immer ein Schlag in die Magengrube. Das ist nicht der vollmundig am Vereinstisch proklamierte Schulterschluss, meine Herren, sinnierten wir beide. Und so ließ mit meiner Enttäuschung mein Elan nach, mich bei diesen Damen und Herren einzubringen. Zumal Probleme, wie etwa

die Verkaufsorte für die Brötchen des Bäckermeisters oder die Durchführung von Jahresabschlussbällen mir persönlich gallebitter aufstießen. Als dann noch ein neuer Mitgliedsbeitrag beschlossen wurde, der sich nach dem Jahresumsatz und der Anzahl der im Unternehmen beschäftigten Arbeitnehmer richtete, waren für die ASB die Messen gesungen. Im Vergleich zum Bäcker mit seinen vier Mitarbeitern hätte die ASB hundert Mal mehr an Jahresbeitrag einbringen müssen. Und das ganz ohne irgendwelchen bisherigen nachweisbaren Nutzen. Da gab es nur eines: Raus aus diesem sich altgutbürgerlich-mittelständisch etablierenden Club. Man wollte unseren Abgang so allerdings nicht hinnehmen und verlangte noch eineinhalbtausend Märkerchen an aktueller Beitragsgebühr. Falls nicht, wurde der Kadi in Aussicht gestellt. Wir haben nicht gezahlt. Der Kadi kam nicht. Möglicherweise erinnerte man sich noch an frühzeitliche gutbürgerliche Sitten?
Es war eben nur ein klitzekleines Intermezzo, unsere Mitgliedschaft in diesem Wirtschaftskreis. Sie hat mir und der ASB bis auf eine klare Desillusionierung in dieser Sache im eigentlichen Sinne nichts gebracht. Außer vielleicht, dass man zu einer Reihe von interessanten Leuten Kontakte knüpfen konnte. Und so etwas ist nie zu verachten. Mit dem Boss vom Schlüsseldienst mache ich auch heute meinen Plausch; er hat immer noch die gleichen Probleme wie vor knapp zwanzig Jahren. Beim Bäckermeister, wo nun der Junior die mehlbestaubte Schürze schwingt, hole ich nach wie vor meine Brötchen. Sie werden fast jährlich um fünf Cent teurer. Jetzt, nach der Einführung des Mindestlohnes, zumindest mit einer handfesten Begründung versehen.
Zum 20. Jahrestag des Wirtschaftskreises übrigens gab es laut Medienberichten einen prächtigen Ball und bereits geplant ist zum nächsten „Tag der Arbeit" ein Arbeitsfrühstück mit Politikern. Dieses Gremium ist also am Leben geblieben, und es geht ihm wohl nicht übel. Meine ehemalige ASB ist dagegen verkümmert zu einem Regenwurm, der im Berliner Boden kaum noch wahrnehmbar ist. Woran das liegen mag?
Ungeachtet dessen hätte ich in der Sache nachzubemerken: Als Bergarbeiterknabe und späterer Tschekist passte ich gefühlsmäßig und ideologisch-verhaltensmäßig nicht in das Klischee dieses dem Mittelstand zuzuschreibenden Personenkreises. Ich war zudem nur angestellter Geschäftsführer eines Unternehmens und nicht einmal am Gewinn beteiligt. Also immer noch auf Proletenebene. Eine richtige Nähe gab es da nicht, nicht einmal eine gefühlte.

*

Die Zeit eilte weiter. Sie war unverändert geprägt durch in Schweiß bringende Arbeit auf allen Ebenen, in allen Bereichen. Und als Transpirationsauslöser nach

wie vor zumeist Abgänge und Zugänge von Bewachungsaufträgen, die einen nicht unwesentlichen Anteil der verfügbaren Zeit ausmachten. Der Abgang von Objekten machte mich persönlich immer irgendwie traurig, steckte doch neben der tagtäglichen Mühe auch oft mein ganz persönliches Herzblut in diesen. Wie das beispielsweise beim Künstlerhof in Berlin-Buch der Fall war; das tat dann schon weh. So war damals in dieses Objekt gemeinsam mit den eine Ansiedlung von bildenden und handwerklichen Künstlern anstrebenden Projektbetreibern viel investiert worden. Zum Beispiel hinsichtlich der praktischen Umsetzung der auf beiden Seiten recht unterschiedlichen konzeptionellen Sicherheitsüberlegungen zu dem auf einem ehemaligen Gutshof liegendem großflächigem Areal oder des möglichen Einsatzes technischer Mittel sowie bei der Suche und Auswahl geeigneter Bewachungskräfte. Alles lief gut an und lief auch eine Weile ohne Knirschen im Getriebe. Dann wurden die Projektentwickler wider ihren eigenen Willen und vor allem durch fehlende Gelder in ihrem Elan gebremst. Es kam zu Leistungseinschränkungen, fast immer sichere Anzeichen für ein Auftragsende, schließlich folgte das Ende der doch auf eine lange Zeit avisierten Bewachungsleistung. Schade für beide Seiten. Auch schade um die Zeit, die ich persönlich in die sicherheitsanalytischen Dokumente investiert hatte.
Vom damaligen Konzept der Betreiber ist heute nach fast 20 Jahren kaum noch etwas erkennbar wie ich bei einem kürzlichen Besuch der Anlage feststellen konnte. Es gibt ein Lokal, eine Kunstschmiede, einen Kunstgewerbeladen sowie das immer weiter in sich selbst verfallende Taubenhaus. Die Schinckelkirche gleich nebenan wartet auf die Wiederherstellung des Turmes und das große Innenareal des Künstlerhofes auf hundert Gästeautos. Nach den Visionen zu Beginn der 90er Jahre wären sie da, diese Gäste. Aber Visionen können sich ohne materielle Untermauerung nicht oder nur sehr langsam verwirklichen!

Doch wie sagt das Sprichwort so schön: Auch die schwärzeste Stunde hat immer nur sechzig Minuten! Da heißt es dann eben, alle Kraft in neue Aufgaben investieren. Und diese Aufgaben waren nie Routine, waren immer Herausforderungen neuer Art und Gestalt. Sie zeigten sich zumeist anfangs nur als sehr unterschiedliche Ideenvorgaben, denen durch uns als Dienstleister die erforderliche Konstruktivität und operative Machbarkeit einzugeben war, ehe es zum Vertrag kam. So war die Sicherung des 116. Baumblütenfestes in Werder nicht vergleichbar mit der Durchführung des Weißenseer Blumenfestes oder der Pferderennsportveranstaltungen in Hoppegarten, obwohl allesamt Aufgaben des Veranstaltungsdienstes darstellten. Die Sicherung einer Baummesse auf dem Gelände des ehemaligen Wachregimentes in Berlin-Adlershof konnte nicht verglichen werden mit der Ausstellungssicherung der bereits angeführten Seniorenmesse im Berliner Fernsehturm.

Fast alle dieser neuen Aufgaben berührten mich als „Leiter Dienstleistung" ganz persönlich, fesselten mich, fanden mein persönliches Interesse und Engagement über Jahre in einer recht ungewöhnlichen Art. Das hatte Ursachen bestimmt auch in meiner früheren Arbeit, sicherheits- und gefahrenanalytische Ausarbeitungen mit spezifischen prophylaktischen Vorgaben auf das Papier zu bringen. Und das lag wohl auch daran, dass bestimmte Kunden uns nicht nur banal als Lieferanten einer Dienstleistung, sondern als Partner ansahen und respektierten, mit denen sie ein in ihre Geschäftsidee oder in ihr Gesamtkonzept hinein passendes Sicherheitskonzept erarbeiten und durchsetzen wollten wie es beispielsweise das Hoppegartener Management im Zusammenhang mit Überlegungen zur Gestaltung eines großflächigen „Horse-Parks" visuell sah. Auch die in Berlin ansässige und auf familiärer Basis operierende Ladenkette SPIELE MAX mit über zehn Filialen in der Hauptstadt – sie reichen von Köpenick bis nach Tegel und existieren fast alle noch heute - sowie Filialen unter anderem in Chemnitz und Rostock, wäre hier prononciert zu nennen. Im Zusammenwirken mit dem damaligen Besitzer, mit dem ich bei der Eröffnung der letzten Berliner Filiale in Hohenschönhausen noch einmal abschließend das Gesamtkonzept bereden konnte, sowie mit dem Geschäftsführer Freischlad durfte ich das praktikable Konzept eines „Dorman" für diese Ladengeschäfte entwickeln. Es war ein wenig Neuland, so bisher kaum in Berlin praktiziert. Es ging dabei um den Einsatz eines uniformierten Ladendetektivs mit vorrangig ausgeprägter präventiver Zielstellung. Dem Stil dieser Geschäfte angepasst, nämlich Kinderspielzeug und Kinderutensilien anzubieten, sowie die Hauptkundengruppe beachtend, nämlich Kinder und Jugendliche. Wie ein Schild am Einfamilienhaus mit dem Aufdruck „Achtung Hund" sollte sich bereits durch das Erscheinungsbild des Dorman jedem potentiellen großen oder kleinen Kleptomanen beim Betreten dieser Spielzeugparadiese im Hirn einbrennen, dass hier Diebstahl nicht möglich ist oder zu erheblichen Problemen führen könnte.

Zur Sicherstellung dieser spezifischen Aufgabe durch die ASB waren allein in Berlin etwa 15 bis 20 geeignete Kräfte vorzuhalten. Mit angepasstem äußeren Erscheinungsbild und selbstverständlich guten Umgangsmanieren, sie hatten ja wie der alte preußische Gendarm als Respektperson zu fungieren. Mit guter körperlicher Verfassung, sie hatten während der Ladenöffnungszeiten von Montag bis Samstag, manchmal auch an den verkaufsoffenen Sonntagen, stehend und laufend und ohne Frischluft und Sonnenlicht ihren Dienst zu versehen. Aber auch mit der erforderlichen Intelligenzquote – sie hatten Ladendiebe festzuhalten, Diebstähle aufzunehmen, Hausverbote auszusprechen und bei Erfordernis mit der Polizei vor Ort unmittelbar zusammen zu arbeiten. Kein leichtes Unterfangen. Da gab es rechtliche Probleme zu beachten bei Taschenkontrollen oder beim Festhalten einer

verdächtigen Person, etwa vor oder hinter der elektronischen Schranke. Da passte irgendwann einem Filialleiter plötzlich die Nase des ASB-Mitarbeiters nicht mehr und ein Wechsel musste her, da gab es aus dem Nichts heraus Animositäten mit dem Verkaufsteam und, und, und. Der Auftraggeber hatte stets das Sagen, er zahlte ja für die Leistung. Und weil es um eine Ladenkette in ein und derselben Stadt ging und die Filialleiter sich untereinander auch über ihre „Dormänner" austauschten, war manch einer der so „ gebrandmarkten" Mitarbeiter in dieser Aufgabe dann tatsächlich „verbrannt", sprich, bei SPIELE MAX generell nicht mehr einsetzbar. Leider, denn etliche Vorhalte waren wie später dann eruiert, lapidarer Natur und eher subjektiv geprägt. Sogar der Geruch eines spezifischen Rasierwassers beim Dorman passte einer Dame nicht, wurde von ihr als Indiz für Alkoholgenuss qualifiziert. Dagegen kam man nicht an. Selbst ich mit meinen jahrelang geübten und praktizierten Überzeugungsqualitäten blieb bei derartigen Banalitäten auf der Strecke.
Nach jahrelanger praktikabler Anwendung des Dorman-Prinzips bei der Kette SPIELE MAX blieb allerdings auch dieses Sicherheitsprinzip dort auf der Strecke. Grund: fehlendes Geld wegen zurückgehendem und demzufolge nicht mehr ausreichendem Umsatz. Der mit seinem vollmundigen Konzept wegen der internationalen Billigkonkurrenz, SPIELE MAX legte Wert auf gute Qualität seiner Produkte sowie überprüfbare Lieferanten mit Gütesiegel, in diesem Verkaufssektor auf der Strecke gebliebene Eigentümer zog sich später zurück und hat das Unternehmen zwischenzeitlich verkauft.
So ist das eben. Und wieder einmal lag es am Geld. Überall liegt alles nur am Geld in dieser Gesellschaft! Und den Letzten in der Geldkette fressen die Hunde!

*

Der Mammon war nicht das alleinige Übel. Auch diverse andere ominöse Dinge erschwerten das Leben. Sie wurden häufig Individuen, Institutionen und Unternehmen im Lande per Gesetz oder im Gesetzessinne wirkender Vorgaben übergestülpt, ohne dass zu deren Notwendigkeit oder Zweckmäßigkeit zuvor jemand gros befragt worden war, geschweige denn sich später jemand nach solcherlei „Geburten" dagegen erwehren konnte. Losgetreten, ziehen solche Ungetüme später stur ihre Bahn. Die Opferspur sieht kaum jemand und wird von den Ingangsetzern, wenn überhaupt noch in Amt und Würden und somit in politischer Verantwortung, nicht wahrgenommen.
Ein derartiges Ungetüm, ein viel Geld und geraume Arbeitszeit fressender sowie die Nerven und das Gemüt strapazierender und die Geschäftsführung der noch im Aufbau begriffenen kleinen ASB GmbH über lange Perioden quälender Papiertiger erwies sich das ab Mitte der 90er Jahre in die Wirtschaft

einschleichende Element eines sogenannten Qualitätsmanagements nach der ISO-Norm 9001. Außer einigen wenigen Experten verstand anfangs in der Sicherheitsbranche kaum jemand den ganzen Sinn dieser Angelegenheit. Eher vielleicht Leute in anderen streng zu überwachende Unternehmensrichtungen, wie im Automobilbau oder in der Arznei- und Lebensmittelherstellung, wo bereits richtigerweise solch vorgeschriebene Systeme und organisatorische Maßnahmen für die Gestaltung von Arbeitsabläufen und Arbeitsstrukturen zur Sicherstellung der vorgegebenen Qualität der Unternehmensprodukte in Anwendung waren.
Oweh, welch eine Problematik! So wenig verständlich wie mir selbst dieses QM-System in seiner Gänze lange wenig verständlich blieb. Weil, ich gehöre nämlich auch zu der Gruppe von Menschen, die, wenn sie nicht von einer Sache überzeugt sind, sich auch irgendwie stärker sträuben, selbige verstehen zu wollen. Die Verstehensphase hielt also bei mir relativ lange an.
Die ganze Geschichte begann in den Jahren 1995/96. Da fand sich in den Ausschreibungsunterlagen staatlicher oder staatlich tangierender Unternehmen und Einrichtungen, wie dem Umweltbundesamt, dem Naturkundemuseum, der Deutschen Post oder der Telekom neben den hinlänglichen bekannten Abfragen zu möglichen Arbeitnehmern mit spezifischer „DDR-Vergangenheit" neuerdings die zu beantwortende Frage „Verfügt das Unternehmen über ein Qualitätsmanagement nach DIN EN ISO 9001?". Nein, die ASB, verfügte nicht über dieses Qualitätsmanagement, sie wusste nicht einmal, was es damit auf sich hatte. Damit war sie künftig nicht wettbewerbsfähig, raus aus dem Kreis der sich um diese oder jene Aufträge bemühenden Konkurrenz. Unabhängig davon, dass das Unternehmen über eine VdS-zertifizierte Alarm- und Notrufzentrale verfügte und tolle Referenzen aufzuweisen hatten. Da hatte jemand wie weiland Jesus von Nazareth etwas Neues in die Welt gesetzt. Und nun sollten, nein mussten alle Überlebensgewillten dieses Neue annehmen. Wollten wir als Firma also leben, besser überleben, sollten wir schnellstens in die Spur kommen und solch ein in der Kurzbezeichnung „QM-System" genanntes Gebilde aus der Taufe heben. Das Unternehmen hatte sich nach der ISO 9001 zu zertifizieren!
Gesagt, getan: Gespräche und Überzeugungsarbeit in Richtung Firmeninhaber nach Hamburg, Suche in ganzer Breite nach einem finanzgünstigen und gleichzeitig praktikablen Gestalter und Zertifizierer... das dauerte. Letztlich fanden wir mit dem TÜV Bayern und seinem Fachmann Dr.Leo aus Potsdam, einem Ossi, Partner, mit denen man sich gemeinsam mühen wollte und sollte. Im Personal des Objektschutzes stand ein geeigneter und in wissenschaftlicher Arbeit geschulter Mitarbeiter zur Verfügung - er promovierte einst an der Juristischen Hochschule des MfS - , der stundenweise in diese QM-Arbeit einbezogen und dafür selbstverständlich bezahlt wurde. Seinem Sachverstand

war es dann auch wesentlich zu verdanken, dass letztlich die meisten Beteiligten im Betrieb verstehen lernten, worum es bei der ISO eigentlich ging. Überzeugt von der Sache waren allerdings nach wie vor die wenigsten meiner Mitstreiter. Alles war für die auf praktische Arbeit fokussierten Kräfte zu theoretisch, zu systemisch, zu unverständlich in diesem etwa 70seitigen QM-Handbuch, dem über hundert Seiten Verfahrensanweisungen, also Dienstanweisungen und ähnliches, zum konkreten „Wie, was, womit..." beigeordnet waren, aufgeschrieben und somit vorgegeben.
Da stand zum Beispiel einleitend sehr in das Auge fallend und eher einer großen Aktiengesellschaft als unserem mittelständischen Unternehmen mit etwa zweihundert Hanseln angepasst die Wortblase: „Grundgedanke der Unternehmensstrategie sind die auf der Basis von Sicherheitsanalysen zur Realisierung individueller und differenzierter Aufträge unserer Kunden beruhende, aufeinander abgestimmte und sich ergänzende Sicherheitsdienstleistungen...".
Zudem, diese Textabstraktion kam mir schon irgendwie bekannt vor; ja, sie erinnerte an frühere Zeiten, an die Ausarbeitung dienstlicher Bestimmungen eines für die Sicherheit der ganzen DDR tätigen Ministeriums.
Nun, Regeln und Normative sind erforderlich, aber alles und jedes zu regeln und in einem Reglement wie der ISO fixieren zu wollen, ruft nicht wenig Erklärungsbedarf hervor. Selbst, wenn solche Prämissen wie „Fehler sind nicht vermeidbar; der Fehler darf sich jedoch nicht wiederholen" auf sofortiges Verständnis stießen. Vielleicht lag das aber eher daran, dass manch einer da vielleicht das Verlorengehen eigener Schutzbegründungen bei möglichem Fehlverhalten erahnte.
Dem Anliegen des QM-Systems geschuldet, hatte das Unternehmen auch eine Reihe von neuen Verantwortlichen zu berufen. Neben einem QM-Beauftragen war das die Fachkraft für Arbeitssicherheit. Zum Glück befand sich in unseren Reihen ein ausgebildeter Ingenieur für Arbeitssicherheit, dem das neudeutsche Regime nach Auflösung der DDR seine Ausbildung und Abschlüsse anerkannt hatte. Kein Problem also. Es wurde erst eines, als dieser Mann später aus gesundheitlichen Gründen das Unternehmen verlassen hat. Das QM-System ist gefährdet, signalisierte der Zertifizierer. Im Ergebnis der Suche wurde aus meiner eigenen Verwandtschaft ein im Vorruhestand befindlicher Kader auf Honorarbasis gewonnen, der die Lücke schloss. Dieser ehemalige Leitende Mitarbeiter des Zentralinstitutes für Arbeitsmedizin der DDR konnte von der Qualifikation her kaum getoppt werden. Er war auf dem Papier bei uns stets präsent, bei Bedarf manchmal vor Ort, ansonsten... Papier ist geduldig. Am Jahresende erhielt er seine Gratifikation. So ist das halt im Leben.
Patjomkinsche Dörfer gibt es halt heute noch.

Also, nachdem wir jahrelang in den Außenbeziehungen vermerken mussten „QM-System im Prozess der Erarbeitung", war es dann Ende 1997 so weit. Die Zertifizierung und Verifizierung wurde vorgenommen für den Hauptsitz der ASB GmbH in Berlin und die Niederlassungen in Aue/Sachsen und Schöneiche/Brandenburg. Das Zertifikatssymbol fand seinen Weg auf alle Papiere und Werbungsmittel des Unternehmens, allen Kunden und Partnern in den Außenbeziehungen wurde Mitteilung gemacht.
In der Presse gab es mit Bild der Geschäftsführung einen beachtlichen Beitrag unter der Überschrift „Mit Sicherheit auf dem neuesten Stand".

Zu lesen war dort unter anderem: *"... Mit dem 16.Januar 1998 hat für die ASB GmbH eine neue Ära begonnen: Genau zum 4. Geburtstag des Unternehmens erhielt sie das Zertifikat über das Qualitätsmanagement DIN EN ISO 9001 – der Lohn der intensiven Arbeit..., in dem das Unternehmen auf Herz und Nieren überprüft wurde, notwendige Veränderungen im Management, in der Schulung der Mitarbeiter, im Ablauf der angebotenen Leistungen vorgenommen wurden."*
Wir Angehörigen der ASB, vom Wachmann bis zur Geschäftsleitung, waren jetzt mehr als angetan vom Erreichten, irgendwie waren jetzt alle stolz auf diesen sich durch unser Tagwerk quälenden „Kraken" namens ISO.
Er bestand allerdings nicht nur aus Mühe und Arbeit, nein, er kostete dem Unternehmen darüber hinaus auch einen mehrstelligen Tausenderbetrag für die reine Zertifizierung plus aller Lohn- und Honorarkostenkosten. Für die

Audits, periodisch alle zwei Jahre erfolgende Nachprüfungen durch den Zertifizierer, mussten künftig stets fünftausend Emmchen bereit gehalten werden. Ja, das liebe Geld. Es wurde alleinig erwirtschaftet von den Arbeitnehmern, nutzbare Zuschüsse von außen hielten sich in Grenzen. Und somit blieb bei aller Qualitätsanhebung und auch der Qualitätsbescheinigung für das Unternehmen der Stundenlohn der Mitarbeiter wo er immer war – ziemlich weit unten in der gesellschaftlichen Verdienstskala. Ohne ISO-Zertifizierung wäre mehr für jedermanns Lohntüte drin gewesen, aber möglicherweise auch dieses oder jenes Vertragsobjekt entschwunden oder gar nicht erst in die Dienstleistung des Unternehmens integriert worden. Jedes Ding hat so seine zwei Seiten!

Stellt sich im Nachgang die Frage, ob das von mir als Papiertiger bezeichnete Qualitätsmanagementsystem für die ASB zwingend erforderlich gewesen war? Nun, die nachfolgenden Großaufträge durch die Telekom in Berlin, Potsdam und Frankfurt/Oder oder gar die der Europäische Union hätten wir nie erhalten. Bei anderen hatten wir mit diesem Zertifikat vielleicht die Nase vorn bei Ausschreibungen. Auf jeden Fall waren die Strukturen und die strukturellen Abläufe im Unternehmen klarer und überschaubarer geworden, wurde den vielen staatlichen Vorgaben durch spezifische betriebliche Festlegungen besser, konkreter und für die Arbeitnehmer verständlicher entsprochen. Auch gehörten wir bereits damals nicht mehr zu den über 50% von Betriebsleitern kleiner und mittlerer Betriebe in Deutschland, die gemäß einer im Jahre 2015 veröffentlichten Studie beispielsweise nicht eine einzige auf die Arbeitssicherheit bezogene gesetzliche Vorgabe kannten, geschweige denn um- und durchsetzen konnten. Wir hatten also auch hinsichtlich der prophylaktischen Erfordernisse in der Betriebsführung die Nase vorn.

Ein konkret in Mark und Pfenning sich zeigender messbarer Nutzen ist für mich allerdings nie sichtbar geworden. Klarer erschienen mir dagegen gewisse erarbeitete Elemente oder Festlegungen, die im eigentlichen Sinne absolut überflüssig waren. Sie betrafen momentan nicht meinen eigenen operativen Führungsbereich und wurden erst später relevant.

Als Argumentationshilfe und auch als Handlungsgrundlage stärkte mir das im QM-System festgelegte und im Handbuch dazu Aufgeschriebene als Geschäftsführer schon deutlich den Rücken. So konnte ich vielfach auf die Standardfestlegungen des eigenen Systems verweisen, um meinen subjektiven Festlegungen und Anweisungen Gehör zu verschaffen ohne mir künstlich etwas aus dem Ärmel schütteln zu müssen.

Die erste große Welle der ISO-Zertifizierungen im Lande erreichte Ende der 90er Jahre einen gewissen Höhepunkt. Die Lage an der Front der Zertifizierungsunternehmen hatte sich eingepegelt, die Einflussbereiche waren abgesteckt, man wusste wie an dieser Front Geld zu verdienen war. Die EU-

Vorgaben hatten in den innerstaatlichen Gesetzesregularien Eingang gefunden und wurden durch dienstleistungsvergebende Unternehmen, Einrichtungen und Behörden beachtet. Und die vielen in deutschen Landen tätigen Kontrollgremien sowie etwa weitergehende Standards vergebenden Einrichtungen wie der Verband der Schadensversicherer (VdS) nahmen nur zu gerne Bezug auf ein Vorhandensein oder Fehlen eines Qualitätsmanagements. Man sah also die Logos mit dem Kürzel ISO 9001 dann auffällig oft an vielen öffentlichkeitswirksamen Stellen, an Kraftfahrzeugen oder in der Werbung. Heute muss man schon genauer hin- und nachschauen. Ob es daran liegt, dass schon alle Unternehmen zertifiziert sind? Wohl kaum. Vielleicht gibt es andere Schlupflöcher, durch die man ohne viel Wesens zu machen, das gleiche Ziel erreicht, dann allerdings schön ruhig damit umgeht? Eines dieser Schlupflöcher wurde bereits während der Zeit unserer eigenen äußerst schweißtreibenden Zertifizierungsbemühungen von Konkurrenten erspäht und genutzt. Das waren Zertifizierer in Tschechien, die zwar im Rahmen der EU-Standards, dafür allerdings für relativ wenig Geld tätig wurden. Wie sang die sächsische Gruppe mit dem Namen „Die Randfichten" doch so klar: Steig ein, wir fahr`n in die Tschechei...weil dort alles so billig ist. Für mich und meine Mitstreiter wurde dieses Schlupfloch zu spät sichtbar. Wir hätten es möglicherweise nutzen wollen und können.

So aber sind wir ASB-Leute eben durch und durch ehrlich geblieben und haben das Qualitätsproblem zu verinnerlichen versucht, konnten es auch halbwegs anwenden. Ich vor allem, obgleich der Zweifelgeist zu Zweck und Sinn mich so manches Mal scheinbar plagte. Im Verlaufe der Zeit jedoch handhabte ich dann die ISO 9001 wie weiland vor dem Supergau meine marxistischen Quellen: mit aller Überzeugung und mit allen mir zur Verfügung stehenden Möglichkeiten. Insofern war das Qualitätsmanagement im eigentlichen Sinne kein Intermezzo sondern ein mich bis zur Rente an der Seite stehender Begleiter.

*

Wie die ISO beschäftigte uns bereits im Anfangsstadium des ASB-Firmenlebens das Problem von Niederlassungen, also Nebenbetrieben.
Wir hatten letztlich zwei davon. Eine war auf unseren eigenen Mist gewachsen, die zweite auf den vom Firmenboss Horst in Hamburg. Die erstere war von der Idee her, sie kam von Spannemann Heinz, schon richtig und zweckmäßig angedacht, die zweite im fernen Sachsen, in Aue, uns letztlich aus Hamburg aufoktroyiert.
Zur Niederlassung Brandenburg: Solch ein Zweitbetrieb bot sich aus vielerlei Überlegungen an. Man konnte werben in der Hauptstadt und im Land Brandenburg, man konnte Objekte im billigeren Tarifgebiet „aufreißen", man

konnte manch günstigere Umstände hinsichtlich Steuern udgl. nutzen. Im Ort Schöneiche, in der Berliner Straße wurde noch vor der amtlichen Anmeldung der Niederlassung ein kleines Büro gechartert. Ein Briefkastenbüro gewissermaßen. Denn Verträge in Bezug auf das Land Brandenburg bestanden zu dieser Zeit lediglich in der Nachbarschaft zum Rennverein Hoppegarten. Mehr nicht. Als es 1996 gelungen war, eine Reihe von auf dem neu errichteten Gewerbegebiet Schöneiche siedelnden Firmen in die Auftragsstruktur der ASB einzubinden, wurde die Niederlassung dorthin „umgesiedelt". Das Büro war an zwei Tagen in der Woche besetzt und diente in der Nacht dem auf dem Gewerbepark seinen Streifendienst versehenen Kontrolleur als Wachlokal. Die Kostenstelle 6000, also die NL Schöneiche, spielte zum Zeitpunkt ihrer Betriebsaufnahme auf dem Gewerbepark monatlich lediglich 32000 Mark ein. Plus-Minus gleich Null! Diese Situation hat sich auch später nicht wesentlich verbessert, nachdem die Kontrollen nicht mehr mit einem PKW sondern einem Fahrrad erfolgten und andere Effektivitätselemente ausgereizt wurden. Es fehlte einfach an weitergehenden Kunden. Sie waren zahlenmäßig zwar auf dem Gewerbepark angesiedelt, konnten oder wollten sich wegen der eigenen schwierigen Finanzlage keine Bewachung leisten. Vielmehr spekulierte der eine oder andere Firmeninhaber eher damit, dass der ASB-Sicherheitsmitarbeiter bei seinen Kontrollrunden prophylaktisch das eigene Objekt schon mit kontrollieren oder potentielle Strauchdiebe vertreiben würde. Moderne Trittbettfahrer, der wirtschaftlichen Situation geschuldet.
Die Niederlassung blieb also wie manch anderes im Unternehmen mehr oder weniger in unserem eigenen Wunschdenken hängen.
Immerhin waren wir laut Werbung und Registereinträgen damit im Land Brandenburg auf dem Markt. Das kam dem Unternehmen erst viel später zugute, als es die Telekom mit der Absicherung höherkarätiger Objekte etwa in Frankfurt/Oder bedachte.

Eine Novität gab es noch. Im Jahre 1996 war das Büro der Niederlassung Schauplatz eines nicht zu vergessenden „Aufstandes" der ASB-Zwerge, sprich Geschäftsführer, gegen den Riesen, sprich, Boss Horst aus Hamburg. Weil Horst uns ständig mit irgendwelchen Versprechen und Ausflüchten hängen ließ und nur auf seine monatliche Apanage bedacht war, beriefen wir beiden Geschäftsführer für den 24. Juni die 2.Ordentliche Gesellschafterversammlung der ASB nach Schöneiche ein. Schwerpunkt sollte der Jahresabschlussbericht des Unternehmens mit Entlastung der Geschäftsführung für das Jahr 1995 sein. Wer auch zu diesem Termin nicht erschien, war Horst. Nun saßen zwei Geschäftsführer mit zu diesem Zeitpunkt angeblich noch zwei kleinen Mitgesellschaftern, die Gesellschafterverhältnisse waren durch die ständigen Wechselaktivitäten in Hamburg kaum durchschaubar, am runden Tisch des

lichtdurchfluteten Büros. Und zogen die Gesellschafterversammlung durch! Mit Beschlüssen natürlich. In denen hieß es dann: *„Die anwesenden Gesellschafter haben den Jahresabschlussbericht des Steuerbüros... für die ASB... zur Kenntnis genommen und der Geschäftsleitung für das Jahr 1995 Entlastung erteilt..."* Und weiter: *„Zwischen der ASB und dem Unternehmen..., Hamburg, existiert kein Beratervertrag. Demzufolge besteht kein Rechtsanspruch auf Beratergebühren..."*.
Horst entschuldigte sich nach Erhalt der Festlegungen dieser merkwürdigen Gesellschafterversammlung höflich für sein Fernbleiben und machte (uns Unwissenden) darauf aufmerksam – mit Beifügung entsprechender Kopien, dass er aktuell alleiniger Gesellschafter sei. Und warf in diesem Papier mit Fakten und Namen und Notariatsdokumenten nur so um sich. Er verstieg sich allerdings nicht zu der Behauptung, dass diese Gesellschafterversammlung ungültig sei. Er erkannte sie damit quasi an. Um es kurz zu machen, das Geschäftsleben der ASB ging weiter wie bisher, wir zwei Geschäftsführer agierten wie gehabt und Horst forderte weiter monatlich vehement seine Beratergebühren ein. Schön, das alles heute nachzulesen in den noch vorhandenen eigenen Schriftprotokollen. Aber auch Ausdruck absoluter Schlitzohrigkeit und vielleicht sogar vorhandener krimineller Anflüge des Mannes in Hamburg, der es scheinbar verstand, immer die Welt nach seiner Fasson zu drehen und zu verarschen sowie die auf ihn angewiesenen Leute wie Marionetten tanzen zu lassen. Allerdings hatte er ein gerüttelt Quantum mehr Menschlichkeit an sich als die nach ihm folgenden Bosse. Das erkannte ich erst etliche Zeit später.

Und noch etwas wäre zu der Niederlassung zu sagen. Für mich selbst stellte das Büro im Gewerbepark manchmal in gewisser Hinsicht ein individuelles Ruherefugium dar. Wenn ich den Kopf oder „die Schnauze" mal so richtig voll hatte, packte ich meinen Aktenkoffer mit Papieren voll und fuhr von Berlin nach Schöneiche. Dort konnten die Synapsen geordnet und in Ruhe agieren, konnte ich meine Überlegungen aufs Papier bringen oder konnte mich abreagieren – ohne quälende Anrufe oder die kaum vermeidbaren lästigen Zimmerbesuche. Dieses Fluchtverhalten erinnerte mich mal immer wieder an meinen früheren Chef, der, um zur Ruhe zu kommen und sich vor den ständigen Telefonaten seines Ministers einige Minuten zu schützen versuchte, sein persönliches Asyl auf der Toilette einer anderen Etage suchte. Jeder benötigt eben eine ihm angepasste Rettungsinsel. Ich musste dann im Stillen an solcherlei Erinnerungen schmunzeln.

Irgendwann, als die Jahreszahl bei der Tausenderstelle mit einer „2" begann, die Firmenstrukturen sich wandelten und neue Firmeneigner das Sagen hatten,

wurde die Niederlassung in Schöneiche nicht mehr benötigt. Sie wurde aufgelöst und im Register gelöscht. Das Bewachungsobjekt unter dem Kürzel „GPS" an einen Subunternehmer übergeben. Nur die Alarmobjekte verblieben bei der Notrufzentrale der ASB aufgeschaltet bis auch diese Notrufzentrale „abgeschaltet" wurde.
Alles hat eben seine Zeit!

*

Als Big Boss Horst aus Hamburg an Heinz und mich den Gedanken einer Übernahme der von ihm aus dem Bestand der ehemaligen ALWAS heraus übernommenen oder gekauften oder sonst wie erworbenen Firma in Aue als mögliche Niederlassung der ASB Berlin heran trug, hatten wir noch alle Hände voll zu tun, um das Berliner Unternehmen in den Griff zu bekommen.
Wohl auch unter diesem Aspekt bezogen wir beiden Geschäftsführer anfangs zweifelnde bis konträre Positionen. Heinz befand sich etwas mehr im Aufbruchrausch als ich, trug noch den Elan der Drushba-Trasse, mit der er im früheren Leben zu tun hatte, in sich und sah so wohl in seinen Vorstellungen eine sich blühend und schnell entwickelnde ASB nach der Kohl`schen Devise von den blühenden Landschaften. Auch stand seine Wiege in den südlichen Gefilden der deutschen Republik und somit war seine mentale Orientierung dieser Richtung nicht abgetan. Möglicherweise war er dadurch dem immensen „subversiven" Druck von Horst in dieser Sache kaum gewachsen. Ich konnte das nicht genau beurteilen. Damals nicht und heute auch nicht. Beide besprachen viele Angelegenheiten sehr oft bilateral. Ich blieb, leider, oder besser „gerne", operativ auf Achse, also außen vor. Dieses Verhalten von mir war so nicht in Ordnung, also konnte und kann ich mich nicht über das beschweren, was da so zwischen beiden bekaspert worden war. So sah ich mich dann mit den Hamburger Ansinnen via Mitgeschäftsführer Heinz konfrontiert, wenn diese meist schon in Sack und Tüten waren wie es so schön heißt. Durch meine frühere Tätigkeit für das Entwicklungsgeschehen geschult und durch die persönlichen Ereignisse im Wachschutz Riedel mehr als sensibilisiert, sah ich Etliches in Richtung Aue nicht durch eine rosarote Brille, sondern erwartete von Anbeginn an unkalkulierbare Probleme und Risiken. Da gab es dann manche echte harte Gesprächsrunde mit Heinz. Letztlich ergab ich mich und gab meine Zustimmung zur Niederlassung Aue. Ohne von der Sache überzeugt zu sein. Hätte ich mich verweigern sollen? Wie wäre das gegangen, was wäre dabei heraus gekommen? War ich etwa ein Feigling, ein Bremsklotz? Eine Antwort auf diese Fragen fällt mir schwer.

Die folgenden Jahre bewiesen jedoch die Richtigkeit meiner Voreingenommenheit zur Übernahme dieses Betriebes als Niederlassung. Meine Skepsis war gerechtfertigt. Die ASB Berlin gab die Melkkuh für das erzgebirgische Tochterunternehmen in Aue ab. Jeden Monat subventionierte das Mutterunternehmen diese Niederlassung im Süden der Republik mit zehntausend Emmchen, was reichlich hunderttausend im Jahr ausmachte. Halleluja! Und Monat für Monat, Jahr für Jahr gelobte deren Niederlassungsleiter, im früheren Leben Bürgermeister einer Erzgebirgsgemeinde, schönredend alles zu unternehmen, um aus dem roten Zahlenkreisel heraus zu kommen und schwarze Ziffern schreiben zu wollen. Aber leider kam meine Erkenntnis auch zu dieser, menschlich gesehen, durchaus sympathischen Person viel zu spät, um schadensverhütend einzugreifen. So konnte er den südlich von uns gelagerten Dingen deren besonderen Lauf verpassen! Heute bin ich mir sicher, dass dieser die Niederlassung in Aue leitende Mitarbeiter kein Realist und eben auch kein Visionär, eher schon ein Utopist war. Der dazu noch mit einem gehörigen schauspielerischen Vermögen, seinem geschliffenen und geschulten und teilweise taktisch ergebenem Benehmen versuchte, die Chefs in Berlin und Hamburg um den Finger zu wickeln, um eigene „erzgebirgische" Vorstellungen zu verwirklichen. Nur muss ich ehrlich gestehen, dass ich ihn gut leiden konnte. Als Mensch und so. Aber wenn gut leiden können in eigenes Leiden und ständige Bauchschmerzen umschlägt, ist das schon eher ein Problem, welches zu lösen wäre.
Unser Freund hatte das kleine Sicherheitsunternehmen in Aue mit einem Fähnlein Aufrechter und Gesinnungsfreunde selbst gegründet. Im Beziehungsgeflecht mit der alten ALWAS, Horst aus Hamburg sowie in freundschaftlicher Verbundenheit unter anderem mit den im Volksmund „Erzgebirgsmillionäre" genannten Gebrüdern Leonhardt, die, aus der Wismut kommend, nun zu den ersten privaten Betreibern von Autohäusern im Erzgebirge gehörten, aber auch zu den Sponsoren des Fußballclubs Erzgebirge Aue, und, und, und. Und die später zur gewichtigen Leonhardt Group mutierten.
Diese Autohäuser also gehörten mit zu den ersten Bewachungsobjekten, ebenso solche einst in der DDR wichtigen Betriebe, wie die BLEMA in Aue oder die WEMA in Plauen oder der bekannte Betrieb Venusberg. Selbstverständlich gehörte der Veranstaltungsdienst beim veilchenfarbigen Ligafußballclub in Aue dazu. Nur, in der Zeitspanne der 90er Jahre tendierten fast alle wirtschaftlichen Unternehmen dieser Region ausschließlich in eine Richtung, nämlich die einer Insolvenz. Das hatte kolossale Auswirkungen auf den Dienstleister Sicherheit, brachte auch dort ständige Einschränkungen der vertraglichen vereinbarten

Leistung auf den Tisch und damit eine kontinuierliche Verringerung des Umsatzes.
Um aus diesem Teufelskreis heraus zu kommen, mussten, analog zu Berlin, sich für die Branche neu auftuende Felder beackert werden. In der Südecke der ehemaligen DDR gar nicht so einfach. Die Erzgebirgler, ein historisch mit der Armut verbandeltes Völkchen, taten sich da nicht so schnell auf. Und erst gar nicht die Vogtländer, denen man nachsagte, dass sie jeden Nagel vom Wege aufheben und dann gerade klopfen würden, um zu sparen!
Also mussten neue Dienstleistungsarten her. Das war zum Anfang die Sparte Reinigung. Die Wiederinbetriebnahme der nun privat betriebenen Touristenbahn von Cranzahl nach Oberwiesenthal erwies sich da als erster möglicher Coup. Mit euphorischer Stimmung war sogar der Niederlassungsleiter dabei, um die nachwendeverdreckten Lokomotiven und Personenwagen in neuen Glanz und Gloria zu bringen. Was auch gelang. Und die Truppe stolz machte. Leider hatten die Macher dieser Touristenattraktion nicht das Glück auf ihrer Seite, denn die Deutsche Reichsbahn wehrte sich vehement, das fehlende Stück Schienenstrang von ihrer Hauptstrecke an diese Bahn von Cranzahl nach Oberwiesenthal anzubinden. Also blieb das Gesamtprojekt „auf der Strecke" und dieser Reinigungsauftrag im Aktenordner als fast „unerledigt" hängen. Wieder einmal schrillte es im Ohr: außer Spesen nichts gewesen. Leider bezog sich das auch auf andere Reinigungsaufträge im Gebirgsländle. Schließlich war ich der Sache dann eines Tages überdrüssig. Die Sparte Reinigung in Aue wurde aufgelöst. Mit meinem Berliner Reinigungsmeister machte ich mich persönlich auf den Weg nach Aue, um die dort befindliche hochwertige Reinigungstechnik „zu retten" und nach Berlin zu holen. Immerhin benötigten wir zwei Kleintransporter, um die Wisch- und Bohnerautomaten, diverse Staubsauger und andere Reinigungsutensilien sowie die flüssigen und festen Reinigungsmittel zu transportieren.
Mein Niederlassungsleiter war da bereits einige Zeit auf neuen Höhenflügen. Er bemühte sich um den Zugang zum privaten Postservicedienst. Der war momentan im Gespräch und im Kommen und im Landratsamt war man dem früheren erzgebirgischen Bürgermeister mehr als gewogen, um ihm perspektivisch den gesamten amtlichen Postverkehr anzuvertrauen. Allerdings, diese Story, vom Beginn der Überlegungen an, schließlich über die Behörden- und Erlaubnisgänge, den Aufbau des Postverteilsystems und die Gewährleistung eines Over-Night-Systems , die Beschaffung von geeigneten Räumen sowie von geeigneten Fahrzeugen, denn zu Fuß geht im Gebirge gar nichts, die Einstellung von Zustellerinnen mit Führerschein, die Akquise von Auftraggebern, das alles würde auch ein eigenes Buch füllen. Und die vielen Zwischen- und Ausfälle bei dieser besonderen Art von Dienstleistung, zu der es bei deren Beginn weder Vorkenntnisse noch Insiderwissen bei uns gab, würden

Traurigkeit und Freude gleichermaßen bedienen. Bei mir stellte sich ausschließlich Traurigkeit ein, wenn ich die Zahlen auf dem Papier sah oder wenn ich die Meldung erhielt, dass durch das weibliche Zustellpersonal bereits das dritte Auto geschrottet worden war und in der Werkstatt Leonhardt stehe. Um es kurz zu machen. Die auf der von der Regulierungsbehörde für Telekommunikation und Post erteilten Lizenzurkunde mit der Nummer P99/926 fußende Poststory, man staune einfach, überlebte mich tatsächlich noch als Geschäftsführer. Und auch der Leiter der Niederlassung Aue war bei meiner inszenierten Abdankung später in Erfurt körperlich anwesend – soweit ich mich erinnere. Aber die inzwischen amtierenden neuen Firmeneigner regierten mit größerem Überblick und mit mehr Macht im Rücken. Sie sahen andere und neue Möglichkeiten für die „Verwertung" des kleinen Betriebsteiles in Aue und seiner Mitarbeiter. Eine dieser Entscheidung sah so aus, dass man den Gründer und langjährigen Leiter der Niederlassung nach etwa 15 Jahren einfach mal so in die Wüste schickte. Ein deutsches Sprichwort sagt: Der Krug geht so lange zu Wasser, bis er bricht. Und ich sage im Nachhinein: Utopie kann sich auch die kleinste Wirtschaftseinheit nicht leisten. Von einer persönlichen Verabschiedung von diesem durchaus immens fleißigen, kontaktfreudigen und gut zu leidenden Mitarbeiter, der die Kenntnisse der Region und ihrer Menschen auf seiner Seite hatte, hatte ich persönlich solch einen Skrupel, dass ich selbst den manchmal daran aufkommenden Gedanken daran gleich wieder verwarf. Aber so ist das eben. Die Wessis sehen das Individuum und das Leben anders als eben wir DDR-gestrickte Menschen, die ein Leben lang ostdeutsche Luft eingeatmet hatten. Kapitalismus als Auslese- und Profitgesellschaft im Knochenmühlenmechanismus macht gnadenlos skrupellos! Eine alte Weisheit von Marx, die er bereits vor langer, langer Zeit aufgeschrieben hat.

Heute befindet sich das Büro des rudimentär gewordenen kleinen Betriebes immer noch im Verwaltungsgebäude der Nickelhütte in der Rudolf-Breitscheid-Straße. Allerdings gefirmt als Anhängsel des Erfurter Anhängsels des Zentralen Kölner Betriebes am letzten Geäsztipfel dieses Unternehmens angesiedelt. Und er fristet dort so sein wenig bedeutendes Dasein wie heute auch sein früheres Berliner Leitunternehmen. Die von der ASB begonnenen Wege der Qualifizierung und Zertifizierung sind durch den neuen Mutterbetrieb fortgeführt und auf den aktuellen Standard gebracht worden – was nicht schlecht aussieht, woran sich aber niemals jemand wird erinnern können oder wollen. Mehr ist da aber auch nicht.
Und die Moral der ganzen Geschichte, die mir heute so manches Mal durch den Kopf schießt, ließe sich vielleicht solcherart zusammenfassen: Schaffe keine Betriebsbereiche in weiter Ferne und in Gegenden und mit menschlichen Strukturen, die du nicht kennst, nicht einzuschätzen vermagst und demzufolge

auch nicht effektiv leiten und kontrollieren können wirst. Das eigene Hemd ist den dort oftmals in der Art eines Chamäleons Agierende immer näher als die gern genutzte Jacke des Bestimmers in der Ferne. Für unseren mittelständischen Betrieb in Berlin war also die Niederlassung in Aue in allen Dingen zu unhandlich geraten und zudem kreiste dieser Satellit zu weit weg vom Zentralgestirn in der Hauptstadt.

Immerhin, die Erfahrungen mit Aue genügten uns Berlinern, um uns nicht noch ein weiteres, dem Hamburger Boss gehörendes, Wachschutzunternehmen an das Bein binden zu lassen. Sein Ansinnen zur Übernahme des im nahen Oranienburg angesiedelten Betriebes lehnten wir rigoros ab. Und kamen durch, wohl weil den Oranienburgern auch nicht der Sinn an eine Berliner Anbindung stand. Auf gefährdetem Areal, der Bombenlast des Weltkrieges, lebten sie eh schon.

*

Alle diese betrieblichen Entwicklungen und Geschehnisse waren Intermezzisegmente in meinem großen Endspiel bis zur Rente. Sie füllten in ihrer Machart, mit ihren Inhalten und Anforderungen Tage, Wochen, Monate und Jahre meiner Arbeits- und Lebenszeit aus.
Joseph Freiherr von Eichendorff betitelte einst eines seiner Gedichte mit dem von mir für diese Erinnerungszeilen gewählten Begriff „Intermezzo". In zwei Zeilen verkündete er darin: „Mein Herz still in sich singet ein altes schönes Lied...". Wie weit war mein derzeitiges Intermezzoleben von diesem Idyll entfernt. Mein Herz konnte nicht singen sondern zog sich mehr und mehr ob der schwierigen Probleme und Aufgaben im Unternehmen zusammen und pumpte über Gebühr den lebensnotwendigen Saft. Alte Lieder und schöne noch dazu kamen mir dabei nicht in den Sinn. Eher begleiteten mich Klagelieder, nicht gesungen, sondern in Dauerwiederholung durch den Kopf gehend. Lieder, die nie einem Eichendorff, diesem Romantiker, in den Sinn gekommen wären. Und mit Vokabeln versehen, die zur Zeit dieses Poeten noch nicht im allgemeinen deutschen Sprachschatz zu finden waren, wie Rendite, Schufa, Liquidität oder Akquise. Ja, wo sind die alten Zeiten geblieben? Jede Generation stellt diese Frage, unaufhörlich. Ohne je eine wirkliche Antwort darauf erhalten zu wollen. Vielleicht als eine nebulöse Feststellung zum aktuellen Status des eigenen Ichs in dieser Welt.

*

Hauptkampfplatz meines tagtäglichen Lebens war unzweifelhaft und sehr eindeutig das betriebliche Geschehen.
Wahrlich nicht minder gestaltete sich jedoch so manches Geschehen im privaten, im familiären Lebensbereich. Die Komponente „Familie" kostete selbstverständlich enorm Kraft und Nerven und zehrte nicht minder an meiner körperlichen und seelischen Substanz. Wie floskelten wir früher doch so manches Mal den Satz „Privat geht vor Katastrophe". Ja, das Private bestimmte so manche Stunde in diesem stressigen Lebensabschnitt und musste erledigt werden. Auf Teufel komm raus! War das der Fall, hieß es für mich, die aktuellen und nicht delegierbaren betrieblichen Aufgaben in der Nacht oder am Wochenende zu erledigen. Als für die operative Dienstleistungsstrecke zuständiger Geschäftsführer und späterer alleiniger Chef hatte ich freilich den Vorteil auf meiner Seite, mein Zeitbudget selbst verplanen und einteilen zu können. Mir machte niemand Vorschriften, allein die nichterledigten Dinge schrien nach Erledigung und sorgten so für manche Improvisation im Dienst- und im Tagesablauf, im familiären Timing. Davon hatte selbstverständlich kein Boss in Hamburg und anderswo eine Ahnung.
Bei diesen Dingen wäre zuallererst die Periode der Arbeitslosigkeit meiner Gattin zu nennen, deren Betrieb, der Maschinenbauhandel, wegen „westlicher" Nichtbenötigung abgewickelt wurde. Sie durchlief nun wie zehntausend andere Mitmenschen in östlichen Landen etliche Phasen von Umschulungen im kaufmännischen Bereich, bis sie auf dem Gebiet der Seniorenpflege angekommen war. Nach immer wieder befristeten und vom Arbeitsamt „gestützten" Tätigkeiten fand sie letztlich im Paritätischen Wohlfahrtsverband einen Arbeitgeber, der ihr Engagement für ältere Menschen erkannte und sie sage und schreibe bis zum Erreichen des 65. Lebensjahres anno 2011 in seinen Einrichtungen in Hohenschönhausen und in Berlin-Buch in Arbeit und Lohn behielt. Dieser Glücksumstand bescherte mir damals ein wenig Kopffreiheit und Sorglosigkeit und erwies sich als eine relativ sichere Komponente, mein Geschäftsführereigenleben stressfreier zu gestalten. Jede private Sorge weniger, so eine Erfahrung aus dieser Zeit, machte den Kopf frei für die Gestaltung lebenserhaltender anderer Aufgaben.
Da war dann aber auch noch unser Sohnemann. Er stand ohne Arbeit anfangs ebenfalls auf der Straße. Nach seiner Kochlehre bei der hauptstädtischen HO arbeitete er in der Wohngebietsgaststätte „Am Tierpark" in Berlin-Lichtenberg, ehe er in verkürzter Form seinen Grundwehrdienst ableistete und sofort danach in die neu erbaute Betriebsküche des MfS in die Ruschestraße einzog. Ja, das Organ MfS orientierte sich in allen Nachwuchsfragen eben vorrangig auf den Nachwuchs des eigenen Mitarbeiterbestandes! Dort schwang er, nicht weit weg von meinem eigenen Arbeitsfeld, den Kochlöffel bis zu dem Zeitpunkt, wo wildgewordene und dazu von westlichen Inspiratoren angestachelte Horden in

dieses Gelände eindrangen und seine gastronomischen Arbeitsgeräte verwüsteten und mit nicht zu sterilisierenden Keimen der Missgunst und Feindschaft infizierten. Ohne Arbeitsbereich keine Arbeit für ihn, also Gang zum Arbeitsamt und Umschau nach Alternativen. Eine erste hörte sich gut an: Die Gaststätte im Monbijou-Park, betrieben und geleitet von einer Familie aus unserem Kiez. Aber diese ehemalige HO-Gaststätte kämpfte eben auch ihren Kampf ums Überleben. Chancenlos. Wie viele andere in dieser Zeit im Osten Deutschlands auch. Sohnemann schuftete längere Zeit ohne Lohn. Wir als Eltern hielten ihn aus der Portokasse am Leben, bis es gar nicht mehr ging. So suchte er weiter und fand eine zweite Chance bei einem deutschen Pizzabäcker – gerade inmitten der Ausländerwohnheime in Hohenschönhausen, für die ich seitens des ALWAS Wachschutzes Verantwortung trug. Wieder waren wir uns nahe. Mein Geschmack für Pizzen blieb im Rahmen, vor allem wegen des Oreganogewürzes, das ich gar nicht mag. Ich musste mich nicht daran gewöhnen, denn der Pizzabäcker schloss seine Einrichtung und zog gen Norden an die Müritz. Sohn Torsten blieb in der Hauptstadt und hatte dann wohl ein Glückslos gezogen. Bei einem Caterer, der die Schlipsträger der Filiale der Deutschen Bank Unter den Linden, darunter den Ex-DDR-Banker Moss, am Leben hielt. Trotz Catererwechsel bei Ausschreibungen blieb Sohnemann immer dort; die Banker wollten ihre Küchenmannschaft vor Ort nicht wechseln, also wechselte die Küchenmannschaft bei Beibehaltung aller bisher erarbeiteten Vorzüge und Sicherheiten ihren Arbeitgeber. Diese Prozedere hält bis heute an. Wie lange, wird die Zeit zeigen, denn im Jahre 2015ff. hängen dunkle Wolken über dieser Bundesdeutschen Vorzeigebank „DB".
Auch der Lebensweg unseres Töchterchens knickte und bekam Risse in diesem gesellschaftspolitischen Staatskarussell, ehe sie den Beruf ihres Lebens als Krankenschwester gefunden hatte. Nach dem Abitur gab es die Orientierung auf ein Medizinstudium. Dem vorgelagert war ein praktisches Vorbereitungsjahr an der Charité. Dort musste sie, statt wie staatlicherseits vorgegeben, sich spezifisch vorzubereiten, wegen der desolaten Arbeitskräftelage nur malochen was das Zeug hielt. Die Vorbereitung auf das Studium, insbesondere die Hinwendung zu der für den Sektor Medizin erforderlichen Sprachenqualifizierung spielte keinerlei Rolle. Angekommen dann in den heiligen Hallen bei Humboldts, erwies sich dieses Sprachendefizit als unüberwindbare Barriere. Sie kam damit nicht klar. Und äußerte zu den Eltern: wenn ihr keine verrückte Tochter haben wollt, lasst mich aus dem Studium aussteigen. Wir ließen es zu. Zu unserem und ihrem Glück! Nach einem kleinen Tochterintermezzi im Kindergartenbereich nahm sie eine Lehre als examinierte Krankenschwester auf, beendete diese erfolgreich und eilt seit dieser Zeit im Krankenhaus Friedrichshain im weißen Kittel durch die Station.

Und ist heute mehr denn je davon überzeugt, die richtige Wahl getroffen zu haben. Ich eben auch.

So, drei Irrungen und Wirrungen, die sich schließlich entknoteten und zu klareren Lebensstrukturen führten, ohne dass das Problem „Probleme" damit gänzlich verschwand. So wie sich das im Leben fortlaufend zeigt.
Nachzutragen wäre, dass alle drei wie ich eben auch, ihr Parteidokument der SED und ihre Mitgliedschaft als der Vergangenheit zugehörig ablegten. Meine Gattin versuchte es noch mit der PDS, aber ab August 1990 war auch dort Finito. Wie auch ich, hatten meine Familienmitglieder mit den Wortblasen, dem Hickhack und auch der Position dieser Wende-Partei oder ihrer Repräsentanten, vor allem zur früheren Staatssicherheit, so ihre Probleme, fühlten sich irgendwie verraten und ausgegrenzt. Wer kann oder darf uns das Übel nehmen?

*

Aber weiter im Haupttextfeld meiner betrieblichen und beruflichen Betrachtungen.
Ein alle Mitarbeiter in der Petersburger Straße belastendes Problem war die unsichere Objektlage nach der Zwangsversteigerung des Hauses infolge des Bankrotts der ALWAS. Weil dem Horst in Hamburg das Gebot zu hoch lag, oder er kein Geld flüssig hatte oder ob andere strategische Entwicklungen in seinem Hirn keimten – wer weiß? Jedenfalls riss sich wie bereits angeführt ein anderer Hamburger das Objekt unter den Nagel. Mein Unwillen gegen Hamburg wuchs stetig. Nur beim Hören des Wortes Hamburg sträubten sich bei mir schon die Haare. Aber es nützte nichts. Anfangs wurden wir scheinbar etwas in Ruhe gelassen, zahlten nun unsere Miete nicht mehr an die Bank sondern auf ein Konto nach Hamburg. Der neue Eigentümer stand voll im Stress um den Aufbau seines Hotels auf dem vor uns liegenden Frontgrundstück zur Petersburger Straße.
Aber dann bewegte sich etwas, oder auch nicht. Als die altehrwürdige Heizung in unserem Haus Schwierigkeiten machte, immerhin arbeiteten im Objekt Sicherheitsmitarbeiter rund um die Uhr, tat sich trotz Mahnungen und Mietkürzungen eigentümerseitig nichts. Wir flehten unseren Boss Horst um „Amtshilfe" und ein klärendes Gespräch mit seinem hanseatischen Stadtnachbarn an. Doch nichts half. Die These von den sturen Fischköppen im Norden schien sich mehr als zu bestätigen.
Schließlich ging das Hotel vorn in Betrieb und die ersten Busse mit Berlinbesuchern aus Hamburg entließen ihre Ladungen. Das Interesse des

Hausbesitzers galt fortan seinem dahinter liegenden Areal, unserem Haus. Und eines lag klar auf der Hand: er wollte uns als Wirtschaftsmieter schnell raus haben aus seinem Haus. Dazu legte er uns Zeichnungen vor, die über dem bisherigen Obergeschoss noch ein Loftdeck, geeignet als Beratungssaal, erkennen ließen. Und dazu mussten erst einmal aus Gründen der Statik alle bisherigen Gebäudeinnenträger verstärkt werden. Das hieß: Wände aufschneiden, Schweißarbeiten, Dreck und Gestank, Beeinträchtigung der sensiblen Technik der Notrufzentrale und der Arbeitsbedingungen aller Mitarbeiter. Dazu nach wie vor eine defekte Zentralheizung: Die als Interimslösung eingesetzten Ölradiatoren reichten leistungsmäßig kaum aus, um die ehemaligen Fabrikräume zu erwärmen. Noch heute gibt es einen Videofilm über alle diese Vorgänge, den ich aus Beweisgründen selbst aufgenommen habe. Wer dazu keine Zusatzinformationen erhält, könnte meinen, Szenen aus der Verteidigung der Sowjets um Leningrad zu sehen und nicht ein im Umbau begriffenes Haus fünfzig Jahre später in der Petersburger Straße in Berlin mit einem darin arbeitenden Dienstleistungsbetrieb. Dessen Angehörige sich selbstredend wie im Kriegszustand fühlten!
Als Betriebsleiter fand ich mich in dieser Zeit vielfach in der Rolle eines Agitators gegenüber meinen Mitarbeitern wieder. Nicht in der des früheren Parteisekretärs, wo es meist nur um ideelle Dinge ging, sondern in der Position desjenigen, der heute zu kämpfen und zu überzeugen hatte, um das Unternehmen und damit Arbeitsplätze zu erhalten. Die Firma IMGEU, unter der der neue Besitzer firmierte, bescherte unserem Unternehmen fast den Genickbruch. Und vom Boss Horst aus Hamburg kam keinerlei Hilfe. Er ließ uns einfach im Regen stehen. So etwas frisst sich ein, so etwas vergisst man nie, so etwas wird bei späteren Entscheidungen von mir immer eine Rolle spielen. Obwohl in diesen Wochen etliche Mitarbeiter das Vertrauen an unseren Betrieb verloren und sogar zwei äußerst wichtige langjährige Mitstreiter aus der Notrufzentrale diese aus persönlicher Angst verließen und zu einem Konkurrenzunternehmen „überliefen", gab die Mehrzahl nicht auf. Wir alle waren wütend. Wütend zuerst auf die Brachialgewalt von IMGEU, wütend auf das Untätigsein von Horst, wütend auf die Davongelaufenen. Aber aus diesem Wütendsein entwickelte sich erstaunlicherweise eine aufrichtige Trotzreaktion zum Durchhalten, zuallererst jedoch zum Suchen eines neuen sicheren Firmenstandortes. Der Leiter der Einsatz- und Notrufzentrale, der quasi als Aktivist der ersten Stunde mit den Unternehmen ALWAS und ASB verbunden war und so selbst sein persönliches Nachwendewerk bedroht sah, nahm die ihm übertragene Aufgabe zur neuen Standortfindung sehr ernst. Mit Kreativität, mit Engagement, mit Besessenheit und mit Herzblut. Er war in dieser Zeit der richtige Mann am richtigen Platz. Einen besseren hatten wir nicht und hätten wir auch nicht finden können, zumal es nicht nur um den Ort

der Betriebsstätte ging, sondern insbesondere auch um den Aufbau einer den modernsten Ansprüchen genügenden Notrufzentrale. Es gelang ihm, aus dem Pool der Bestandskunden im Stadtbezirk Friedrichshain unser neues Mietobjekt in der Neuen Bahnhofstraße akquirierte.
Der Weg dorthin ließ sich nicht in Stunden und Tagen messen, sondern in vielen Monaten, in Arbeitsqualen und Litern von Schweiß, in unendlichen Anwalts- und Behördengängen.
Und „nebenher" hatte das Kerngeschäft zu laufen und Geld einzufahren, von dem fast alles über den berühmten Strich für das neue Objekt benötigt wurde. Aber noch war es nicht so weit.

*

Das Jahr 2000 brachte zuerst einmal eine entscheidende Zäsur in der Führungsspitze der ASB.
Heinz und ich kämpften als Geschäftsführer im wahrsten Sinne des Wortes seit der Firmenneugründung immer noch um die Existenz des im ständigen Wachstum begriffenen Unternehmens.
Im Januar luden wir beide alle Führungskräfte zu einer Komplexberatung zur Erläuterung der „Ziele 2000" und zur Festlegung der konkreten Unternehmensschwerpunkte für die einzelnen Dienstleistungssäulen sowie zur Gestaltung des ersten Überwachungsaudits zur ISO ein. Dem folgte im März eine gemeinsame Beratung der Geschäftsführer mit Firmenboss Horst und dem Niederlassungsleiter aus Aue zu Fragen der wirtschaftlichen Stabilisierung und zur weiteren Profilierung unseres sächsischen Stützpunktes. Im April war eine qualifizierte Vertriebsberatung mit allen Bereichsleitern angesagt und schließlich fuhren wir beiden Geschäftsführer am 24.Mai nach Aue, um vor Ort mit dem Niederlassungsleiter, seinem Stellvertreter und dem Reinigungsmeister erneut die Lage im Unternehmen und besonders in der Niederlassung zu beraten und knallharte Festlegungen zu treffen.
Während all dieser Zusammenkünfte legte Heinz sauber und pingelig unsere kaufmännische Bilanz dar, belegte in rot und schwarz das aktuelle Zahlenkalendarium, redete sich den Mund fusselig, was über und unter dem Strich steht oder stehen müsste. Ein Wanderprediger im Mittelalter hätte es nach meiner Auffassung nicht besser machen können!

Und dann kam aus dem Nichts heraus am 19. Juni etwas für mich völlig Unerwartetes, Unbegreifliches, momentan Abstruses, nicht in den Komplex des Begreifens Hineinwollendes - ich berufe mich dazu auf mein damals selbst erstelltes Gedächtnisprotokoll, in dem unter anderem formuliert ist:

Auf Wunsch von Herrn Heinz F. fand eine gemeinsame Beratung mit Gesellschafter Horst statt.
Herr F. teilte mit, dass er auf ärztliches Anraten und wegen schwerwiegender gesundheitlicher Probleme <u>mit sofortiger Wirkung</u> seine Tätigkeit als Geschäftsführer in der ASB GmbH Berlin niederlegen müsse und <u>bereits seine Rente beantragt habe</u>.
Gemäß geltendem GmbH-Recht werde er unverzüglich - zum 20.Juni 2000 - seine Tätigkeit einstellen und sich aus der Firma zurück ziehen...
Horst erklärte mit Bedauern, den Standpunkt von Herrn F. zu akzeptieren. Gleichzeitig wies er mit Nachdruck darauf hin, Ersatz nur aus dem „Innern" der ASB und nicht durch Fremdzugang haben zu wollen...

Ich war in Lähmung begriffen. Die zwei alten, sich nicht unbedingt liebenden aber effektiv zusammen spielenden Latschen an der Spitze der ASB sollte es also ab sofort nicht mehr geben. Und der eine von diesen Latschen hatte es tatsächlich fertig gebracht, seinen Partnerlatschen von dieser Trennung in Unkenntnis zu lassen. Das grenzte nicht nur an Misstrauen, das war in meinen Augen ein nicht zu akzeptierender Verrat an unseren bilateralen Beziehungen. Was für eine Moral, hinter dem Rücken all der langjährigen engsten Mitstreiter an der Front der ALWAS und der jetzigen ASB im geheimen den Abgang durchzuziehen? Wie mag er sich gefühlt haben, unser Heinz, am runden Tisch seinen leitenden Mitstreitern die Unternehmensziele des Jahres 2000 vorzugeben und zu erläutern, gleichzeitig aber definitiv mit sich im Reinen zu sein, in Bälde aus den bisherigen Betriebshallen zu entfliehen? Gewiss, gesundheitliche Gründe für ein Aufhören waren zweifelsfrei nicht von der Hand zu weisen. Können nach meinem Ermessen für die von Heinz praktizierte Art und Weise des inszenierten Abtritts niemals als Entschuldigung gelten.
Unser beider nicht ausgesprochenes, ungeachtet dessen jedoch praktiziertes biblisches Arbeitsmotto aus dem Galaterbrief des Apostel Paulus „Einer trage des anderen Last" war zerstört, momentan umgewandelt in die für mich leidige Vorgabe, die gesamte Verantwortung im Betrieb vorerst alleine schultern zu müssen.

Es waren sicherlich auf jeden Fall zutiefst menschliche Gründe für diese Entscheidung von Heinz, über die nur mein früherer Partner selbst reden könnte, es jedoch nie tun wird, so wie ich ihn kennen gelernt habe. Springender Punkt seines für mich hysterischen Absprunges von der Firmenleitung und aus dem Arbeitsleben war meines Erachtens mit hoher Wahrscheinlichkeit das aktuelle Geschachere von Gesellschafter Horst mit westlichen „Heuschrecken", die sich die ASB einzuverleiben suchten. Dazu noch einiges an anderer Stelle.

Heinz hat also nur das gemacht, wozu sich die zwei Mitarbeiter der Notrufzentrale zu anderer Zeit ebenfalls entschieden hatten: sich rechtzeitig vor betrieblichen Unsicherheiten in „Sicherheit" zu bringen, besser, sein ihm verbleibendes restliches Leben vor weiteren nicht einzuschätzenden und vorhersehbaren Arbeitsqualen zu beschützen.

Mit etlichen Jahren des Abstandes zu dieser Situation wechselt mein früheres Unverständnis für das Verhalten meines damaligen Mitgeschäftsführers langsam in Verständnis um seine Person und seine Probleme. Obwohl, Unwohlsein ist da immer noch da, weil damals etwas zu Bruch gegangen war, das nicht mehr zu kitten ist, nämlich die ganz persönliche Beziehung. Etliche Firmenmitarbeiter gehörten später nach meinem Ausscheiden aus der Firma weiterhin zur Gruppe meiner Freunde und guten Bekannten, mit denen ich telefoniere, denen ich zum Geburtstag gratuliere oder mit denen ich ab und an ein Bier trinke. Heinz gehört nicht dazu, ich habe ihn schon jahrelang nicht mehr gesehen. Schade, denn er würde nicht wenige Zeilen an diesem spezifischen Rückblick vom Aufbau, Verlauf und Niedergang eines Berliner Wachschutzunternehmens beigesteuert und durch seine Sichten qualifiziert haben.

IV.

Heuschreckenzeit

Heuschrecken, jeder kennt sie, der schon einmal bei Schönwetter in einer heimischen blühenden Sommerwiese lag.
Heuschrecken, das sind aber auch in exotischen Gefilden lebende Tiere, die nach ihrem biologischen Zyklus in gewaltigen, den Himmel verdunkelnden Schwärmen dort in ganze Landstriche einfallen und nach ihrer Fressgier zur Selbsterhaltung meist ein Inferno an Wüstenei hinterlassen.
Im übertragenen Sinne verbirgt sich hinter dem Synonym Heuschrecke in der heutigen Gesellschaft ein ebenso übles Wesen. Es zeigte seine Unarten und seine Gier in unseren deutschen Landen und in Europa so richtig deutlich ab der letzten Jahrtausendwende. Und es frisst sich vor allem in das Fleisch der Wirtschaft hinein. Gepolt scheint dieses Wesen zu sein nach seiner spezifischen Fraßlinie, die da heißt: „Kaufen - plündern – unrentable Elemente einschließlich der Arbeitnehmer über Bord werfen – rentable Unternehmensteile eingliedern und für den Markt nutzen". Die spezifische DNS des vorwiegend gedeckt und getarnt oder anonym agierenden Mistviechs, dessen Verhalten der frühere SPD-Vorsitzende Franz Müntefering im Jahre 2005 öffentlich einmal als „Plage der Wirtschaft" bezeichnete, ist äußerst kompliziert gestrickt, grundsätzlich jedoch dem modernen Kapitalismus und der Gier nach dem Profit entlehnt.

In die Fänge einer solchen Heuschrecke geriet zur Jahrtausendwende unser Hamburger Boss. Vielleicht war es aber Boss Horst selbst, der von sich aus die Nähe dieses gefräßigen Wesens suchte. Möglicherweise war er momentan finanziell klamm. Oder er versuchte sich wieder einmal an einem seiner sonderbaren Spielchen, um sein Scherflein ins Trockene zu bringen. Anscheinend wollte er einiges aus dem ALWAS-Konkurs-Paket, das nicht genügend Rendite einspielte, diesem Untier vor dessen fressgierigem Maul feilbieten? Besser noch, einen hanseatischen, auf den eigenen Vorteil ausgerichteten Deal mit dieser Schrecke eingehen. Fragen über Fragen, zu denen es für mich wie zu anderen in früherer Zeit, keine Antworten oder Erklärungen gab und bis heute nicht ausreichend gibt.
Ich selbst habe die damaligen Machenschaften nicht entwirren und ebenso auch nicht herausfinden können, wer da wie in Vorderhand lag. Wie auch. Alle Aktivitäten in diesem Heuschreckendeal fanden in exotischer Ferne im Wessiland statt. Unsere ASB und ich selbst operierten im Ossiland. Zudem war Horst, zwar fünf Jahre jünger als ich, ein mit allen Wassern gewaschenes

gewieftes Wessi-Schlitzohr, das kaum einem je auf die Nase gebunden hätte wie es sein Geld zu vermehren gedachte.

*

Also, die uns umgarnen und fressen wollende Heuschrecke kam Anfang des Jahres 2000 aus ihrer Deckung heraus, um sich uns zu zeigen.
Sie nannte sich DELTA Control Holding GmbH und firmierte mit einem den griechischen Buchstaben Delta zeigenden Dreieck. Und sie spazierte mit einem Dr. Bernhard E. und einem weiteren Herren, dessen Anfangsbuchstabe im Namen ebenfalls ein „E" war und der zu diesem Zeitpunkt noch als Chef eines kleinen Augsburger Wachschutzunternehmens wirkte, in unser Blickfeld und in unser Haus in die Berliner Petersburger Straße hinein.
Das war zu einer Zeit, die zum besseren Verständnis unserer späteren Firmenentwicklung der Leser sich wie folgt vorstellen sollte:
Zehn Jahre nach der so genannten Deutschen Einheit befand sich die private Sicherheitsbranche im Lande nach einer Phase des anfänglichen bösartigen Hauens und Stechens noch immer in einem sehr heftigen Findungs- und Stabilisierungsprozeß. Sie hatte sich als Branche gewissermaßen noch nicht vollständig neu konfiguriert. Es gab in diesem Sammelsurium solche in ganz Deutschland und über die Grenzen hinaus etablierte Größen, wie etwa die Unternehmen Kötter, Gegenbauer und IHS. Es gab darüber hinaus nicht wenige solide mittelständische Unternehmen mit Expansionsvorstellungen und Entwicklungswünschen. Und es gab eine Unmenge meist territorial oder sachspezifisch operierende kleine Betriebe, die lediglich dort wo sie vertraglich tätig waren, weiter ihre Brötchen zu backen gedachten.
Vor allem einige renommierte Unternehmer aus der mittleren Etage dieser Wachschutzpyramide gierten nach mehr Einfluss und Größe. In der Art etwa, wie das einst mein wenig geliebter Wachschutz Riedel händelte. Eines jener umtriebigen Unternehmen, angesiedelt in Köln, bediente sich dazu nun der als Heuschreckentaktik bekannten Vorgehensweise. Es kaufte sukzessiv kleinere Unternehmen auf, um sie an sein eigenes Firmenkonstrukt zu binden.
Allerdings lief die Chose taktisch gewiefter. Zunächst wurde eine Firma ohne Dienstleistungspotential ins Spiel gebracht, nämlich die DELTA. Quasi als Briefkastenunternehmen. Deren Führung besetzte man mit Managern, die das System der Heuschreckenarbeit verstanden und umsetzen konnten, aber nicht unbedingt viel von der Sicherheitsbranche wissen mussten, siehe Dr. Bernhard E., der formal der DELTA vorstand (Später wird man zu seiner Person im Internet lesen können: *"2005 verkaufte der erfolgreiche Unternehmer seine gut gehende Firma, die Kapital von vermögenden Anlegern in mittelständische Unternehmen investierte..."*). Geeignete operative Führungsleute wie den

Augsburger Herrn „E" charterte man aus der Fachriege. Und nun wurde von den ausschwärmenden Häschern dieser „Briefkastenfirma" ein Kleinunternehmen nach dem anderen in Regionen, wie Fulda, Augsburg, Landsberg oder Kempten im Westen, beziehungsweise Halle, Erfurt, Jena oder Leipzig im Osten, eingefangen, aufgekauft und in das „Dreieck" integriert, das sich somit bald als überregionale Firmengruppe auf dem Markt zeigte. Köln, das Muttertier, blieb ungenannt und lange im Hintergrund.
In diesem Szenar also geriet die ASB Berlin in die Fänge und Struktur der DELTA.
Boss Horst, namentlich seine Gattin, hielt nach seinem Deal mit der DELTA zwar noch ein Viertel der Gesellschafteranteile, quasi wohl als kaufmännische Rückkaufklausel gedacht, war aber aus dem unmittelbaren Geschäft raus. Er hatte mit seinem Viertel Stimmenanteil nichts mehr zu sagen, obwohl er sich das ganze Jahr 2000 daran krampfhaft und winkelzügig versuchte. Neuer Imperator, sprich neuer Hauptgesellschafter war jetzt unumstößlich die DELTA Control GmbH, vertreten durch deren Geschäftsführer Dr. Bernhard E. Dieser Hauptgesellschafter gab ab sofort an, wo es lang zu gehen habe. Zwischenreden von Horst prallten ab, blieben folglich nur im Wind platzende Seifenblasen.
Eingefangen in dieser Control GmbH, die Monate später zu einer Holding mutierte - ein Begriff, der in mir seit der Holdingphase eines Herrn Fischer Unwohlsein erzeugte – und der ASB den Titel „...GmbH & Co. KG" aufdrückte, war jedes neue Unternehmen in einem von Köln vorgegeben Zeitfenster auf Herz und Nieren zu prüfen und dessen Effizienz zu optimieren. Schlussendlich ging es brutal darum, zu entscheiden, ob und wann die ASB oder andere in der DELTA vereinte „Leidensgefährten" beziehungsweise die gesamte Gruppe in das Mutterunternehmen eingegliedert werden können respektive umzuwandeln beziehungsweise zu liquidieren wären. Man rechnete dabei nicht in Monaten, vielmehr in Jahren. Eine durchaus nachvollziehbare Strategie. Klappt alles, kann sich das Mutterunternehmen der ganzen Branche stolz mit einem potenten Firmenzuwachs zeigen. Gäbe es Probleme, könnte man diese im Vorfeld derart beheben, das kein Schatten auf die Mutter fällt. Das wäre selbst bei einer konkursbedingten Abwicklung oder einem Weiterverkauf gegeben. Gut ausgedacht, dieser Heuschreckendeal. Wer oder was dabei alles auf der Strecke bleiben könnte, interessierte die Heuschreckenplagegeister nicht. Ich aber habe sie hautnah kennengelernt, die Menschen, die Verträge, die Vertragspartner, die Dienstleistungen, die da gnadenlos im Nichts liegen geblieben sind. Ich gehörte später selbst dazu!

*

Und somit strukturierte sich nun ein erneutes Kapitel in meinem großen Intermezzo vor dem Ausscheiden aus dem Berufsleben.
Die allererste und besonders gut im Gedächtnis verankerte Beratung des Geschäftsführers „E" der DELTA Control mit Heinz und mir als Geschäftsführer der ASB fand am 10. Mai 2000 statt. Das waren gerade mal satte fünf Wochen vor der späteren „Kapitulation" von Heinz! Und somit für diese Entscheidung wohl irgendwie mit in Erwägung zu ziehen.
Geredet wurde über vieles, über Umsatz und Umsatzerwartung, über mögliche Erlöse, über Fremdleistungen und Materialaufwand, über Personalkosten und den hohen Krankenstand, der zu dieser Zeit doppelt so hoch lag wie vergleichsweise 1998. Es ging um Versicherungen, Reparatur- und Werbekosten. Und irgendwie wurde da auch am Rande das Prinzip von den zwei Geschäftsführern zur Sprache gebracht, mit dem Hinweis, dass diese künftig „am Gewinn partizipieren" sollten. Der Herr „E" war da bereits auf die Schnelle und auf irgendwelchen notariell bestätigten Dokumenten wegen seiner neuen Position als Hauptgeschäftsführer der DELTA gleichzeitig zum GF Nummer drei der ASB erhoben worden. Man hatte lediglich vergessen, es uns mitzuteilen. Nachtigall, ick hör dir trapsen...

Um eine Sache vorweg klarzustellen, was die oben angesprochene Gewinnpartizipierung und das Nachtigallentrapsen betrifft: Wenig später nach dieser „Offerte" nötigten mich in Berlin der Dr. Bernhard E. und Ex-Boss Horst als momentan eingetragene Gesellschafter der DELTA in einer fast als hysterisch zu bezeichnenden Art und Weise folgende Verzichtserklärung abzugeben und zu zeichnen „ *Hiermit verzichtet Herr Rebohle auf alle Ansprüche auf eine Gewinnbeteiligung aus §6 Abs.(2) seines Geschäftsführeranstellungsvertrages mit der ASB Allgemeine Sicherheits- und Service GmbH Berlin, mit Wirkung für Vergangenheit, Gegenwart und Zukunft, gleich ob die Ansprüche fällig oder (noch) nicht fällig sind. Die Gesellschaft nimmt den Verzicht hiermit an"*. (Ehrenwort – ich hatte bisher keinen Pfifferling aus Gewinnbeteiligung erhalten, weil es bekanntlich kaum Gewinn gab und wenn doch, dieses Quäntchen dann in Richtung Hamburg verschwand beziehungsweise in die Entwicklung und Qualifizierung des Unternehmens gesteckt worden war. Vor wen oder was hatte man also Angst, um vorsorglich diese Bekundung von mir zu erhalten?).

Alles in allem, bei diesem zuvor genannten ersten ernstzunehmenden Gespräch vom 10. Mai merkte man dem Herrn „E", dem im Steigflug befindlichen jungen Manager, schon ein gerüttelt Maß an Sachkenntnis an. Man war in dieser Hinsicht auf Augenhöhe. Allerdings zeigte er sich in jeder Gesprächsphase deutlicher als deutlich als West-Manager, der wohl wusste, dass er es hier mit devoten Ossis zu tun hat und nur er die Schalthebel in der Hand hält und dessen Worte und Vorgaben keine Widerreden zuließen. Die ASB war ja eingekauft worden und er gehörte der Seite der Einkäufer an! Eine solche Positionierung waren wir so in der ALWAS und eben auch durch Exboss Horst aus Hamburg nicht gewöhnt. Die lange Leine schien mit einem Mal fort zu sein. Eine ganz andere Zeit schien anzubrechen... Was würde sie bringen? Dem Unternehmen und mir selbst. Fragen unangenehmer Art grummelten durch den Kopf. Und im zweiten Hirn, dem Bauch, grummelte es auch. War dieses ungute Gefühl etwa Angst, Angst vor dem Kommenden? Ein ungutes Gefühl war es allemal. Hier ging es nicht mehr um ein Miteinander im kämpferischen Streit wie während meiner Dienstzeit vor 1989, hier ging es auch nicht mehr um das gemeinsame Überleben beim Aufbau eines Betriebes. Hier ging es wohl künftig um das bekannte Prinzip von Zuckerbrot und Peitsche, dem ich mich zu beugen, zu unterwerfen hatte.

Heinz und ich erhielten an diesem 10. Mai Vorgaben vom GF Numero 3 mit Terminstellung 29. Mai. Das war in drei Wochen! Dabei ging es nicht nur um klarstellende Betriebsübersichten, sondern auch um Überlegungen und einzuleitende Maßnahmen für Rentabilität, Einsparung bzw. die Effizienz bestimmter Betriebsabläufe. Knallhart aber nicht unlösbar. An Schönschreiberei war bei diesem neuen Herren über uns nicht zu denken. War allerdings nie unser Stil gewesen; eher hatten wir früher manchmal nicht alles auf den Tisch gelegt. Zu mehr „Widerstand" reichte es nicht.

*

Ja, das Jahr 2000 hatte es wirklich in sich. Überraschungen, Qualen, Mühen, Enttäuschungen, Bösartigkeiten, Verbitterung, Entscheidungen, Mutproben – von allem war etwas dabei, mal mehr, mal weniger.

Im Jahre 1961, das lag knapp 40 Jahre zurück, hatte ich in meinem Abituraufsatz zum Thema „Wie stelle ich mir das Jahr 2000 vor?" vorausschauend die Gedanken des damals 18jährigen auf das Papier gebracht. Ein gemeinsames Deutschland kam darin vor, allerdings in umgekehrter „Eingemeindung" deutscher Lande. Ich kam darin vor, im vollen Berufsleben nach meiner Wahl agierend, nicht aber als kleine Managerfigur im kapitalistischen Dschungel. Meine Vorstellungen von vor 39 Jahren sind nicht in Erfüllung gegangen. Wie auch, das junge Hirn von damals war sozialistisch gepolt. Immerhin habe ich mir dann in der Zwischenzeit ein immenses Personalkonto hinsichtlich Wissen, Erfahrung und Durchhaltevermögen aneignen können. Dadurch lag ich in nicht wenigen Dingen auf realer Augenhöhe mit den jetzigen Partnern der erforderlichen Zusammenarbeit. Früher, in meinem ersten Berufsleben, war der Begriff von den Partnern des

Zusammenwirkens gang und gäbe. Zusammenarbeit im heutigen Sinne und Zusammenwirken in sozialistischer Praxis – da stellt sich kein gemeinsamer Nenner ein! Auch wenn es eine fiktive Augenhöhe gab, blieb ich letztlich zumeist in den strategischen Dingen derjenige, der sich zu beugen hatte. Zu beugen dem Diktat des Gesellschafters, zu beugen der Hand am „Geldhahn". Es blieb jedoch die Möglichkeit einer in mancherlei Schattierungen gegebenen eigenständigen und kreativen lokalen Arbeit in hoher Verantwortung. Und dieser Reiz ließ mich gar etliche Unannehmlichkeiten und Erschwernisse dieses sonderbaren Jahres mit den drei Nullen überwinden und bewältigen.

*

So häufige übergeordnete Besuche in unserem Berliner Stammhaus, das sich gerade in eine (Um)Bauruine verwandelte, hatte es vorher noch nicht gegeben. Seitens der DELTA schnupperte Herr „E" öfter die Berliner Luft. Manches Mal trampelte er mir zwei Tage auf dem Kopf herum. Immerhin ging es bei seinen Gesprächen und Beratungen im Leitungskreis nicht um allgemeines Blablabla. Wenn auch Herz und Nieren dabei schmerzten und der eigene Verstand wiederholt nicht mitspielen wollte – dem Grunde nach war nichts davon ein unnützes Geschwafel. Bei einem dieser Besuche war Dr. Bernhard E. mit dabei und ein gesetzter Herr im dunklen Ulster. Dieser Schattenmensch wurde mir, nach heutiger Erinnerung, anfangs gar nicht vorgestellt. Ich spürte allerdings, dass er etwas Besonderes sein musste. Die beiden Männer mit dem „E." hielten diplomatischen Abstand zu ihm, warteten auf seine Fragen und wogen ihre Antworten sorgfältig ab. Es war schon ein kleines Hofieren zu erkennen. Wir passten nach einer Hausbesichtigung später kaum in mein „ kleinstes Arbeitszimmer eines Geschäftsführers in Deutschland" hinein. Das machte dem Ulsterträger nichts aus. Wegen der Kühle im Haus, die Heizung funktionierte bekanntermaßen schon lange nicht, behielt er dieses Ding beim Gespräch sogar an. Er wollte so allerhand wissen. Über Umfang und Größe der Aufträge, über die Qualifikation des Unternehmens und seiner Mitarbeiter, über die Berliner Tariflage und wie ich mir die Lohnpolitik in der ASB vorstelle. Ich war bemüht, mich in etwa an den Stil der beiden „E." anzupassen, bewahrte ungeachtet dessen meine persönliche Geradlinigkeit. Ob das dem Ulstermann gefiel, weiß ich nicht. Er blieb sachlich korrekt. Er war auf Erkundungstour.
Erst nach seiner Verabschiedung hieß es, dass ich dem Big Boss aus Köln gegenüber gesessen hatte. Also dem Manne, der das Heuschreckenspiel mit der DELTA zur Vergrößerung seines bisherigen Imperiums in Gang gesetzt hatte und zu dessen Beutetieren nun die ASB gehörte. Und an der Art und Weise des Umganges zwischen ihm und den Herren „E" sah und spürte ich in aller

Deutlichkeit, wer als eigentlicher Dirigent in diesem Heuschreckenschwarm den Taktstock schwang.

Ganz anders geartet waren die Besuche vom nunmehrigen „Klein"-Mitgesellschafter Horst. Hektisch, plötzlich anreisend oder einen angesagten Besuch wieder absagend, Vorgaben formulierend, für die er eigentlich gar keine Berechtigung mehr besaß und immer wieder misstrauisch Fragen stellend zum Was und Wie im Vorgehen der DELTA. Im Kleinklein versuchte er noch diverse Geschäfte abzuwickeln, zum Beispiel im Rahmen des Rückkaufes von Betriebsfahrzeugen aus unserem Fahrzeugpark. So, als ginge es ihm um ein paar Hunderter. Wer weiß, vielleicht war es auch so. Irgendwie aber schien es mir, dass er sich mit dem Teilverkauf seiner ASB an das eigene Bein gepinkelt hatte, der liebe hanseatische Geschäftsmann mit dem schönen deutschen Vornamen Horst. Und so war es wohl auch. In den Leuten aus Köln hatte er sich ein klein wenig verschätzt. Sie waren ihm einfach überlegen.

Und in dieser Situation versuchte er sich an seinem allerletzten Coup. Es war im Herbst dieses ereignisvollen Jahres 2000, als er sich mit mir zu einem Vieraugengespräch in ein Zimmer in unserem Haus in der Petersburger Straße zurückzog und gewieft versuchte, mich in eine Intrige gegen den Hauptgesellschafter DELTA zu verstricken. Möglicherweise mit der Absicht, einen Rückkauf in Gang zu bringen. Aber so etwas ging mit mir gar nicht. Ich hatte mich von seinen teils dubiosen Vorgehensweisen und seinen Tricksereien und Ränkespielen mental schon zu weit entfernt. Ich hatte, mit Verlaub gesagt, irgendwie die Schnauze voll von all diesem Hin und Her! Mir stand das konzeptionell klarere und schnörkellose Vorgehen der DELTA zwischenzeitlich tatsächlich näher. Dort sah ich die besseren Voraussetzungen, mein Intermezzo bis zur Rente gestalten zu dürfen. Als ich das dem Horst unmissverständlich und unabänderlich entgegen schleuderte, blitzten seine Augen in einer Art auf wie ich das nie zuvor feststellen konnte. Fast wütend, feindlich, aggressiv. Nun denn, die Messen mit Horst und mit Hamburg waren gesungen. Ich hatte mich richtig entschieden. Andersherum wäre ich in eine Mühle geraten, aus der ich unweigerlich in die sofortige Arbeitslosigkeit geschrotet worden wäre. Das wurde mir allerdings erst bewusst, als mir mehr Hintergrundinformationen zur DELTA und dem Kölner Muttertier zur Verfügung standen.

Allerdings machte ich mir auch danach so meine eigenen Gedanken: Im täglichen Streben, in der Arbeit, tun sich fortwährend Zwänge auf, denen man sich stellen muss – stellen muss, durch zu treffende Entscheidungen. Ob meine eigenen Entscheidungen immer richtig, zweckmäßig oder vernünftig waren, bleibt dahingestellt und zeigte sich meist später, manches Mal erst viel später oder auch erst jetzt beim Resümee zum eigenen Lebensweg. Grund dafür lag im Zeitfaktor, sich für dieses oder jenes, für A oder B zu entscheiden. Die Ratio blieb da oft hintenan. Und manchmal war das auch gut so, denn wie sagte der Schriftsteller C.C.Bergius so schön „Im Denken lauert die Gefahr zu denken, dass es vernünftig ist, was das Gehirn uns sagt".

Nicht viel später nach meiner abrupten Absage gab Horst dann auch noch seine restlichen Prozentanteile an die DELTA ab. Oder musste sie abgeben. Wer weiß? Und damit war er endgültig raus aus der Firma! Raus nach zehn Jahren der Geschäftemacherei im Berliner Raum mit ALWAS und ASB und darüber hinaus noch mit einigen weiteren Ostdeutschen Unternehmungen.

Ich dagegen strebte nun neuen, jedoch nicht völlig ganz anders gearteten Ufern entgegen. Würden sich diese als betretbares Gelände erweisen oder wird sich vor mir eine unüberwindbare Steilküste erheben? „Vorwärts immer, rückwärts nimmer" hatte noch vor kurzem ein letzter Führer der untergegangenen DDR postuliert. Die Losung wollte ich mir trotzdem zu Eigen machen.

*

Das DELTA-Unternehmen war nach dem Abgang des nunmehrigen Ex-Bosses aus Hamburg mit Datum 9.11.2000 somit also Alleingesellschafter der ASB. Ihr Führungskopf hatte sich schnell vom anfänglichen „Briefkasten" in München getrennt und nun seine Arbeitsbasis gefunden in Erfurt, in Räumen des ebenfalls eingefangenen und eingemeindeten Mitteldeutschen Wachschutzes (MSD). Herr „E" regierte in der Firmierung DELTA Control GmbH & Co.KG von dieser neuen Zentrale aus die zwischenzeitlich auf 12 Wachfirmen vor allem in Berlin, Brandenburg, Sachsen, Sachsen.-Anhalt, Thüringen und Bayern angewachsene zersplitterte Gruppe. Er „beackerte" die Gruppe von dort aus mit Hilfe einer netten einheimischen Bleistiftdame mit dem sehr beachtenswerten Namen Dreißigacker. Sie war das zentrale Buchhaltungsgewissen aller DELTA-Elemente. Jeder Insider wird meine Stimmung und meine Gefühle verstehen, nachdem es geheißen hatte, die Buchhaltung an die „Zentrale" abzugeben. Es war der erste Akt in einer nachfolgenden Serie von geschäftlichen „Amputationen" und Managementeinengungen der Berliner Geschäftsführung. Selbstverständlich hatte ich mitzumachen. Und ich wollte das auch, denn es gab andererseits genügend Anreize positiver Art. Einer davon war die zustimmende Haltung der DELTA zum absolut erforderlichen Firmenumzug hier innerhalb von Berlin. Der hanseatische Eigentümer unserer Mietimmobilie in der Petersburger Straße führte seinen Entmietungsfeldzug gegen uns skrupellos und ungemindert fort und hatte schon das Dachgeschoss, von dem aus man übrigens einen wunderbaren ungehinderten Blick zur Mitte Berlins mit dem Alex und dem Fernsehturm hatte, zwecks vorgesehener Etagenaufstockung komplett frei gelegt.

Während eines Zusammentreffens mit DELTA-Chef „E" am 29. August 2001 auf dem Leipziger Bahnhof - ja, auch so etwas fast an Konspiration grenzendes gab es – avisierte er erste Zustimmung zu unseren Entwicklungsvorstellungen in Berlin und zum Umzug in das in der Hauptstraße im Stadtbezirk Lichtenberg gelegene vorgesehene Objekt. Und kaum vierzehn Tage später, am 15.September, um 16.45 Uhr, fand folgendes, mich von vielen Bauchschmerzen erlösendes Telefongespräch mit ihm statt. Aus meinem damaligen Protokoll: *Herr „E" stimmt dem geplanten Umzug zu. Die ASB hat nach Prüfung aller Dinge die bestmöglichsten Bedingungen herausgehandelt. Alle mit dem Umzug im Zusammenhang stehenden Probleme können eingetaktet werden...*
Jetzt hatten wir endlich die angestrebte Generalvollmacht für die Errichtung eines neuen Firmensitzes. Eines Firmensitzes, der uns nicht nur von den desaströsen Arbeitsbedingungen in der Petersburger Straße erlösen sollte, sondern auch von dem durch die ALWAS-Problematik immer noch vorhandenen negativen Image, was uns beim alten Standort wahrscheinlich ewig angehangen hätte. Eines neuen Firmensitzes also, der uns, so die Gedanken, in die nächsten Dezennien tragen sollte.
Allerdings wäre nachzutragen: So ganz uneigennützig war diese Zusage der DELTA-Zentrale zur Standortverlegung nicht. Ich hatte einfach nicht weiter gedacht in dieser Zeit der Anspannung und des Wartens auf eine Entscheidung, so dass einzig Freude auf diese Entscheidung übrig blieb. Der Analytiker in mir hätte Fragen stellen sollen. Etwa, was hätten die Heuschrecken eigentlich ohne eine Dependance in der Hauptstadt gemacht, wo doch jedes halbwegs namhafte Wachunternehmen in Berlin vertreten war. Wer etwas in diesem spezifischen Marktgerangel erreichen wollte, musste auch in Berlin sein Spielchen spielen. So war doch die Logik gestrickt wie es mir erst später einleuchtete. Auch kam hinzu, dass nicht die Heuschrecken sondern die ASB selbst alle Kosten und Risiken des Umzuges und des qualifizierten Ausbaus des neuen Standortes zu schultern hatte. Das meiste wegen nicht fehlendem Investitionswillen der Herren in Köln vermittels Leasinggeschäften und auch meinem eigenem Risiko als in der Schufa aufgeführtem Schuldner darin eingeschlossen.

*

Es war also eine neue Zeitrechnung für das Getriebe des Unternehmens und demzufolge in meiner persönlichen Arbeitswelt angebrochen. Bisherige Weisungslinien und Orientierung in Richtung Elbmündung gab es nicht mehr. Alle Leitungen in Richtung Hamburg waren irreparabel gekappt. Erleichterung bei mir schien angesagt. Irgendwie.

Meine Blickrichtung war nun künftig fokussiert von Berlin aus nach dem Süden und Westen der neuen bundesdeutschen Republik, meine Weisungslinien verliefen demzufolge auf einem dem früheren entgegengesetzten Kurs. Erfahrungen besagen, dass jede Beendigung, jeder Abschluss einer alten Sache neue Impulse in Richtung künftiger höherer Anforderungen auslösen könnte. Ich bildete im Rahmen dieser Weisheiten keine Ausnahme. Dialektik lässt grüßen.
Also machte ich so schleunigst meinen Kopf frei von den alten Zöpfen, früheren Querelen und Ungereimtheiten. Was mir dank meines vielleicht etwas dickköpfigen lausitzischen Charakters und angesichts der mich immer begleitenden Lehrmeinung meines früheren „Altmeisters", nämlich in der Arbeit die Geschichten von früher vorwiegend Geschichte sein zu lassen und dagegen alle Überlegungen und Bestrebungen auf die anstehenden Erfordernisse und Aufgaben zu konzentrieren, einigermaßen gelang. Das hatte nichts mit der altbekannten und immer einmal wieder hochgespielten Wendehalsgeschichte zu tun, sondern war die ganz brutale Anpassung an eine neu entstandene Lage und den damit einhergehenden spezifischen Bedingungen.

Allerdings, auch die neuen Herren trugen ihr Scherflein dazu bei, dass alles Alte in das antike Tagebuch des Unternehmens versenkt wurde. Sie bombardierten Berlin ohne Unterlass mit solchen Erfordernissen und Vorgaben, die sie als moderne Heuschrecke im Auftrage ihres von Köln aus im Hintergrund agierenden Geldgebers eben zur Formierung eines intakten „Schwarmes" umzusetzen hatten.
Da war beispielsweise die in Potsdam ansässige Niederlassung Brandenburg der Erfurter Wachgesellschaft „der Ordnung halber" durch die ASB zu übernehmen. Das passte den Erfurtern natürlich ganz und gar nicht und deren Chef, ein cleverer Mann mit einer ebenso früheren staatsnahen Tätigkeit in der DDR wie ich, tat sich schwer damit, diese Kröte zu schlucken. Auch er hatte bisher sein ganzes Geschick und Herzblut für „sein" Unternehmen eingebracht.
In diesem Zusammenhang stellte sich bei mir natürlich die Frage warum und wie gerade das etwas fernere Erfurt aus Thüringer Landen in Berlin-Brandenburg gewildert und exponierte Aufträge an Land gezogen hatte. Und Genugtuung breitete sich bei mir aus nach dem Spruch „Jetzt kommt die Sache dahin, wo sie hin gehört". Trotzdem. Eines musste ich den Erfurtern neidlos zugestehen. Sie verfügten über clevere Akquisekräfte, die nicht nur die landesweiten und internationalen Ausschreibungen schneller und besser durchforsten als wir hier in Berlin, sondern auch bissiger zuschnappen konnten. Letztendlich lag des Pudels Kern aber wohl erwiesenermaßen doch am lieben Geld. Thüringen brachte als Niedrigtarifgebiet weniger

Personalkosten auf die Waage jeglicher Ausschreibung als Berlin. Jeder Auftraggeber, so auch der Deutsche Bundestag, drückte also demjenigen Sicherheitsdienstleister die Hand, der das billigste Angebot abgab. Die damalige Presse hat ausführlich über eine Thüringer Billigfirma berichtet, die vom Bundestag für die Bewachung eines ihr unterstehenden Objektes am Platz der Akademie in Berlin „angeheuert" worden war. Die dafür Verantwortlichen des höchsten deutschen Staatsgremiums scherten sich wenig darum, dass in anderen Etagen ihres Hauses und bei den Abgeordneten Dauersprüche nach „reeller gerechter Bezahlung" und „Mindestlohn" im Gespräch waren! Für sie galt: Der billigste Bieter erhält den Zuschlag! So war das eben – damals. Die Medien enthüllen jedoch auch heute noch aktuell ein derartiges Herangehen. So spricht „Die Welt" im Jahre 2014 im Zusammenhang mit der Vergabe von Wachaufträgen für Kasernen der Bundeswehr an preislich billigste private Dienstleistungsanbieter kritisch von einer „Billigphilosophie", die in die Irre führen würde.

Mit der Potsdamer Niederlassung kam auch deren Leiter B. unter meine Fittiche. Bisher konnte er uneingeschränkt von seinem Potsdamer Büro aus operieren und seiner Arbeit nachgehen, jetzt hatte er sich in das System der hautnahen Unternehmensführung der ASB einzupassen. Vorweg: Dieser gelernte Bäcker backte danach keine schlechten Sicherheitsbrötchen für Berlin. Seiner beachtlichen Operativität verdankte die ASB später sogar die sichere Führung von Objekten bis hinein in den Raum Frankfurt/Oder.

Zur Erfurter Niederlassung in Brandenburg gehörten interessante und nun durch Berlin zu führende Objekte, wie die Filmhochschule in Babelsberg, das Büro der Europäischen Kommission in Berlin oder ein Objekt der Bundeswehr, das durch bewaffnete zivile Sicherheitskräfte geschützt wurde. Kein einfacher Prozess. Und wie schon früher beim ALWAS-ASB-Übergang erlebt, blühte auch hier bei den die Dienstleistung vergebenden Kunden Misstrauen auf, dem zu entgegnen war. Nicht in jedem Fall gelang das. Leider. In der Angelegenheit „Wachschutz mit Waffe" war ich wegen zu erwartender Probleme persönlich regelrecht froh über den späteren Abgang, bei der Filmhochschule, einem Renommierobjekt, dagegen ganz und gar nicht.

Im Hauptbetrieb in Berlin strickten wir derweil weiter an den zwei wichtigsten Teilen unserer eigenen Wäsche.
Das war zum einen die weitere Gewährleistung eines stabilen Betriebsablaufes unter den aktuellen Bedingungen der Einordnung des eigenen Betriebes in einer im Aufbau begriffenen exterritorial agierenden Betriebsgruppe. Ich glaube noch heute, dass die Abnabelung von Hamburg und die an alle Mitarbeiter immer wieder neu und mehrfach durch sachliche schriftliche Argumentationen bis in das letzte Wachlokal hinein vermittelten Ideen der

angedachten neuen Betriebsentwicklung dazu beigetragen haben, eine Arbeitsatmosphäre der Bereitwilligkeit und Unterstützung dieses Kurses zu schaffen. Natürlich hat auch das sich nach und nach weiter festigende und den Betrieb allseits durchziehende Qualitätsmanagement dabei nicht unerheblich mitgewirkt. Wer hätte das vorher für möglich gehalten? Wer hätte gedacht, dass bei der Übernahme von neuen Niederlassungen sowie Objektes neuen Inhaltes mit diesen Grundlagen vieles besser und schneller um- und durchgesetzt werden könnte! Ich gehörte bei allem meinem persönlichen Zutun zum Qualitätsmanagement immer noch klammheimlich zur Fraktion der Zweifler. Nun wurde ich quasi eines Besseren belehrt!

Die zweite, mich und das Team Tag und Nacht herausfordernde Aufgabe hieß schlicht und einfach „Zentrale Bahnhofstraße", obwohl sich dahinter ein Wust bürokratischer und technischer Aufgaben verbarg, der nicht aufschreibbar ist und kaum von jemanden verstanden werden würde, der in so etwas nicht selbst einmal involviert gewesen wäre. Für mich stellte diese Etappe wieder eine neue Herausforderung dar. Mit der Bewältigung getaner Aufgaben in den neuen Refugien des Wachschutzes öffneten sich in der zurückliegenden Zeit für mich immer neue und nach vorwärts weisende Türen. Dass deren Schlüssel stets bei mir lagen, bei meinen Fähigkeiten und Erfahrungen sowie dem in der Vergangenheit Erlernten, beglückte mich schon und trieb mich an, weitere Persönlichkeitsgrenzen zu überwinden und neue Räume zu erschließen. So sollte es auch dieses Mal sein!

*

In der zweiten Hälfte des Jahres 2000 köchelten etliche weitere die ASB betreffende Firmenentscheidungen aus dem Pott der DELTA heraus. Da wurde der ehemaligen Buchhaltungsmitarbeiterin Hildegard auf meiner bereits Horst gegenüber geäußerten dringenden Empfehlung hin die Prokura erteilt, nachdem zum 29. August offiziell Mitgeschäftsführer Heinz abberufen worden war. Und da wurde mir auf Beschluss der Gesellschafterversammlung die Einzelvertretungsberechtigung erteilt. Ein gutes Gefühl bei mir. Ein Gefühl des Gebrauchtwerdens und vor allem eines anscheinenden Vertrauensvorschusses seitens der neuen Obrigkeit.
Somit konnten nun wichtige Entscheidungen, vor allem den Aufbau des neuen Stammsitzes in der Neuen Bahnhofstraße betreffend, „zeichnungstechnisch" und organisatorisch schneller in die Hufe gebracht werden. Nichts ist in einem Unternehmen wohl schlimmer, als auf zeichnungsberechtigtes Managementpersonal warten zu müssen. Jede Stunde Wartezeit kostet und kostet und kostet… Und außer Geld kostet das zudem nicht wenig Nerven.

Wie auch andere Dinge. Im Dezember beispielsweise kündigte sich nach zweijähriger Laufzeit die verordnete Rezertifizierung des Papierdrachens ISO 9001 an. Mit der Devise „Sein oder nicht sein", will sagen, das Qualitätssiegel zu behalten oder 10 000 DM in den Sand gesetzt zu haben. Die Verwaltungs-Berufs-Genossenschaft (VBG) kontrollierte das Unternehmen bereits im November. Unruhe war angesagt.

Geld und Nerven kosteten unter anderem ebenso finanzielle Rückstellungen für Dinge, die nicht primär dem normalen Betriebsgeschehen zuzurechnen waren, wie die mit der ÖTV hinterpförtzig betriebene Klage eines tückischen Wachmannes Westberliner Herkunft (8-10 TDM), dem zuvor noch jegliche Vergünstigungen der ASB wegen seines Schwerbehindertenstatus zugefallen waren, oder die Regulierung einer Schadenssumme von sage und schreibe 35 TDM, die ein verblödeter Wachmann in einem Luckenwalder Asylbewohnerheim während des Nachtdienstes mittels Sextelefon und der Nutzung der berühmtberüchtigten Vorwahlnummer 0190 verursacht hatte.

Da schien sogar eine zeitbefristete Haushaltssperre im Unternehmen als sinnvoll angedacht, obwohl wohlklingende Informationen aus Erfurt unsere Ohren erreichten wie etwa, dass das Kölner Hauptunternehmen bereits mit über 50% an der DELTA beteiligt wäre (In einer im Internet 2015 eingestellten Betriebschronik wird es dazu heißen: 1998 – Die DELTA Control GmbH wird durch Mehrheitsbeteiligung der Gesellschafter übernommen.) und eine Fusion bei Beibehaltung der wirtschaftlichen Selbständigkeit der Teilunternehmen für 2003 geplant sei.

Nerven ohne direktes Geld aber mit Einfluss auf das Betriebsgeschehen kosteten auch personelle Querelen auf der oberen Leitungsebene. Nachdem bereits Ende 2000 ein (verzichtbarer) Vertriebsmitarbeiter urplötzlich gehen wollte, „verabschiedete" sich kurz danach auch der lange im Unternehmen tätige Leiter des Vertriebes. Irgendwie stieß mir dies aus tiefstem Magengrunde wiederum als unehrliches und treuloses Verhalten auf, denn noch einen Tag vor dessen schriftlicher Kündigung saß er mit am Beratungstisch und sagte: nichts. Nach Mitgeschäftsführer Heinz und den Zentralisten aus der Notrufzentrale wieder eine solch abartige und kaum verständliche Nummer. Derartige Dinge mit Kollegen aus meiner unmittelbaren Arbeitsumgebung brachten mich mehr ins Grübeln als manch Problem mit wackelnden Verträgen oder bissigen Kunden. Und sie belasteten mich innerlich mehr, als ich zugeben wollte und auch konnte. Auf Fragen an mich selbst, mit anderen konnte ich darüber nicht sprechen, fand ich keine Antworten. Woran das lag, machte ich mir erst später nach dem Schritt in die Rente klar: Ich litt leider an einer besonderen Form von Blauäugigkeit, sah vorwiegend das Gute im Menschen und vertraute meinen angeblichen „Vertrauten" zu sehr. Zwei solcherart Vertraute aus meiner unmittelbaren Umgebung sollten wie mir später aus zuverlässiger Quelle zu Ohren gekommen ist, auch bei meiner späteren Demontage und Abschiebung aus dem Unternehmen den Entscheidungsträger dieser Sache als gute Zuflüsterer unter die Arme gegriffen haben. Es half ihnen jedoch nicht zum langfristigen Überleben, ihre Monate waren auch gezählt und ihr persönlicher Uhrzeiger stand auf fünf Minuten vor zwölf, was sie selbst so wohl nicht im Blick hatten.

Es mag eintönig klingen wie das Geräusch Tibetanischer Gebetsmühlen: Aber so ist die neokapitalistische Gesellschaft heute eben aufgestellt. Das Individuum nimmt sich mehr denn je keineswegs aus, wenn es ums Überleben geht. Der Kampf ums Dasein bei den menschlichen Individuen hat viele Spielarten und Nuancen und eben keine einheitlichen festgelegten Spielregeln.

*

In den Anfang des Jahres herausgegebenen aktuellen „Unternehmens News für alle Mitarbeiterinnen und Mitarbeiter" für das anstehende Jahr 2001 konnte man nun nachlesen, dass
- das Unternehmen jetzt unter ASB Allgemeine Sicherheits- und Service Berlin GmbH & Co. KG firmiert sei,
- die Firmengruppe DELTA Control GmbH in Kooperation mit dem renommierten Sicherheitsunternehmen W.I.S. nun bundesweit Sicherheitsdienstleistungen anbieten werde,
- der gesamte Unternehmensverbund insgesamt Platz vier im Rahmen derartiger Gruppen einnehme und auf einen Jahresumsatz von 200 Millionen DM verweisen kann,
- wir, also die ASB, nach drei Jahren erfolgreicher Anwendung des Qualitätsmanagements gemäß DIN EN ISO 9001 nach einem erfolgreichen Rezertifizierungsverfahren diesen Standard bis in das Jahr 2003 verlängern konnten und
- die Notruf- und Service-Leitstelle entsprechend den neu gefassten VdS-Richtlinien mit der Klasse „C" den höchsten Standard erreicht habe.

Klasse, sage ich auch noch aus heutiger Sicht. Das schienen doch aussagekräftige Bemerkungen zu sein. Natürlich waren sie das. Und auf das Erreichte konnte mit mir jeder im Berliner Unternehmen irgendwie stolz sein.

Leider wurde der lädierte Zustand unserer (noch)Heimstatt Petersburger Straße dabei nicht erwähnt. Presslufthämmer, Baumaschinen, den Zugang versperrende Krane, dauerhafter Ausfall der Heizung... Das war die Kehrseite der Medaille, die wir hinzunehmen hatten und unter der auch ich immer noch zu arbeiten hatte und leit(d)en musste.

Nun, die Sonne geht bekanntlich im Osten auf, bringt Wärme und Zuversicht. Und östlich der Petersburger Straße würde endlich in diesem Jahr 2001 auch unsere betriebliche Sonne aufgehen, in der Neuen Bahnhofstraße im Stadtbezirk Friedrichshain. In dem wunderschönen und vom Krieg verschont gebliebenen Haus der ehemaligen Knorr-Bremse sollte im Verlaufe dieses Jahres der neue Firmensitz der ASB seiner Vollendung entgegen gehen. Mit unseren Visionen an ein auf weite Zeit, also in die Zukunft orientiertes Unternehmen. Auf ein Unternehmen, das im heutigen Branchenwettbewerb bestehen und im Berliner Raum seinen anerkannten Ruf ausbauen könnte und das möglichst vielen Arbeitnehmern Lohn und Brot und selbstverständlich auch uns Aktivisten in der Führungsetage einen festen sozialen Halt geben würde. So die angedachte Prognose!

Neben diesen freundlich stimmenden Visionen, die uns alle am Leben und Arbeiten hielt, spukten parallel andere Fragen in meinem Kopf herum und durchkreuzten so manchen allzu gutgläubigen zukunftsorientierten Gedanken. So beispielsweise die Frage danach, ob sich unsere jetzige „Erneuerung" im Stil der zurückliegenden Jahre wie bei der ALWAS oder unter der Ägide von Horst aus Hamburg gestalten und handhaben lassen würde oder nicht? Die Antwort darauf lag meines Erachtens schon erkennbar auf der Hand. Wir hier in Berlin waren dem Grunde nach künftig nach wie vor regionale Spielfiguren mit scheinbarer Selbständigkeit und letztlich leider weiterhin Befehlsempfänger und Handlanger des funktional in Köln angesiedelten eingespielten und gut funktionierenden Kleinkonzerns. Einen zentralistisch aufgebauten Staat oder eine zentralistische Parteienstruktur kannte ich aus meiner Zeit in meinem Heimatstaatsgefüge, der DDR. Ich hatte dieses sozialistische System doch mit der Muttermilch eingesogen, es angenommen, mich mit ihm arrangiert und es mit zu meiner Lebensgrundlage gemacht. Dieser mir nun übergeholfene neue „Zentralismus" erinnerte zwar in bestimmten Punkten an alte Macharten, war jedoch nicht zu vergleichen mit dem, was ich in meinem fünfzigjährigen früheren Leben kennengelernt hatte. Jetzt sah die Sache anders aus. Hinter jeder persönlichen Abweichung und Weigerung zu Vorgaben und Normativen des Konzerns stand gnadenlos das Fallbeil des Scharfrichters. Und dieses hieß schlicht „Kündigung" und der Scharfrichter war nicht etwa ein Kölner Jecke, sondern ein sich in den Strukturen des Mutterkonzerns verbergender und stellvertretend für diesen die Knute schwingender, unserem Berliner Unternehmen gegenüber so ziemlich steril eingestellter marktwirtschaftlicher Apparatschik. Will sagen, dass Wärme, Freundlichkeit, Vertrauen, Zusammenarbeit nun wahrlich zu weichen hatten dem Kampf um den Erhalt des eigenen Arbeitsplatzes, der Überlegung, was kann ich wen und wo sagen, oder einer sich zunehmend entwickelnden Schleimscheißerei und Anscheißerei.

Die Ein- und Umgewöhnungszeit auf dem Weg in eine neue Phase schien beendet und so nahm nahtlos der letzte Abschnitt meines Intermezzos bis zur Rente seinen Anfang. Obwohl auf der Visitenkarte „Geschäftsführer" stand, war ich tatsächlich nur ein sehr kleines Rädchen in einem Uhrwerk ungleich vieler Rädchen und Räder eines sich inzwischen mit Hilfe der Heuschreckentaktik deutschlandweit aufblähen und ausweiten wollenden Konzerns in der Sicherheitsbranche. Die Firmierung W.I.S. ist noch heute in etlichen Ländern der Bundesrepublik Deutschland zu finden. Allerdings konnten in den inzwischen mehr als fünfzehn zurückliegenden Jahren die um das Jahr 2000 konzipierten überdimensionierten und euphorischen Zielstellungen der Konzernspitze wohl nicht erreicht werden.
Die nach wie vor als sehr heterogen aufgestellte und als instabil einzuschätzende Branche hatte und hat eben ihre eigenen Spielregeln und Unwägbarkeiten. Und auch die Politik greift, gewollt oder ungewollt, durch ihre Spielchen und Entscheidungen immer wieder in deren Speichen hinein wie das Asylanten- und Flüchtlingsproblem ab dem Jahre 2015 auch ohne Brille deutlich macht. Nach wie vor möchte die Branche den an sie gestellten Anforderungen gerecht werden, schafft es aber nicht. Nach wie vor gibt es erhebliche Diskrepanzen hinsichtlich Entlohnung und der Qualität bei den Arbeitnehmern oder hinsichtlich der Gewährleistung der vertraglich durch die Sicherheitsdienstleister vereinbarten Leistungen... Ich bin fast der Auffassung, sagen zu wollen, dass sich auch aktuell die Branche in nicht wenigen Fragen mehr mit sich selbst als mit der qualifizierten Wahrnehmung der übernommenen Aufgaben abzuquälen hat!

*

Zur Neuen Bahnhofstraße:

Das Vermieterkonsortium für unsere neue Berliner Firmenzentrale namens Joos&Joos saß nunmehr in Köln, der Stadt, die das Rheinwasser eher abbekommt als unser früherer Vermieter in Hamburg. Das hatte für uns nicht viel zu bedeuten - ich meine der Bezug auf das Wasser. Allerdings suchte man beim jetzigen Eigentümer, der das ehemals volkseigene Objekt erst nach der Wendezeit in seinen Besitz gebracht hatte, auf Langfristigkeit orientierte Mieter für größere Gebäudeflächen, denn noch war das gesamte Riesenhaus untervermietet. Wir kamen da gerade zur rechten Zeit. Und so trafen sich die Interessen des Vermieters mit unseren Mietabsichten halbwegs in der praktikablen Spur. Die Vertragsbandagen waren ungeachtet dessen dann trotzdem hart und der Mietpreis nicht ohne. Er lag ganz wesentlich über dem der Petersburger Straße, denn wir hatten nun monatlich viereinhalbtausend Emmchen abzudrücken. Allerdings durften wir den Innenausbau ganz nach unserem Bedarf und unseren speziellen Sicherheitsbedingungen und technischen Erfordernissen vornehmen. Nur an der Außenfassade gab es wegen den Auflagen des Denkmalschutzes absolute Auflagen. Das kostete noch einmal mächtig wie noch zu bemerken sein wird.

Der Kontakt zum Sitz des Vermieters gestaltete sich trotz der Entfernung Spree – Rhein leichtgängig. Bis auf die Karnevalstage. An denen hob in Kölle keiner den Telefonhörer ab. Auch wenn das ganze Haus hier in Berlin in Brand geraten wäre, hätte das in dieser Jeckenzeit dort am schönen Rhein keinen interessiert. Es gab nicht einmal eine Notruftelefonnummer.

Bereits bei den ersten Objektbesichtigungen zeigte sich uns ein fast nicht vorstellbares großzügiges Ambiente, das selbst mich in solchen Dingen nüchternen Menschen erstaunlich in seinen Bann zog. Phänomenal lichtdurchflutete, hohe, saubere, warme und staubfreie Räume erwarteten uns geplagte Menschen, die sich so etwas nach den Torturen in der Petersburger Straße kaum noch vorstellen konnten.
Sofort nach Abschluss des Mietvertrages begannen die notwendigen umfänglichen und komplexen Veränderungsbaumaßnahmen auf der enorm großen künftigen Nutzfläche. Das Investitionsvolumen der Betriebsverlagerung war veranschlagt auf eine viertel Million DM, allein die Schutzgütefenster erforderten einen finanziellen Aufwand von 40Tausend. Und das alles bei einem aktuellen Monatsumsatz von etwas über 400 TDM! Zuerst wurde nach dem erstellten Nutzungsmodell das Kernraummodell für die künftigen Nutzer angepasst und anschließend in neuen Fußbodenkabelschächten die erforderlichen gefühlt einige tausend Meter elektrischer und digitaler Kabeldrähte verlegt. Alle Fenster erhielten moderne Lamellenvorhänge – gegen zu viel Sonne und auch gegen

unbeliebte Einsichten von außen. Da musste aus Gründen des Eigenschutzes ein Aufzugszugang in die oberen Etagen zugemauert werden. Die Toiletten, nun separat für Weiblein und Männlein und sogar eine für Behinderte, waren schon einsatzfähig. Das Foyer erhielt durch den Einbau einer kompletten Rezeption, der Ausstattung mit Sitzecke und Anschauungs- und Werbeträgertafeln ein bombastisches Flair, das jedem Großunternehmen zur Ehre gereicht hätte. Nicht fehlen durften neue Büromöbel – ich als Geschäftsführer konnte nun leider nicht mehr auf das kleinste und mit Vorwendemöbeln ausgestattete Geschäftsführerzimmer von Berlin verweisen. Selbst meine größte Armspanne genügte kaum, um von links aus den rechten Rand des neuen modern gestylten Schreibtisches zu erreichen. Trotzdem versuchte ich an den neuen Möbeln meine praktizierte Nähe mit den Mitstreitern beizubehalten, indem ich mit einem Hüftschwung den Drehsessel von der Schreibtischplatte zur halbrunden Gesprächsplatte dirigieren und so hautnah und mit Papier und Stift agieren konnte wie das so meine Art war. Die Inneneinrichter hielten für mich darüber hinaus eine kleine Überraschung bereit. Tatsächlich bauten sie in meinem Zimmer eine breite Fensterbank ein, auf der alle meine geliebten Blumen ihren lichthellen Platz fanden, wie der riesige Bauernkaktus und die aus dem Staatssicherheitsobjekt Normannenstraße unter schwierigsten Bedingungen geborgene Königin der Nacht. Beide dankten an ihrem jetzigen Standort mit gutem Wachstum und mit regelmäßiger Blühfreude. Solch kleine Extras wirken manchmal bei der Arbeit, wenn der Schädel brummt und die Gedanken sich im Schwergang befinden, wie Medizin.
Der Komplex der Einsatz- und Notrufzentrale (ENZ), als Haus im Hause konzipiert, stellte sich natürlich als der kostenintensivste Bereich heraus, was wir von vornherein wussten. Er wurde auch der mit Abstand am längsten mit der Errichterfirma der Alarm- und Notruftechnik ELA diskutierte und immer wieder einer Veränderung zu unterziehende Sektor. Zum ersten Mal in meinem Leben hörte ich das Wort Redundanz und andere spezifische technische Begriffe und hatte mich mit den technischen Anforderungen sowie den Kosten für Videoüberwachungssysteme, digitale Bildaufzeichnungen, Video-Bewegungsmeldern, Foto-Überwachungskameras, Zeitsicherungs- sowie anderen Kontroll- und Sicherungssystemen herumzuschlagen. Ganz zu schweigen von dem bürokratischen Geplänkel um die erforderlichen Leasingverträge, um Schufaauskünfte, um ISO- und VdS-Angleichungen, um, um, um... Kein bisher erarbeiteter Qualitätsstandard durfte verloren gehen.
Aus Sabotagesicherungsgründen musste dem Riesenfenster der ENZ eine Glasschutzscheibe von außen vorgehängt werden. Selbstverständlich hatte

diese die vom VdS geforderte Schutzgüte zu erfüllen und war bei keinem normalen Glasermeister zu haben. Und hatte natürlich ihren Preis.
Aber - durch diesen Fensterbereich konnte gleichzeitig permanent der Parkraum unserer über 20 Fahrzeuge umfassenden KFZ-Flotte rund um die Uhr überwacht werden. Von der S-Bahn aus betrachtet, ließ dieser Anblick der akkurat abgestellten Fahrzeuge sicherlich jedes Soldatenherz erfreuen. Und es war ja auch ein früherer Bataillonskommandeur des früheren Wachregimentes Berlin, der diesen Fahrzeugpark hütete und behütete wie seinen Augapfel. Gelernt ist gelernt, verinnerlicht ist verinnerlicht!
Die Zentralisten, so nannten wir zwischenzeitlich in der Kurzbezeichnung die Mitarbeiter der ENZ waren in ihrem Refugium wegen der erzielten Schutzgütenorm während ihrer Tätigkeit wohl so sicher wie in Abrahams Schoß. Weil bei einer Überprüfung die Durchlüftung nicht den Vorgaben des Gesundheitsschutzes entsprach, die Großrechner entwickelten schon eine nicht zu unterschätzende Betriebstemperatur und mehrere Kollegen im Einsatz rund um die Uhr gaben nicht Deo sondern Mief ab, wurde extra eine Klimaanlage installiert. Deren Praktikabilität spürte man später bei Ausfällen und Überlastung. Dann kam es zu Tropfregen oder aber zu Eiszapfen.
Wegen der gesundheitlichen Befindlichkeiten und den Vorgaben des Arbeits- und Gesundheitsschutzes kamen schließlich noch ergonomisch gestaltete Drehsessel vor den mit aktuell qualifizierter EDV-Technik gestalteten PC- und Video-Arbeitsplätzen hinzu. Die in den vergangenen Monaten so arg gebeutelten Zentralisten, später ergänzte eine weibliche Kraft das vorwiegend maskulin geprägte Team, lebten und arbeiteten nun in einem dem modernsten Standard auf diesem Gebiet verkörpernden Arbeitsbereich, zu dem noch eine durch eine Schutztür getrennte praktikable Küche mit Kühlschrank, Herd, Kaffeemaschine und Spüle sowie ein separates WC gehörten. Vom Verwaltungsbereich kam man, falls man die Zutrittsberechtigung besaß, in die heiligen Hallen der ENZ nur durch eine Schleuse hinein. Dem Informationsaustausch zwischen den „heiligen Hallen" der ENZ und dem übrigen Verwaltungstrakt diente der von der Petersburger Straße mitgeschleppte Schaltertrakt mit Durchreiche unterm Panzerglas.
Genug der Schwärmerei über dieses Schmuckstück von ENZ. Aber wer mag es mir verübeln. Ich habe etliche solcher Zentralen gesehen, die allererste beim Wachschutz des alten Riedel in der Stubenrauchstraße in Westberlin, später solche von Partnerunternehmen in Berlin, aber auch bei Unternehmen in den alten Bundesländern. Was hier im Knorr-Bremse-Haus stand und später in Hochzeiten etwa 5000 Alarm- und Notrufaufschaltungen aus Deutschland und Österreich zu überwachen hatte, war Spitzenniveau. Und von uns angelernten Berliner Hanseln gestemmt. Da konnte jeder, wirklich jeder, bis hin zum letzten Wachmann, stolz sein. Es war **unsere** ENZ,

mit Betonung auf das nicht nur gesprochene sondern gefühlte Wörtchen „unsere".

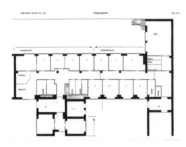

Aber auch die anderen Refugien, sprich Arbeitsbereiche, entsprachen dieser Qualität. Vom zentralen Korridor aus war jedes Zimmer mit wenigen Schritten zu erreichen. Das erleichterte die Kommunikation, die Kontrolle und die Ersetzbarkeit bei erforderlichen Außendiensten von leitenden Mitarbeitern und kam mir in meinem auf Unmittelbarkeit und Nähe ausgeprägten Arbeitsstil sehr entgegen. Der Akquisebereich wuselte Wand an Wand mit mir, die Buchhaltung nur zwei Türen weiter vor dem zweiten Geschäftsführerbereich. Mir zur Linken Seite lagen die Arbeitsstätten des Revierkontroll- und Alarminterventionsdienstes, ausgestattet mit den technischen Borden für die Funktechnik, das Wächterkontrollsystem, die Leucht- und Schutzmittel sowie die Ablagen für die Unterlagen der Kontrolltouren und die KFZ-Papieren. Musterhaft und übersichtlich angelegt, fast militärisch.
Auf der gegenüberliegenden Korridorseite mit Blick auf einen kleinen Innenhof befand sich ein Beratungszimmer. Wie der Name aussagt, nutzten wir es für Komplexberatungen der Geschäftsführung, für Teambesprechungen, zu Schulungszwecken von Mitarbeitern sowie für die Einstellungsunterweisung neuer Sicherheitskräfte. Letzteres war mein „Revier", dass ich mir kaum von jemandem abnehmen ließ. Die Clipshits dazu hatte ich selbst erarbeitet.
Daneben gab es einen Raum für „Eventualitäten" – er sollte für die zeitweilige Einlagerung von Gegenständen für Privatinteressenten Verwendung finden. In der Petersburger Straße nutzten wir dafür zum Schluss den Großraumtresor im Kellerbereich (zur monatelangen Lagerung lediglich eines Ölschinkens!). Hier und heute hatten wir andere Vorstellungen, die, um vorzugreifen, niemals umzusetzen waren, weil wir zeitlich für einen derartigen Service einfach zu spät den bereits aufgeteilten Markt betraten.

Um nochmals auf das stolze Wörtchen „unser" zurückzukommen. Ja, als dieses gerade beschriebene neue „Unternehmenshaus" später in Betrieb ging, sprachen wir weitergehend und überlaut von unserem Betrieb, von unserer ASB GmbH. Auch, wenn das Abzahlen der aufgenommenen Kredite und die Tilgung der mit den Leasingverträgen verbundenen Verbindlichkeiten noch Längen dauern, aber kaum jemanden außer der Geschäftsführung interessieren würde. Das ist immer so: Wen interessieren schon Interna, wenn die Fassade glänzt. Wen interessiert schon, dass ein Geschäftsführer in derartigen Dingen in der ganz persönlichen Verantwortung und Haftung steht? So ist die Welt eben gestrickt! Letztlich zählte für alle ASBler nur eines: In diesem Moment stellten wir uns als Allgemeine Sicherheits- und Service Berlin GmbH dar mit einem modernen Betrieb in einem adäquaten und ansprechendem Outfit. Wie man das in dieser Zeit sein musste, um erfolgreich agieren zu können im nach wie vor undurchsichtigen Dschungel der Welt der privaten Wachschützer. Wir waren wieder wer. Und, wir hatten die Vergangenheit mit Konkursvorwürfen, mit Stasi-Vergangenheit und Polizeirazzien hinter uns gelassen.

*

Noch aber waren etliche Dinge des Jahres 2001 zu bewältigen. Auf mehreren Gleisanlagen, würde der Eisenbahner sagen. Die da waren die normalen und von der Ruinenlandschaft in der Petersburger Straße aus gesteuerten auslaufenden Betriebsabläufe der ASB, das im Auf- und Ausbau befindliche Strickmuster der DELTA-Gruppe sowie die operative Ausgestaltung des neuen Firmensitzes. Da waren nicht wenige unterschiedliche Ziele im Auge zu behalten, vielfältige Prozesse zu führen und zu kontrollieren oder aber mit neuen Partnern stabile Arbeitsbeziehungen aufzubauen.
Für mich selbst, so würde ich im Nachgang ganz eigensüchtig resümieren, war es ungeachtet dessen wohl das erfolgreichste, das ergiebigste Schaffensjahr in meiner Wachschutzära.
Und dabei gab es neben den positiven Aspekten nicht wenig Ärger. Wie dem im operativen Kernbereich: Einer in dem Objekt BIG in Weißensee eingesetzten Hundeführerin, nennen wir sie Frau Krüger, musste gekündigt werden. Es häuften sich nächtens raffinierte Einbrüche, gegen die Frauchen und Bello angeblich machtlos waren. Letztlich zeigten persönliche Kontrollen und die Auswertung des Wächterkontrollsystems, dass Frauchen und Bello aber sehr kuriose und „zeitgestörte" Bestreifungen des Objektes durchführten und letztlich brachte es eine Intensivprüfung an den Tag, dass

beide sogar mehrfach das Bewachungsobjekt gänzlich verlassen hatten, um bei einer in der Nähe wohnenden Freundin von Frauchen aufzuschlagen. Wer also hatte hier im Objektschutz kontrollmäßig geschlampt, hieß es, welche Normen der ISO, des Qualitätsmanagements, wurden nicht eingehalten?
Oder Folgendes: Da hatte war eine Leistung gekündigt und das über meinen Tisch gelaufene Kündigungsschreiben, durch mich für die Bereiche Vertragswesen und Dienstleister ausgezeichnet, ging in den Postumlauf. Nur, beim Dienstleister kam nichts an. Folglich wurde die Leistung sage und schreibe drei Wochen ohne Bezahlung weitergeführt. Wer hatte hier getrieft?
Oder aber: Da gab es einen Stromausfall. Der kam wie hinlänglich bekannt, plötzlich und unerwartet. Wir waren gegen solche Störung mit einem modernen Notstromaggregat gefeit – dachten wir. Wenn aber der Zugang zu diesem für den Notfall verfügbaren Aggregat nicht frei zugänglich ist, wenn die Bedienung Probleme bereitet, dann nützt es wenig. Zum Glück kam der Stromausfall am Tage, als viele Hände und Beine zur Verfügung standen, um das Problem zu erkennen und zu beheben, sonst hätte es möglicherweise im tatsächlichen Ernstfall ein kleines Fiasko gegeben, zumindest für die Notrufzentrale.
Nicht wenig Ärger kam auf mich zu im Zusammenhang mit einem Schlüsselverlust aus einem Hauptschlüsselsystem im Revierkontrolldienst. Entgegen der geltenden Vorschrift hatte der Kontrolleur aus Bequemlichkeit Schlüssel aus dem – wohlbemerkt etwas sperrigen – Schlüsselring entfernt. Nun war ein wichtiger Schlüssel verschwunden. Und der Kunde musste informiert werden, dass der sogenannte Alarmschlüssel von seinem eigenen Sicherheitsdienst versaubeutelt worden war. Infolge dessen wäre das ganze sehr teure Schlüsselsystem auszutauschen gewesen, hätte die Versicherung zahlen müssen und wären als Folge unsere Versicherungsprämien gestiegen…
Auch diese „Kleinigkeiten", mit denen man ein ganzes Buch füllen könnte, hielten mich und das Leitungsteam täglich, wöchentlich, monatlich in Trab. Mussten jedoch schnell und effektiv, manchmal sogar unauffällig und teils konspirativ gegenüber der Außenwelt, geklärt und bereinigt werden. Was wäre denn ein Sicherheitsdienstleister mit Unsicherheiten im eigenen Getriebe wohl wert?
Es kann einzelne Fehler geben, das ist menschlich und technisch nicht vermeidbar. Aber und noch einmal: das von uns selbst anerkannte und praktizierte Qualitätsmanagement sagt, es darf der gleiche Fehler nicht noch ein zweites Mal auftreten und bei einer Häufung von Fehlern stimme etwas nicht mit der Qualität. Also war alles daran zu setzen, solche Abweichungen

von der Norm gründlich aufzuklären und vorbeugend sichere Schranken zur Fehlervermeidung einzurichten. Dem waren noch nicht alle Köpfe im Unternehmen zugeneigt. Leider. Es galt und gilt die Prämisse: Vertrauen ist gut, Kontrolle ist besser. Nur kann man nicht für jeden im Wachschutz tätigen „Aufpasser/Kontrolleur" einen zweiten „Aufpasser/Kontrolleur" hinzustellen. Wie dieses Problem zu lösen wäre wissen wohl einzig und allein die Götter! Ich fand darauf nie die praktikable Lösung.

*

Das Frühjahr des Jahres 01 neuer Zeitrechnung ging also dahin. Mit Fahrten nach Erfurt, der neuen Zentrale der DELTA, mit Besuchen der DELTA-Oberen oder deren Beauftragte in Berlin, mit fernmündlich erteilten Aufgaben, Vorgaben, Anfragen von dort nach hier und den erstellten Antworten. Langsam hatte ich mich auf den an der Spitze der DELTA stehenden jungen dynamischen Boss „eingeschossen". Und auch er hatte mich als den erkannt, mit dem manches Mal nicht gut Kirschen essen war, mit dem man jedoch sachbezogen und zielstrebig zusammenarbeiten konnte. Will sagen, dass nach einigen Schlagabtauschen die Chemie zwischen uns immer besser wurde. Perspektivisch sah das also nicht übel aus. Besonders die Philosophie des Herrn E. von einer auf längere Zeit bestehenden autarken starken DELTA-Gruppe am Flügel des Mutterkonzerns beeindruckte mich. Weniger allerdings die zunehmenden Zentralisierungsbestrebungen auf den Focus Erfurt, die sich da neben der bereits erwähnten Finanzbuchhaltung unter anderem zeigten in der Schaffung eines einheitlichen Fahrzeugparkes bei einem VW-Händler in Erfurt, der Nutzung von Tankkarten eines großen Anbieters oder aber der Vertragsnahme eines neuen Rechtsanwaltsbüros in Thüringen. Manche Hinterförtzigkeit und Egomanie in diesem Vorgehen war unschwer zu verbergen, denn nicht wir, sondern der Boss und die Erfurter Zentrale profitierten davon. So fuhr ersterer kostengünstig einen Wagen dieses Händlers und die Rabattierung durch den Tankkartenbonus lief ausschließlich auf der Guthabenseite der Zentrale auf.
Was die KFZ-Geschichte angeht, konnte ich mich dank guter Konditionen und etlicher Nebenverträge mit RENAULT hier in Berlin durchsetzen. Das machte mich irgendwie sogar etwas siegessicher. Wir waren nämlich die einzigen KFZ-Abweichler in der DELTA-Gruppe! Und noch heute fährt man im Berliner-Relikt der W.I.S. die Marke RENAULT. Wie auch ich als Rentner immer noch an und in dieser Marke gefangen bin. Das Anwaltsproblem löste sich wegen mangelnden Handlings ganz schnell von selbst. Einen Anwalt oder Notar braucht man einfach um die Ecke und nicht in einem anderen Bundesland. Einen dritten Geschäftsführer musste es ebenso nicht geben,

das hemmte nur. Also wurde auch dieser wieder aus der Berliner Stammrolle gestrichen.

Die monatlichen Teamberatungen in dieser Zeit waren intensiv wie nie wie im Nachgang die Aufzeichnungen erkennen lassen. Geschuldet insbesondere dem gesamten Umstellungsprozess in der DELTA, vor allem aber dem hier in Berlin dauerhaft leuchtendem roten Alarmsignal, das da wie schon mehrfach erwähnt, „Kosten und Gewinn" hieß. Und natürlich meiner eigenen „Absicherung" gegenüber der neuen Obrigkeit, was sich in einer akribischen Dokumentation der Leitungstätigkeit zeigte.
Anlässlich einer dieser Koordinierungsberatungen Mitte Juni habe ich in unserem Berliner Leitungsteam die aktuelle Unternehmenslage vorsichtig zu charakterisieren versucht und mich dabei erneut einer Fremdzunge bedient (um damit zu zeigen, dass nicht alles auf meinen eigenen Mist gewachsen ist): In seinem Buch „Vom Tempo der Welt", führte ich aus, hat der an der Universität der Bundeswehr tätige Professor Geißler zur Mobilität in der Welt folgendes gesagt:

„Wir wissen, dass Morgen nicht gestern weiter geht! Aber wir wissen nicht, wie es weitergehen soll. Die permanente Unsicherheit wird zum Normalzustand! ... Alte Regeln gelten nicht mehr; das rasante Innovationsgeschehen führt zu enormen geistigen und materiellen Veränderungen...".

Daran anknüpfend führte ich diesen Gedanken so fort:
Will ein Betrieb nicht in den Abgrund gerissen werden, dann muss er Bewährtes und Gewohntes – nicht selten gegen jede Überzeugung – radikal auf den Prüfstand stellen... der gnadenlose Wettbewerbsdruck erfordert die strikte Ausrichtung des betrieblichen Denkens und Handelns auf eine einzige Messgröße, nämlich den Gewinn. Wo früher ein Auge zugedrückt werden konnte oder wurde, muss heute, den neuen Spielregeln gehorchend, scharf hingeschaut und noch schärfer reagiert werden. Das erfordert ein kräftiges Mehr an persönlicher Flexibilität und Mobilität. Wir, d.h., die ASB, die DELTA-Gruppe und die W.I.S., befinden uns mittendrin in diesem Geschehen, in diesem Mahlwerk. Da kommt es zu Unsicherheiten, Irritationen, ja auch zu Angst. Deshalb sollten wir unsere Teamvorteile und die bisherigen Werte unseres gemeinsamen Weges nutzen, uns auf die Erfordernisse der Zeit einzustellen. Zur Zeit gibt es Dinge und Fragen auf der übergeordneten Ebene, auf die selbst ich als Geschäftsführer keine Antwort erhalte... aber unser ASB-Schiff hier in Berlin muss segeln, muss ohne Störfaktoren und vor allem wirtschaftlich segeln! Das ist unser aller Auftrag. Vor allem zur Sicherung der bestehenden Arbeitsplätze, einschließlich auch unserer eigenen.

Das war Mitte dieses Umbruchjahres ein richtiggehender Appel zum Aufrütteln. Wieder einmal gebetsmühlenartig und fast beschwörend, aber die aktuelle Situation klar beschreibend. Natürlich vorgetragen mit den nachfolgenden Zielvorgaben für jeden Bereich und teilweise direkt personell unterlegt. Wegen der Kontrolle und Abrechenbarkeit. Wie das Ganze, von mir akribisch durchdacht und vorbereitet, letztlich angekommen ist, habe ich unmittelbar nie erfahren. Ich fühlte mich bei solchen Beratungen nämlich zeitweise so wie in früheren Parteiversammlungen, wo nicht wenige ausdruckslose Minen mich anstarrten, aber im Augenhintergrund das Desinteresse oder der Tiefschlaf verborgen lagen. Somit hätte ich auch heute gerne einmal unter die Schädeldecken geschaut. Vor allem, um zu wissen, ob und inwieweit alle am Tisch Sitzenden mich und die vorgetragenen Probleme tatsächlich zu verstehen versuchen, ob sie gewillt sind, diese umzusetzen und somit mit mir im 100%igen Bündnis stehen. Mir ging es vorrangig darum, meine leitenden Mitarbeiter zu überzeugten eigenverantwortlich agierenden Mitstreitern weiter zu profilieren.
Gemeinhin habe ich wohl manches Mal im schnellen Alleingang selbst zu viel des Guten getan. Wohl, weil ich dachte, wenn ich es selbst machen würde, käme die Sache schon ins Lot und würde keine Nacharbeit erfordern. Es gab leider in dem von mir angestrebten Niveau nur ganz, ganz wenige Mitstreiter. Einer, für den ich an dieser Stelle gerne eine Lanze brechen würde, war der Qualitätsmanagementbeauftragte. Seine konstruktiven Gedanken und seine Abgeklärtheit wirkten sich für die Unternehmensprozesse immer produktiv aus. Dadurch, dass er keine unmittelbare Verantwortung für die Unternehmensprozesse hatte, konnte er an viele Probleme weniger emotional und „druckgeladen" herangehen wie ich als Geschäftsführer. Ich hatte doch immer die Dolchspitze von ganz oben spürbar im Rücken.
Ungeachtet dessen sowie der aktuellen Widrigkeiten und Unwägbarkeiten machte mir die Arbeit Spaß. Ich war in meinem Element, neue Dinge anzugehen. Herausforderungen anzunehmen und zu bewältigen. Kürzlich las ich in einem Artikel eines Oberarztes der Kardiologie an der Charité Berlin, dass stressige Tätigkeit süchtig mache, aber Stress auch gleichzeitig Endorphine freisetze, die im Sinne eines körpereigenen Dopings wirken würden. Ich glaube, mich in der Beschreibung dieses Arztes zur damaligen Situation richtig getroffen zu wissen. Auf der Warteliste der Herz- und Kreislaufgeschädigten Manager, auf die der Arzt verwiesen hatte, stand ich ebenfalls bereits.

*

Ab Mitte Dezember des Jahres 01, nachdem ein Managementreview uns gezeigt hatte, dass der eingeschlagene Weg einigermaßen optimal verläuft, beschäftigte sich das Leitungsteam konzentriert mit dem zu Anfang des neuen Jahres anstehenden Umzug in die Neue Bahnhofstraße. Ab und an verspürte ich deswegen schon einmal etwas Weiches in meinen Knien. Wer hat schon Erfahrungen mit einem Betriebsumzug? Welche Unwägbarkeiten könnten bei aller Akribie in der Durchführung auftreten? Wie würde sich der nahtlose technische Übergang des Alarm-und Notrufsystems gestalten. Fragen und Probleme, die mein ganz persönliches Weihnachts- und Neujahresoratorium waren.

Am 11. Dezember machten wir die ersten Nägel mit Köpfen für die Schlussetappe. Als Umzugsbeauftragter wurde durch die Geschäftsleitung der Leiter der ENZ eingesetzt. Und dann gab es noch die Vorgabe durch mich: Für den Umzug gibt es aus Kostengründen keine Hilfskräfte. Alles ist mit eigener Kraft zu stemmen. Wer wie der Objektschutz bisher die Hände in den Schoß gehalten und keinerlei Vorbereitung betrieben hatte, bekam nun schweißige Handflächen. Und das zu recht.

Per 14. Januar 2002, 22.00 Uhr, hatten zwei Möbelwagen, Hauptsymbole eines jeden Umzuges, in der Petersburger Straße beladen zu sein. Ab dem 16. Januar wurde die Telefonanlage umgeschaltet; das neue Mietverhältnis begann am 15.d.M.

Ab ging es. Ich befand mich in einem gefühlten Zustand, auf tausend Hochzeiten tanzen zu müssen. Die kleinen grauen Zellen waren mit der Speicherung der Abläufe des Umzuges so überfordert, dass ich mich heute kaum noch richtig daran erinnern kann. Auch nicht an die Probleme und Problemchen, die sich da anfänglich auftaten, wie eben Kommunikationsschwierigkeiten, Schlüsselfragen, Zutrittsberechtigungen, Müllentsorgung usw.

Am 24. Januar konnte ich dann endlich in meinem neuen Arbeitszimmer das Leitungsteam zur ersten Beratung um mich versammeln. Strapazierte Gesichter mit optimistischem Anflug blickten sich an und um. Ich zog ein Resümee über acht Jahre gemeinsamer Arbeit bei der ASB und orientierte auf das Künftige. Zum Umzug des Betriebssitzes in die Neue Bahnhofstraße war festzustellen:

„Der Umzug ist abgeschlossen. Es kam zu keinen im Umzug begründeten negativen Aspekten oder Problemen. Die volle Arbeitsfähigkeit ist in allen Bereichen gegeben. Alle Beteiligte haben dankenswert agiert... besonderer Lob gebührt dem Leiter der ENZ als Umzugsbeauftragen und dem Assistenten des Revierkontrolldienstes... Jetzt sind noch die letzten „Schmutzfusseln" des Umzuges zu beseitigen, ehe die Anforderungen des

neuen Jahres uns in neue Spannungen bringen... und das wären nicht nur die Umstellung von Mark auf EURO (an der sich später Kundenvorstellungen und unsere Dienstleistungserfordernisse manchmal bis aufs Messer reiben sollten) *oder die nun aufzubringenden höheren Mietkosten...* ".

*

Im früheren Leben hätte ich in dieser Situation fabuliert: Nun geht alles seinen sozialistischen Gang – was auch immer damals und damit so richtig gemeint war. Gegenwärtig ging alles seinen besonderen Gang. Nach den Regeln des neuen Staates und in unserem Falle gemäß den besonderen Gesetzmäßigkeiten der Verdauungsfunktion der Heuschrecken. Diese und andere Funktionen kannte ich leider noch nicht umfassend, weil sie mir nie gelehrt oder erklärt wurden. Ich konnte sie somit auch schwer und erst viel zu spät erkennen, mich darauf kaum einstellen, keine Prophylaxe betreiben. Also ließ ich Gedanken in diese außerhalb Berlins liegende Welt außen vor und widmete mich den hiesigen aktuellen Tagesaufgaben. Die da waren: Erstmalig schrieb das Unternehmen rote Zahlen. Geschuldet vor allem einem Umsatzrückgang und immens gestiegenen Personalkosten – allein über 1000 Stunden (4,7% der Gesamtarbeitszeit) gingen auf die krankheitsbedingte Lohnfortzahlung drauf. Ferner rötete unsere Bilanz nicht unerheblich die Erhöhung der mit dem neuen Firmensitz im Zusammenhang stehenden Fixkosten (u.a. Miete). Bisherige Gewinne waren damit aufgefressen. Restlos. Also hieß es, einen Sprint hinzulegen, um einer drohenden Katastrophe zu entgehen. Leider fehlten die Sprinter dazu. Vor allem im Vertrieb, denn nur da können neue Umsätze akquiriert werden und nirgends anderswo. Erfurt bewilligte einen zweiten Mann an dieser Stelle. Aber alle dafür aufzuwendenden Personalkosten standen im krassen Widerspruch zum Ergebnis. Ich hatte bereits an anderer Stelle erwähnt: Für den Vertrieb muss ein Mensch geboren sein! Für uns war keiner zuvor geboren worden und backen konnten wir uns eine solche Figur nicht. Das Team erkannte das Problem und packte an, wo nur anzupacken war, um an neue Aufträge heranzukommen. Von der Einsatzzentrale sowie vom Revierkontrolldienst gingen die meisten Aktivitäten aus, aber auch manch Wachmann dachte und arbeitete mit. Das war erfreulich und optimistisch, das tat gut.
Mit der neuen Betriebsstätte sowie im regulären Qualitätsprozess standen selbstverständlich neue Überprüfungen und Zertifizierungen an. Manch einer aus Ämtern und Behörden wollte zudem schlicht und einfach unser neues Haus nur sehen. Wir hielten es offen für alle diejenigen mit

Zuständigkeit, ob Kontaktbereichsbeamter und Ordnungsamt oder Landesamt für Arbeitssicherheit, ob Berufsgenossenschaft, IHK oder VdS. Alle kamen.
Bauchschmerzen ließ uns lediglich die notwendig gewordene VdS-Zertifizierung der ENZ und des Interventionsbereiches (Alarmverfolgung) verspüren. Alles war ja neu errichtet und eingerichtet. Die Standards zwar vorhanden – trotzdem liegt der Teufel, den man vor einer solchen Abnahme bekannterweise nicht kennt, im Detail. Den Namen des Zertifizierers, eines Herrn Bonk, dem ein gewisser „Ruf" voraus ging, werde ich deshalb wohl nie vergessen. Nun, er war irgendwie angetan von dem, was die ASB auf seinem Sektor da hingezaubert hatte. Es stimmte fast alles. Aber da jeder Prüfer etwas finden „muss", nörgelte Meister Bonk an Kleinigkeiten herum, die kaum Relevanz für die Arbeit und Sicherheit einer ENZ hatten. Letztlich wurde ein Mängelbericht erstellt und Einverständnis erzielt. Nach Beseitigung dieser Staubkörnchenmängel berichteten wir schnellstens an den VdS. Ab da galten wir erneut zertifiziert für die oberste Liga in der Branche.

*

Als ob die betrieblichen Belastungen nicht ausreichend gewesen wären. Die Schmerzen in meinem rechten Ellenbogengelenk wurden immer stärker. Orthopäde Dr. Pawi, der in den 60er Jahren mit mir die gleichen Schulbänke in der Rathenau-Oberschule in Senftenberg gedrückt hatte, empfahl eine Operation. Genannt die „Kleine Homann'sche OP", bei der etwas vom Knochen abgeraspelt wird. Am 4. Februar lag ich mit örtlicher Betäubung und bei Kopfhörergesäusel dann auf dem OP-Tisch. Alles ging gut.
Nun muss ich dazu sagen, dass ich mit Krankheiten und Krankschreibungen nicht viel am Hut hatte, bis dahin. In meinem ganzen bisherigen über 40 Jahre andauerndem Arbeitsleben hatte ich nicht einmal zusammen genommen drei Monate krankheitsbedingt aussetzen müssen, die meiste Zeit davon bedingt durch eine mir beim Dienstsport zugezogene Clavikulafraktur. Das hört sich doch gut an. Und das sollte auch so bleiben. Also ließ ich mich nach wenigen Tagen künftig von zu Hause mit dem Auto abholen, selbst fahren ging verständlicherweise nicht, und konnte so meiner Verpflichtung als Chef nachkommen. Erforderliche Zeichnungen von Verträgen und Dokumenten musste ich in dieser Zeit dem Geschäftsführer Nummer 2 überlassen. Ich bin nämlich ein ausgesprochen hartnäckiger Rechtshänder. Mit links geht also gar nicht viel. Der Genesungsprozess gestaltete sich ausgezeichnet. Was mir sehr gefiel, anderen im Betrieb wohl weniger, da ich wieder öfter dort auftauchte, wo ich nicht erwartet wurde.

*

Möglicherweise machten die vom Geschäftsführer der DELTA-Gruppe angedachten und in die Wege geleiteten forschen strukturellen Entwicklungen und Schritte die etwas antiquiert und anders darüber denkenden Macher des Mutterkonzerns erschrocken. Möglicherweise vertrat Herr E. zu starke separatistische und nicht in das Mutterkonzept hinein passende Auffassungen, was die von ihm geführte DELTA Control betraf. Wer weiß das schon so genau?
Jedenfalls erreichte uns hier in Berlin in der Mitte des Jahres überraschend die Information über einen Wechsel an der Gruppenspitze der DELTA. Ich stöhnte, ehrlich gesagt, auf. Neue Kapitäne mit ungewohnten Kommandotönen verlangen eine neue Einstellhaltung der Mannschaft. Und wir hatten die laufende Einstellung auf Synchronlauf noch gar nicht abschließen können. Weniger schön wie mir auch andere Geschäftsführer von Gruppenbetrieben wissen ließen, die ähnliche Bauchschmerzen bei diesem Hickhack verspürten wie ich.

Am 16. Juli gab es einen „Gipfel" in Erfurt mit allen Geschäftsführern der DELTA-Gruppe. Herr E. wurde verabschiedet. Mit einer lächerlichen Geste und einem noch lächerlicheren Geschenk, worüber ich mich nicht äußern möchte....... . Der Mann zeigte gute Miene zu weniger gutem Spiel – er hatte im Gegensatz zu uns Ossis die privatkapitalistische Maschinerie seit der Schulzeit kennen und auch leiden gelernt und wusste, was einem Mann an der Spitze immer einmal passieren könne. Als Person, die ihn an diesem Tage vor versammelter Mannschaft in die Wüste zu schicken hatte, bestimmte der Mutterkonzern instinktlos seinen Nachfolger. Tragisch. Inhuman, dem Wert wer Ware Mensch in diesem Kapitalismus angemessen. Ich sollte es später gleichwohl erfahren.
Als Nachfolger offerierte sich ein Mann, den ich mit „Rote Jacke" bezeichnen möchte, weil er so auch im Berliner Betrieb fast immer benannt wurde. Er hatte bereits bei seinem ersten Besuch in Berlin diesen Spitznamen weg wegen seines roten Jacketts, das er scheinbar auch später nie ablegte. Spitznamen spielten in meinem bisherigen Leben immer eine besondere Rolle. Bereits in der Schulzeit und beim Militär fanden sie Verwendung. Beim Studium benannten wir unsere Philosophiedozentin mit „Clio", eine andere Dozentin mit „Rote Lippe", den Seminarleiter mit „Stifter" und später mutierte mein General sprachlich zum „Altmeister". Wurde über diese Personen gesprochen oder gar über sie hergezogen, war es für nicht zum Insiderkreis Gehörende unklar, wer gemeint war. Das hielt

auch die Berliner Wachschutztruppe jetzt so. Ob ich selbst diesen Pseudonamen erfunden habe, kann ich beim besten Willen nicht mehr sagen. Es wäre jedoch einleuchtend.

„Rote Jacke" leitete ein kleineres Wachunternehmen im tieferen Westen Deutschlands und war in der Vergangenheit schon in größere private Wachfirmen integriert gewesen. Stolz präsentierte er uns später die immer noch auf seinem Laptop installierte Bilanzierungssoftware der „Bahnsicherung", mit der er arbeitete. Bereits zur damaligen Zeit wirkte er an prononcierter Stelle im Bundesverband Deutscher Wach- und Sicherungsunternehmen e.V. mit, dem er noch heute angehören soll wie aus aktuellen Medieninformationen bekannt ist. Diese Stellung im Verband und die ihm von unserem Mutterkonzern zugedachte Geschäftsführerrolle der DELTA rieben sich möglicherweise mehr als ihm lieb war. Er wollte, und das glaube ich im Nachgang sagen zu müssen, sehr wohl der einen Seite Genüge tun und gleichzeitig der anderen voll und ganz bei der Durchsetzung deren Strategie behilflich sein. Nur so sind spätere Entscheidungen, auf die ich noch zu sprechen komme, zu verstehen.

„Rote Jacke" war einige Jährchen jünger als ich, wesentlich kleiner geraten, wirkte wegen seiner Platte jedoch älter. Was ihn wohl dazu trieb, agil und forsch aufzutreten und mit seinem Outfit sowie einem großen Auto diese Sicht auszugleichen. Das stellt ihn in eine Reihe mit anderen etwas kleiner geratenen Männern in höheren Funktionen! Mit sichtbarem Vergnügen nahm er zur Kenntnis, dass es in Berlin neben mir vielleicht etwas zu aufgabenbezogenen Betriebsroboter als zweiten Geschäftsführer eine Frau gab. Nicht schlecht für uns, wenn bei deren Anblick seine Augen zu glänzen anfingen. Sie war in Dingen der Zahlen und Bilanzen dann der bessere, weil ausgleichende Gesprächspartner.

Mitte Juli kreuzte „Rote Jacke" erstmalig in Berlin auf. Da seine Anfahrstrecke sehr lang war, bat er zuvor um Hotelreservierung. Eine Kleinigkeit für uns, das zu organisieren. Eine Überraschung und Ernüchterung, als er tags darauf die Rechnung in der Hand hielt. Er bat darum, die nächste Übernachtung in einem billigeren Logis zu organisieren. Das taten wir und quartierten ihn im Sportlerhotel in Hohenschönhausen ein. Mit Durchgangsvorzimmer, viel Lärm und einem solch schmalen Bett, dass er angeblich in der Nacht herunter gerollt sei. Diese Unterkunft war künftig gestrichen und er übernachtete wieder etwas kostenhöher, ohne uns irgendwie etwas nachtragen zu wollen. Eine kleine Episode, die zeigt, dass trotz aller Ernsthaftigkeit manchmal eben auch ein Schmunzeln in unseren Beziehungen und in unserer Arbeit zu sehen war.

„Rote Jacke" nahm seine Aufgaben als neuer DELTA-Geschäftsführer sehr ernst, ungeachtet der Tatsache, dass er seine bestehende Operationsbasis in Bad Homburg nicht zugunsten der bisherigen in Erfurt ganz aufgab. Von Anbeginn an drängte er mit Macht auf eine „Marktbereinigung" innerhalb der Gruppe, was dazu führte, dass in kurzer Zeit die in Brandenburg mit Sitz in Potsdam bestehende Niederlassung des MSD Erfurt an uns übergeben werden musste. Ich habe dazu bereits etwas gesagt. Wir Berliner fühlten uns darob angetan, der Erfurter Geschäftsführer, der das alles aufgebaut hatte, mächtig in den Hintern getreten. Offen geredet wurde darüber nicht. Die Faktenlage war klar und was zu tun war, musste getan werden. Also machte ich mich in Richtung des Potsdamer Filmstudios auf, um die Dinge mit dem dortigen Niederlassungsleiter in Gang bringen, tourte mit diesem an der Filmhochschule und in Potsdamer Verwaltungen herum und beriet mit ihm wie ein bisher „unter Waffen" bewachtes Objekt weiter gesichert werden kann. Geschäftsführer Rohrberg kam extra nach Berlin, um die Objektübernahme des Berlin-Sitzes der Europäischen Kommission in der Straße Unter den Linden an die ASB zu begleiten. Wie bereits zurückliegend zu diesem Objekt hingewiesen, gab es da einen innerlichen Zwiespalt bei mir: exklusiv für die Werbung eines Wachunternehmens, problematisch hinsichtlich der ungünstigen Zahlungsmodalitäten – der Auftraggeber zahlte erst ein Quartal nach Leistungserbringung! - sowie der personellen Verpflichtungen zum eingesetzten Servicepersonal. Ich persönlich hätte bei einer freien Entscheidung auf die Übernahme sicherlich verzichtet. Aber hier und heute gab es keinerlei freie Entscheidung dazu.

„Rote Jacke" kümmerte sich, das muss man ihm schon lassen, um jeden Krümelkram, bei dem es einen Hunderter einzusparen gab. So trudelte eines schönen Tages ein Brief bei mir ein mit der Fragestellung, ob es sich bei dem in der ASB gemäß ISO unter Vertrag stehenden Facharzt für Arbeitssicherheit wegen der Namensgleichheit mit mir um einen Verwandten handeln würde. Natürlich war es ein Verwandter, ein ehemals leitender Mitarbeiter des Institutes für Arbeitsmedizin der DDR, der für ein Jahreshonorar von etwa 1oo EURO (!!!) für uns diese formelle Forderung laut den Regeln des Qualitätsmanagements erfüllen half und bei Notwendigkeit auf meine Bitte in den Betrieb kam, wenn er gebraucht wurde, beispielsweise bei den medizinischen Arbeitsplatzstudien der Mitarbeiter der ENZ. Mit der hintersinnigen Feststellung, „andere" könnten darin eine persönliche Kungelei sehen, musste ich danach diesen Vertrag kündigen. Und hatte fortan vor Ort diese Fachkraft nicht mehr zu Hand. Dessen Aufgabe „erfüllte" ein auf irgendeinem Papier stehender Mediziner im fernen Wessiland, den ich nie gesehen habe, dessen Namen ich nicht einmal in Erfahrung brachte, den ich bei Bedarf auch nicht habhaft werden konnte. So werden immer noch in Deutschland Mega gehandelte Zertifikate und Normative nach eigenem Ermessen ausgehebelt und untergraben. Papier, auch das, auf welchem unser Qualitätsmanagement geschrieben war, scheint sehr geduldig zu sein. Waren es die 100 € wirklich wert? Meine Meinung dazu stand bereits damals mehr als fest, jedoch, was konnte ich dagegen schon tun, bei dieser Chefanweisung!

Aber, „Rote Jacke" hatte eben auch die ASB betreffend, in seinem Schnellschussregister nicht unüble Festlegungen getroffen. So berief er den Leiter unserer ENZ zum Projektleiter für eine Vereinheitlichung und mögliche Zentralisation aller bei der DELTA existierenden Notrufzentralen. Das machte in Berlin nicht nur diesen richtiggehend stolz, während andere wie die Kollegen in Halle vor Wut glühten. So ist das eben. Politischer Zentralismus und kapitalistische Weisungsdoktrin haben durchaus bestimmte gemeinsame Wirkungsmechanismen. Wehe demjenigen, der dagegen ankämpft.

Vorweggenommen: Große Ideen müssen nicht immer umgesetzt werden. Und wenn schon verwirklicht, dann nicht für ewig. Die ENZ der ASB hatte es zuerst geschafft und sich zu einer großartigen Alarmzentrale entwickelt. In naher Zukunft, nach meinem Abgang, wurde sie jedoch aus neuen Erwägungen im Mutterkonzern abgewickelt und alle Aufschaltungen und Aufgabenstellungen nach sonst wohin umgeschaltet. Berlin hatte nur noch die Alarmverfolgung, also die Interventionsmaßnahmen für die vor Ort befindlichen Alarmobjekte durchzuführen. Hunderttausende waren, so gesehen, in den Sand gesetzt worden. Ein Glück, dass ich dieses Trauma nicht mehr erleben musste!

*

Ganz andere und wichtigere Probleme beschäftigten mich im letzten Quartal des Jahres 2002. Die Entscheidung über der Neuausschreibung der Telekomtochter DeTelmmo rückte heran. Wir standen hier in Berlin bisher gut in Lohn und Brot bei diesem Unternehmen, sicherten Objekte vom Rezeptionsdienst, über Wachschutz und Verschlusskontrollen in mehreren Objekten in Berlin-Lichtenberg, in der Klosterstraße Stadtmitte, in der Holzhauser Straße und in der Hasenheide ab. Dort waren überaus qualifizierte und mit der Aufgabe verwachsene Sicherheitsmitarbeiter beiderlei Geschlechtes im Einsatz. Die dort tätigen eingespielten Teams hatten sich ein stabiles know how zur Beherrschung der Aufgaben

angeeignet und vor allem auch stabile Arbeitsbeziehungen mit den zuständigen Partnern des Auftraggebers entwickelt.
Das stand nun zur Disposition, falls das Los anders entscheiden würde. Fast 20 Mitarbeiter wären künftig ohne Arbeit. Und so kam es auch.
Unser Unternehmen konnte durch Umsetzung in andere oder neu hinzugekommene Objekte die Hälfte davon weiter beschäftigen. Für zehn von ihnen hieß es jedoch unweigerlich: Kündigung. Das hieß folglich „Russisch Roulette", die guten ins Töpfchen, sprich, in andere Objekte im Tausch mit dortigem Personal umsetzen, die weniger guten oder in der Probezeit befindlichen arbeitsgesetzlich nicht Geschützten, zum Arbeitsamt schicken. Es war eine akribische Personalauswahl zu treffen. Allein sechs der betroffenen Mitarbeiter hatten durch eine Betriebszugehörigkeit von 5 Jahren bereits einen gewissen Bestandsschutz erworben. Ferner musste ungeplant Urlaub und Resturlaub gewährt werden. Desweiteren waren Gespräche im Interesse dieser Kollegen mit dem uns nachfolgenden Konkurrenzunternehmen zu führen, um möglicherweise eine Übernahme des einen oder anderen von ihnen zu erwirken oder zu unterstützen. Und da hatte man sich vorsorglich auf Prozesse beim Arbeitsgericht einzustellen und ganz aktuell mit dem durch die Kündigung bedingten Gang in den Krankenstand zu beschäftigen.
Das Karussell in meinem Kopf drehte sich von einer dieser Fragen und Probleme zur anderen. Lösungen wurden verworfen, kaum dass sie sich aufgetan hatten. Derartige „inhumane" Problemstellungen gingen dem Ausschreibenden und denjenigen, die diese globalen europäischen Normative in die Welt gesetzt und zum Gesetz erhoben hatten, bestimmt nicht durch den Kopf. Deswegen kam in mir immer wieder Wut gegen solches Gebaren auf. Diese Wut lebt noch heute in mir, zumal sich erst jetzt im Nachherein die ganze Tragödie offenbarte. Ich würde sie als den eigentlichen Genickbrecher der ASB bezeichnen, von dem sich unser mittelständiges Unternehmen nicht mehr erholen sollte.
Die Telekom als ausschreibende Instanz wollte natürlich superakkurat sein, so akkurat wie bei anderen Entscheidungen, etwa als man sich vom Radrennfahrer Jan Ullrich nach Dopingvorwürfen oder von eigenen Managern trennte. In dem jetzigen Fall wurde also nach Bieterlosen - Objektgruppen wurden in einzelne Lose zusammengefasst - geprüft und entschieden. Gewonnen hatte nicht unbedingt der bisherige Dienstleister oder der fachlich bessere Bieter, sondern wohl der billigste, der vielleicht mit allerhand Arabesken eines Qualitätsnachweises auf seinen Angebotspapieren, deren eine davon der Nachweis eines geprüften Qualitätsmanagementes war, zu hofieren wusste oder der möglicherweise die geeigneten Lobbyisten an der Seite hatte. Dieser Bieterprozess

gestaltete sich äußerst schwierig. Nachfragen und Nachbesserungen gab es gar viele und wiederum Nachbesserungen der Nachbesserung. Also: Die Wege des Herrn sind unerforschlich. Dieser von mir mit Stöhnen begleitete Bieterprozess stellte das allseits bekannte biblische Wort weit in den Schatten. Mein Stöhnen hörte sich gar laut an.

Heraus kam am Ende für uns ein Sieg in Form eines Stückes, sprich Loses, aus dem Gesamtkuchen der insgesamt bei der Telekom zur Verfügung stehenden Bewachungsleistungen. Es war ein Pyrrhussieg, ein sehr teuer erkaufter Scheinsieg, der eigentlich einer Niederlage gleich kam. Wir verloren also alle unsere angestammten Objekte hier in Berlin und wurden mit Objekten in Frankfurt/Oder, in Neubrandenburg, Schwerin und Rostock „bedient". Versuchte man etwa, uns auf diese hinterpförzige Weise zur Ablehnung zu animieren? Wer kann schon hinter die Kulissen schauen? In Absprache mit unserer Obrigkeit nahmen wir das Los an. Wieder einmal lag Neuland vor mir – in Größenordnungen. Letztlich war die Lösung derart gefunden, dass alle Nordobjekte durch Subauftragnehmer zu übernehmen waren. Nicht aber etwa durch einen Generalsubauftragnehmer, sondern jeweils durch einen anderen. Das Prozedere dahingehend bringe ich nicht zu Papier, es regt mich heute noch auf. Unter dem Strich brachte uns dieser Auftrag außer Ärger fast nichts ein. Es waren üble Durchlaufposten. Frankfurt/Oder dagegen händelten wir allein und gar nicht schlecht. Dank unseres neuen Mannes aus Potsdam, dem dortigen Niederlassungsleiter. Wir beerbten im Objekt „Spitzkrugcenter" die Firma BOSS, mit der ich hier in Berlin gute Arbeitsbeziehungen zu laufen hatte. Die Leute an der Oder waren jedoch so etwas von verärgert über ihren Rausschmiss (ich konnte es ihnen nicht verdenken, ging es mir hier in Berlin nicht anders), dass sie kaum ansprechbar waren. Die Objektübernahme persönlich durch mich erfolgte am 31.Oktober um 19.00 Uhr. Geisterzeit! Fortgesetzt offiziell fünf Tage später. Schikane! Lassen wir es dabei. Mein Glück bei diesen vielen Tagen auf den östlichen Straßen der Republik war der Tatsache geschuldet, ein Autotelefon im neuen Laguna zu haben. Damit blieb ich immer am Ball, entglitt mir kaum etwas. Trotzdem war es mehr als anstrengend, krönte jedoch einen insgesamt äußerst anstrengenden Jahresverlauf.

*

Nach dem Jahreswechsel stand der erste Jahrestag der Übernahme des ASB-Stammsitzes in der Neuen Bahnhofstraße an. Mensch, Meier, dachte nicht nur ich bei diesem Ablauf der Geschehnisse, der Zeit – wie doch die Tage, Wochen und Monate vergangen sind. Mir fühlte sich das Haus an, als ob ich schon ewig dort arbeiten würde - heimisch, vertraulich, irgendwie angenehm. Aber die drohenden Wolken der durch die Telekomausschreibung ausgelösten Firmenkrise verdichteten sich von Tag zu Tag statt zu verblassen.

Ganz persönlich gab es noch etwas anderes anzumerken. Bereits elf Jahre betrug nun schon meine Dienstzeit im privaten Wachschutz. In dieser Zeit vollzog ich die Metamorphose vom einfachen Wachmann zum Geschäftsführer eines beachtenswerten mittelständischen Wach- und Sicherheitsunternehmens, hatte ich Pleiten, Pannen und Konkursverfahren in der Branche miterlebt und musste mich sogar dem Kadi stellen. Hatte mich qualifiziert, um persönlich bei Branchenaufgaben selbst breiter aufgestellt zu sein und diesen mit speziellem Wissen entgegentreten zu können. Hatte mich darüber hinaus in das Spinnennetz der Berliner Verwaltungen, Fachgremien sowie der Konkurrenzunternehmen verwoben. Eindeutige Ziele hatte ich mir selbst kaum gestellt, eher an Visionen gehangen und gearbeitet. Nach Bernsteins Devise, die Bewegung ist alles, das Ziel – welches Ziel? - nichts. Und so kam vieles auf mich zu wie eine Dampflok auf ihrem Bestimmungsgleis zum nächsten Bahnhof. Dank meiner Haltung, meiner Arbeitsauffassung, meinem Vermögen. Oder auch einfach, weil niemand da war, der die Sache in diesem Moment hätte anpacken können.

Und noch etwas anderes kam in diesem Zeitfenster auf mich zu. Mein Jubiläum zum 60. Geburtstag. Ein Punkt, keineswegs ein Ziel, auf den ich mich tatsächlich fokussiert hatte. Schien mir doch der 60. wie ein Rettungsanker in dieser gar zu unsicheren Arbeitswelt. Man war der Rente doch schon sehr nah, konnte bei Bedarf Übergangsregeln nutzen. Bisher immer herumgeschleppter ideeller Ballast konnte nun abgeschüttelt werden.

So also beging ich diesen Tag der Wiederkehr meiner Geburt im Jahre 1943 in dem Niederlausitzer Bergarbeiterort Schipkau im engsten Kreise des Arbeitsteams, das mir ein Geschenkteekörbchen nebst Blumenstrauß überreichte. In den großzügigen Räumen der ehemaligen Knorr-Bremse in der Bundesdeutschen Hauptstadt Berlin. Ohne Brimborium wie von mir ausbedungen. Das Geschenk war eine von den Damen im Haus ausgedachte kleine ganz besondere Aufmerksamkeit für mich einzigen Teetrinker in der Runde der Kaffeeabhängigen. Die Erinnerung daran stellt die „Tea-Tasse" dar, die noch heute in ständigem Gebrauch ist.

Ob jemand aus dem Oberhaus des Unternehmens gratulierte, kann ich nicht mehr sagen. Falls doch, muss es so unbedeutend flach gewesen sein, dass es noch auf dem Weg zur Speicherung in den Gehirnkasten durch die Löschtaste ausradiert worden war.

Dafür blieb die Geburtstagsnachfeier im Familienkreis in einem kleinen Hotel in Leipe am Rande des Spreewaldes, direkt am Ufer der langsam dahin fließenden Spree gelegen, ein bis heute nicht zu vergessendes Erlebnis. Kinder und Enkelkinder, eines davon noch in Mutters Leib, die Lieblingsverwandten aus Schipkau und die Geschwister meiner Gattin waren angereist. Es wurde getafelt, danach mit dem Kahn durch den recht wild wirkenden Unterspreewald gegondelt und nach dem Abendessen tanzte die Runde im Reigen und frönte den alten Geschichten aus Jugend und Heimat bis die müden Häupter, eines nach dem anderen, sich dem Bettgeflüster, begleitet durch Mückengesumm, hingaben. Ein schöner Tag, dem am Morgen ein gemeinsames Frühstück folgte, ehe die Runde sich in Richtung Heimat wieder auflöste. Diese Stunden ließen manche davor liegenden „Mühen der Berge" vergessen. Sie gaben Kraft für das, was mich dann wieder mit den beruflichen Tagesaufgaben erwartete. Sie waren unvergesslich, weil altersgemäß und durch Krankheit sich nicht viel später schon die Reihen meiner Geburtstagsgäste zu lichteten begannen. Das ist der Lauf der Welt. Drum nutze die Zeit und die Gelegenheit, sollte sich jeder sagen...

*

Ich nutzte die Anfangsmonate dieses Jahres 2003 für die unendlichen theoretisch sicherstellenden Dinge im Unternehmen. Viele Dienstanweisungen waren erneut zu modernisieren und zu qualifizieren, die Allgemeinen Geschäftsbedingungen mussten auf den neuesten Stand gebracht oder gänzlich neu erstellt werden wie beispielsweise für den Revier- und Schließdienst. Da konnte ich mich austoben. Andere bestehende Arbeitsgrundlagen waren mit denen der Unternehmensgruppe in Übereinstimmung zu bringen. Schließlich lief zum 31.Dezember des Jahres die Gültigkeit der DIN EN ISO 9000 aus. Danach wies ein aktuellerer Papiertiger namens „DIN 9001:2000" mit seinen Krallen schon wieder in unsere Richtung. Erneut war Arbeit angesagt, die keinesfalls große Freude aufkommen ließ. Und erneut musste Geld dafür bereitgestellt werden, das wir dringender an anderer Stelle gebraucht hätten. Jedoch, was sollte ich tun. Betriebserhaltenden Zwängen hatte ich mich zu stellen. Im Falle der ISO zeigte sich dann später der globale „Ausweg" darin, dass man das Mutterunternehmen zertifizierte und die angehängten Kindel einfach darin erfasste. Das stellte allerdings eine erhebliche substanzielle Aufweichung des bisher in der ASB festgelegten und betriebenen Qualitätsmanagements dar. Ich weiß wohl, wovon ich rede! Andere, darunter Zertifizierer, sicher auch.

So manche Sonderaufgabe, so manche Events standen ebenfalls im Kalender dieses Jahres an. Als Spitzenreiter erwies sich, wie sollte es anders sein, die Rennbahn im Grünen in Hoppegarten. Es sollte mein letzter Event sein, mein letzter großer Einsatz als Geschäftsführer. Am 13. Juli veranstalte man dort den Großen Porsche Preis von Deutschland, ein Gruppe-II-Rennen, dotiert mit 105 000 Euro, umrahmt mit der Anwesenheit von Kanzler Schröder, Ministern, Botschaftern, jeder Menge VIP-Promis aus Film, Fernsehen und Wirtschaft, darunter natürlich auch der Boss von Porsche, Wendelin Wiedeking. Letzterer ließ im Inneren des Geläufes ein VIP-Zelt errichten „wie es das auf deutschen Rennbahnen in dieser Form noch nicht gab(Pressewortlaut)". Eine extra errichtete hohe und das Pferderennen nicht störende Brücke brachte Gäste und Neugierige über das Geläuf in den Innenraum. Dass diese Brücke der neuralgische Punkt der ganzen Sache werden sollte, hatte niemand vorhergesehen. Dass eine derart große Menschenmasse den Versuch unternehmen sollte, in relativ kurzer Zeit darüber in den Innenraum und auch wieder zurück zu gelangen, sprengte jede vorher angestellte statische Kalkulation und brachte das Ding gefährlich ins Wanken. Meine Sicherheitskräfte mit den roten Jacken mussten eingreifen und die in zwei Richtungen sich bewegenden Menschenströme mäßigen und kanalisieren. Ich kam dabei mit ins Schwitzen. Mir wurde es im Magenbereich ganz flau zumute. Im Nachgang glaube ich einschätzen zu müssen, dass dieses Zeitfenster meine gefährlichste Situation im ganzen zweiten Arbeitsleben darstellte. Als Ausgleich und kleine Belohnung für die Bewältigung dieser Situation konnte ich eine Probefahrt mit dem neuesten Porsche-Produkt, dem „Cayenne", auf einem extra dafür im Innenraum hügelig angelegten Parcours unternehmen. Schon ein tolles Fahrgefühl mit Neigungen in allen Richtungen, ohne dass das Fahrzeug den Überschlag macht. 21 000 Zuschauer zeigten sich an diesem Schönwettertag in Hoppegarten und der RBB übertrug live im Fernsehen. Auch hier wieder die Presse: „Ein Renntag wie es besser nicht geht". Bei der ASB lief alles glatt. Beinahe, denn einer der Sicherheitsleute an der Brücke bekam wegen der Gefährdungssituation Gewissensbisse und verweigerte deshalb die Arbeit. Mir blieb nichts anderes übrig, als ihn unverzüglich aus dieser Krisensituation zu befreien und nach Hause zu schicken, um ein mögliches Chaos zu vermeiden. So etwas liegt eben in der Sache, Sicherheit in jeder Situation zu gewährleisten und dazu schnelle Entschlüsse zu fassen. Das Team unserer Firma hatte an diesem Tag erneut seine Zuverlässigkeit bewiesen. Am späten Abend lag ich, vier Wochen zuvor 60 geworden, zu Hause auf dem Sofa und war richtiggehend geschafft, aber auch glücklich über das an diesem Tag wieder einmal „Geschaffte".

Ganz anders die Events der besonderen Art, die uns DELTA-Boss Rote Jacke im Jahr 2003 mit seinem Erscheinen in Berlin oder seinen Einladungen nach Erfurt bescherte. Sie glichen sich in der Durchführung und den Standards seinen stetigen Laptop-Kurvendarstellungen, bei denen wir irgendwie nie so richtig den schwarzen Faden zu fassen bekamen. Eine allseits sehr verkorkste Situation wie mir schien. Alle Seiten wollten in kürzester Zeit das Beste des Erreichbaren – wir in Berlin wollten und mussten mit den immensen abzuarbeitenden Investitionen, den neuen Fixkosten und der gegenwärtigen veränderten Auftragslage umgehen und diese bewältigen. Rote Jacke wollte und musste die einzelnen Unternehmen der DELTA-Gruppe entflechten sowie neu stricken und auf ein einheitliches sowie kostengünstiges Sparniveau bringen. Und der Mutterkonzern schließlich wollte baldigst Ergebnisse sehen, Rendite einfahren sowie den Platz im Firmenregister der Sicherheitsdienstleister einnehmen, der anvisiert wurde. Das war schon eine Kiste. Da knirschte und wackelte es ungehört im Gebälk. Da stießen Ideen der einen Seite auf die der anderen, wurden diskutiert, verworfen oder neu erdacht. Selbst Vorstellungen von „oben" erwiesen sich in der Diskussion der Basispraktiker als nicht durchführbar. Andere verwirrten. Beispielsweise wurde mir ein ordentlicher aktueller Geschäftsführervertrag durch Rote Jacke unterzeichnet, der die Anerkennung meiner Betriebszugehörigkeit seit 1994 bestätigte, während ich kurz darauf in einem Zusatz bestätigen musste, „bei der DELTA Control ASB Verwaltungs GmbH als Mitarbeiter geführt" zu werden. Verstehe, wer will. An solchen Punkten schaltete ich eben das Oberstübchen aus und unterschrieb. Die Bezüge waren festgeschrieben und kamen monatlich aufs Konto. Das war wichtig. Eine vereinbarte und „vom Erfolg der Gesellschaft abhängige Tantieme" habe ich bis zum letzten Tag nie erhalten. Die Gesellschaft hatte offensichtlich keinen in EURO-Plus nachgewiesenen Erfolg erwirtschaftet. Gehaltszahlungen bei Krankheit und Tod waren in diesem Vertrag ebenfalls geregelt. Nicht geregelt oder gar erwähnt wurde die Prozedere einer möglichen Abfindung beim Ausscheiden aus der Stellung. Darüber wird noch zu sprechen sein. Allerdings schaute man in der Regiezentrale des Unternehmensverbundes in die Zukunft und wollte möglichst keine senilen Chefs in den unteren Betriebsabteilungen, weshalb mein Anstellungsvertrag mit dem Erreichen des 65. Lebensjahres automatisch auslaufen würde. Beim Aufschreiben dieser Zeilen habe ich dieses ominöse Lebensalter wie die Olsenbande einst formulierte, mächtig gewaltig überschritten – und bin nicht senil geworden.

Dieses Jahr 2003 bestimmten durchgängig immer noch technische Faktoren der Notrufzentrale, wesentlich vorgegeben durch neue technische Standards auf diesem Gebiet. So bewegte mich das Problem von Umschaltungen, Freischaltungen, von Standleitungen und deren Gebühren mehr als normal. Es galt Verhandlungen zu führen mit anderen Partnern in der Branche wie beispielsweise den Unternehmen SIBA oder GWS, um deren technische Potenziale nutzen zu können so lange die ASB selbst noch nicht darüber verfügt, insbesondere im digitalen oder im telemetrischen Übertragungssystem. Da waren nicht wenige Objekte umzuprogrammieren auf neue Zielrufnummern. Ferner waren Verhandlungen zu führen mit der Telekom, um Leitungen frei geschaltet zu bekommen und letztlich hatte unsere Errichterfirma ELA vor Ort die Feinarbeit zu bewerkstelligen. Wer nun denkt, dass das alles sei, der irrt gewaltig. Im Hintergrund all dessen fletschte immer der Hai seine Zähne und war auf Geld aus. Alles kostete auch in dieser Zeit immer noch Geld und widerspiegelte sich in unseren Betriebskosten. Nicht jeder dachte in dieser Gesamtheit im Unternehmen mit. Wenn da der Leiter der ENZ über „sein" Schmuckstück und das erreichte Niveau schwärmte, stieg in der Geschäftsführung eben wegen der angefallenen Kosten die Fieberkurve in den kritischen Bereich. Und Boss „Rote Jacke" ließ am 8.Juli in Berlin dazu in emotionaler Gewitterstimmung wie folgt die Luft raus: *„Es gibt Zeiten, da bereue ich die Entscheidung zur Zentralaufschaltung (**gemeint ist die** Umschaltung der in anderen Unternehmen bisher bedienten Alarmaufschaltungen) nach Berlin; es muss anders werden; ich kriege die* Krise". Trotzdem war er vom Niveau unserer ENZ überzeugt und beförderte Kraft seiner Wassersuppe dann den Berliner ENZ-Leiter zur Leitkraft dieser Sparte innerhalb der DELTA-Gruppe. Die Kontrahenten in Erfurt, in Halle und anderswo wurden zunehmend saurer darüber. Dem Grunde nach blieb es allerdings bei diesem Wortspiel „Leitkraft". Für die Praxis ergab sich keine tatsächliche Wirksamkeit. Wie auch bei etlichen anderen Dingen, die sich der Boss einfallen ließ. Mit Worten kann man viel sagen aber leider oft nichts anrichten!

In dieser Zeit schlug mein Ami-Journalist Gay nach längerer Pause bei mir hier in Berlin mal wieder auf. Unser Bekanntwerden im Waschhaus bei REWATEX lag weit über zehn Jahre zurück. Immer noch war mir nicht klar, für wessen Herrn er in den USA arbeitet. Veröffentlichungen in Presseartikeln gab es schon, Preise dafür hat er nachweislich auch erhalten... Sei es wie es sei. Ich freute mich auf das Gespräch mit ihm, auf sein Hinterfragen der Dinge, auf seine deklamierte Offenheit. Mit ihm konnte ich eben auch Dinge meiner arbeitsdienstlichen Situation plaudernd „bereden". So an diesem Tag. Und er redete Tacheles mit mir. Das heißt, er nahm gedanklich etwas ins Visier, was bald kommen würde, was auch mich betreffen, besser treffen, könnte. Und das benannte er mit „Herauslösung überflüssiger und kostenintensiver Figuren" aus dem Firmenverbund. Nicht gerade ein optimistischer Gesprächsgedanke. Nun, Journalisten und Analytiker reden im Klartext, weil nur in der reellen Zerlegung und Prüfung der auf dem Tisch liegenden Dinge die Vorschau auf das neue Produkt oder auf die kommende Entwicklung sachlich richtig möglich ist.

Ich war nach dieser Unterhaltung mit Gay auf viele Möglichkeiten meines weiteren Weges kopfmäßig eingestellt und mir daher sicher, die auf mich zu kommenden Dinge in meiner Art anpacken zu können. Dass sie schneller als erwartet eintreten würden, die Veränderungen, hätte ich allerdings nicht zu träumen gewagt. Und dass sie so totalitär umwerfend sein würden, auch nicht.

V.

Der Mohr hat seine Schuldigkeit getan

Die DELTA Control Holding GmbH zeigte sich Mitte des Jahres 2003 flächenmäßig relativ breit aufgestellt.
Rote Jacke residierte in Bad Homburg von seinem eigenen kleinen Unternehmen aus, saß allerdings oft in der Regiezentrale der Gruppe in Erfurt. Das war bekanntlich der Sitz der MSD Sicherheitsdienste GmbH & Co. KG. Unter gleicher Firmierung waren Betriebe in Jena und Bonn ansässig. In Fulda gab es den FSD, in Halle den MDW, in Augsburg die Schwäbische Sicherheits- und Dienstleistungs GmbH. Mit der gleichen Firmierung - SSD - zeigten sich in Kempten der frühere Kemptener Wach- und Schließdienst sowie der ehemalige Schwäbische Wachschutz aus Landsberg am Lech. Die Wach- und Schließgesellschaft - WSL - aus Leipzig, die sogar einen promovierten Geschäftsführer an der Spitze hatte, gehörte gleichfalls zum Reigen. Und natürlich war dabei die ASB in Berlin mit ihrer Niederlassung in Aue, jetzt ASB Sicherheitsdienste Aue GmbH geheißen.
Sollten sich Preußen, Sachsen, Anhaltiner, Schwaben, Bayern und andere vertragen und gut führen lassen? Alle waren wir nun Bundis!
Wollten sich all die Köpfe, die ihre Unternehmen mühsam aufgebaut und wirtschaftlich gemacht hatten, nun einer Zentralregierung namens DELTA beugen? Jeder Geschäftsführer teilte wohl innerlich meine Gefühle und Bedenken ohne sich kaum in der Runde offen dazu zu äußern. Vom Erfurter Oberhaupt kam einige Male Widerspruch weil er die inneren Qualen nicht allein mit sich ausmachen wollte. Er verließ dann auch das Unternehmen, welches er einst mit Enthusiasmus und Überlebenswillen selbst aus der Taufe gehoben hatte. Eine jugendliche Großschnauze aus Wessiland fiel dagegen auf. Und siehe da, dieser Mensch hat es letztlich geschafft, fast alle anderen zu überleben. In einem Buch las ich neulich die Zeilen: Der Eifer der Schmeichler kennt bekanntlich keine Grenzen... Dieser junge Mann gehört sicherlich in diese so genannte Kategorie der mit Kritik backen könnenden Schmeichler. Frechheit siegt eben im Einzelfall, manchmal.
Wie würde der angestrebte Prozess des Zusammenschlusses und des Zusammenwirken sowie der Integration der DELTA-Gruppe in das W.I.S.-Unternehmen nun weitergehen? Wo würde die Effektivierungs- und Sparzange angreifen, wo und wie würde erhalten oder selektiert werden, welche Führungskräfte würden nach bekannter Vorgehensweise mit dem Vorgänger von Rote Jacke, dem Herrn E., aussortiert werden?

Etliche Fragen, von denen ich mich nicht verrückt machen ließ. Abschalten konnte ich schon immer so gut wie das Einschlafen nach dem Zubettgehen. Zum wiederholten Mal - die Wege des Herrn sind unergründlich undurchschaubar und nicht vorhersehbar.

*

Um die bestehende Krise darzulegen, in der sich die ASB in Berlin befand, soll an dieser Stelle meine persönliche Dokumentation herhalten.
So heißt es in der Vorlage für den Rechtsanwalt G. zum Arbeitsrechtsprozeß mit dem Wachmann C. u.a.:
„Seit dem IV. Quartal 2002 ist die betriebliche Umsatzlage im personalintensiven Betriebsteil Objektschutz/Separatbewachung der ASB durch Neuausschreibungen, liquidationsbedingte Vertragslösungen... durch einen nicht in diesem Umfang vorhersehbaren Rückgang von insgesamt 2920 Stunden/Monat geprägt. Adäquate Auftragsneuzugänge sind nicht zu verzeichnen... Der eingetretene Personalrückgang entspricht etwa einem Drittel im Objektschutz... Es kommt zudem zu einer erheblichen Änderung der Dislokation der Sicherheitsmitarbeiter in diesem Bereich...".

Im Positionspapier der ASB-Geschäftsführung zur Beratung der DCH-Unternehmensgruppe im März in Erfurt hatte ich formuliert:
„...Die katastrophale Lage in den Wirtschaftsbereichen Berlin und Brandenburg hat nachgewiesenermaßen auch erhebliche Auswirkungen auf die private Sicherheitsbranche. Das Tiefstpreisniveau gilt als Normalität. Objektabgänge jeglicher Art und Ursache bedeuten in der Regel, diesen Standort nicht wieder besetzen zu können. Aus diesem Grunde ist ein Vertragszugang besonders im Bereich der Separatbewachung auf der Basis des (von Rote Jacke) vorgegebenen aktuellen Kalkulationsprogrammes (Preise!) eher zweifelhaft... Die für den Monat Februar (von der DCH) erhobenen Management- und Beratungsgebühren können in dieser Höhe als dauerhafte Belastung nicht akzeptiert, aber auch vorerst nicht erwirtschaftet werden... Ungeachtet der eingangs erklärten unabdingbaren Bereitschaft der Geschäftsführung und des Teams der ASB (Mit Datum 25. Februar versicherten beide Geschäftsführer, der Leiter der Niederlassung Brandenburg, zwei Vertriebsmitarbeiter, die Leiter der Bereiche Objektschutz, NSL und Revierkontrolldienst sowie der Qualitätsmanagementbeauftragte und die Fachkraft für Arbeitssicherheit in einer unterschriftlichen Erklärung, alles zu tun, um die Wirtschaftlichkeit des Unternehmens zu gewährleisten), alles für die Stabilisierung des Unternehmens tun zu wollen, ist bei realer Einschätzung der Lage objektiv

nicht mit einer sofortigen Stabilisierung der betrieblichen Situation zu rechnen".

Es zeigten sich also kaum zu überbrückende Ansichten zwischen Rote Jacke und uns Berlinern. Mit seinem utopischen Kalkulationsprogramm, das möglicherweise noch in seiner westdeutschen Zeit als Vorsitzender der Geschäftsführung der Bahnschutz- und Service GmbH Frankfurt/Main begründet lag, suchte er Lösungen für uns zu konzipieren und vorzugeben, die momentan keine Lösungen darstellten, also nicht gangbar waren, weil sie möglicherweise unseren alsbaldigen Firmenruin nach sich gezogen hätten.

Es herrschte eine Patt-Situation. In welche Richtung einer von uns sich auch hinbewegte, herrschte höchste Gefahr. Ein Remis wie im Schach kam nicht in Frage. Also mussten andere Lösungen her. Die würden allerdings von ganz oben, der W.I.S., initiiert und abgesegnet werden müssen. Allerdings von Rote Jacke angedacht und vorgeschlagen.

*

Für den 2. und 3. September hatte Rote Jacke eine Geschäftsführerberatung in Erfurt angesetzt. Ich wollte mich davor drücken, denn in Berlin gab es eine ganze Liste von Problemen abzuarbeiten. Meine aus dem Urlaub gerade erst zurückgekehrte Geschäftsführerpartnerin schien meines Erachtens autark genug und gerüstet, in der einbestellten Runde die Berliner ASB allein zu vertreten, dort Rede und Antwort zu stehen. Sie fuhr also schon am 31. August mit der Bahn nach Erfurt und traf bereits einige im Hotel einquartierte Teilnehmer und eben auch Rote Jacke. Am nächsten Morgen, ich begann meinen normalen Arbeitstag wie bereits gesagt immer pünktlich um sieben Uhr, lag eine schriftliche Notiz über einen Anruf von ihr für mich in der Zentrale vor. Es gäbe in Erfurt wichtige Dinge zu beraten und Rote Jacke wünsche unbedingt meine Anwesenheit. Ich solle unverzüglich nachkommen (Warum hat sie mich eigentlich nicht direkt angerufen und mir das mitgeteilt? Quasi in Form einer persönlichen Vorwarnung! Diese Frage stand und steht). An militärische Disziplin gewöhnt, machte ich mich reisefertig und setzte mich mit meinem Laguna Richtung Erfurt in Bewegung. Die Gedanken verliefen während der Fahrt auf der Autobahn in allen möglichen „Fahrtrichtungen". Was gäbe es wohl für wichtige Sachen in diesem Jahr 2003, das uns doch schon so allerhand Ostereier zum Ausbrüten beschert hatte. Irgendwie war mir mulmig zumute im Bauch. Am späten Nachmittag erreichte ich endlich das Radisson SAS Hotel, ehemaliges Interhotel zu DDR-Zeiten, am Juri-Gagarin-Ring und scheckte ein. Das Zimmer 1004 nahm mich auf, ein Duschbad erfrischte meinen autofahrgestressten Körper. Andere Dinge sind mir nämlich lieber als jede

Autofahrt. Danach saß ich bewusst die Zeit aus und harrte in der Lobby des Hotels der Dinge, die nach Ablauf des ersten Beratungstages da kommen würden. Zuerst kamen einzelne Geschäftsführer anderer Unternehmen mit kurzem Nicken oder Händedruck zu mir. Eine gewisse Steife in ihren Bewegungen ließ mich aufmerken. Da war bestimmt nichts Gutes zu erwarten. Reden konnte ich mit keinem von ihnen. Andererseits machte von ihnen auch keiner Anstalten, mit mir in ein Gespräch einzusteigen. Als ob ich die Krätze hätte – dieser Gedanke kam später, nachdem ich diese Zeit nochmals Revue passieren ließ.
Dann erschien Rote Jacke und mit ihm verschwanden alle anderen bekannten Gesichter aus dem Umkreis. Sein jovial freundliches Gesicht, ein wenig erinnerte es mich immer an die Hauptfigur aus dem DEFA-Dokumentarfilm „Der lachende Mann" von Heynowski/Scheumann, stand mir gegenüber. Seine Hände legten eine Mappe auf den Glastisch. Dann holte er zwei Glas Bier für uns. Nach dem ersten Schluck eröffnete er mir, dass sich das Unternehmen von mir trennen müsse. Es gehe um Einsparung von Personalkosten und andere Dinge... Was dazu weiter folgte, ist im brodelnden Vulkan meiner damaligen Gedanken und Gefühle untergegangen. Verständlich. Erklärlich. Nicht Wiederaufrufbar.
Für mich stand an, Haltung und Würde zu bewahren. Mich so zu verhalten und an das zu erinnern, was der Russische Autor Wjatscheslaw Keworkow im Zusammenhang mit seiner eigenen politischen Wegbeschreibung wie folgt formuliert hat:
„Unvermeidliches trage mit Würde... Mit den Jahren findet sich der Mensch damit ab, dass nach jedem Anfang irgendwann ein Ende folgt. Wenn das Ende aber dann naht oder gar eintritt, fällt es ihm schwer, Gelassenheit zu bewahren...".
Würde und Gelassenheit sollten, nein, mussten momentane „Zauberworte" für mein Verhalten sein.
Also, ersten habe ich beides bewahrt, weder den Glastisch umgestoßen noch das Bierglas an die Wand geworfen. Bin auch nicht dem Wessi Rote Jacke an den Hals gegangen. Ich war in diesem Moment trotz allem cool. Cool wie in kritischen Lebenssituationen zuvor, cool oder kalt nach außen hin erscheinend wie mir vom Leiter meiner ENZ zuweilen vorgeworfen wurde. Was innerlich in einem vorgeht, bleibt zum Glück verborgen.
Ich hörte also meinem „noch" Boss zu, was er mir im Detail zu sagen hatte. In seiner auf dem Glastisch liegenden Mappe befanden sich zwei Papiere. Eines war als ordentliche Kündigung zum 31.03.2004 abgefasst. Das zweite Papier war ein Aufhebungsvertrag zum 30.September 2003 bei einer Abfindung von über 21 Tausend Euro. Ich konnte nun wählen! In einer solchen Lage hatte ich mich nie zuvor befunden! Auf eine solche Situation

mit solchen Entscheidungen war ich weder mental noch rechtlich/juristisch vorbereitet! Ein Überfall der besonderen Art traf mich. Ich hatte mich also zu wehren. Und diese Abwehr hatte nur einen Namen und hieß „richtige Entscheidung". Also nahm ich mir Zeit und Rote Socke holte noch ein Bier vom Bartresen. Ich überlegte und kalkulierte und kalkulierte und überlegte. Und las die mir vorliegenden Papiere wieder und wieder durch. Mein Gegenüber zeigte keine Ungeduld. Er kannte mich inzwischen zu gut um meine Entscheidung abwarten zu müssen. Er saß zudem im gleichen Boot mit mir. Auch er konnte ohne meine Unterschrift den Raum nicht verlassen. Schließlich entschied ich mich, ihm den Empfang der Schreiben zu bestätigen und ihm binnen 48 Stunden per FAX meine Entscheidung mitzuteilen. Was ich dann am 3.September auch tat. Ich entschied mich gegen das sofortige Geld, gegen die Abfindung, also gegen den Vorschlag eines Aufhebungsvertrages und nahm, was blieb mir letztlich übrig, die Kündigung an. Mit dieser sicherte ich für sieben Monate die Fortzahlung meiner bisherigen Vergütung und konnte dann entsprechend der geltenden Regelung für zweieinhalb Jahre Arbeitslosengeld beziehen, das besser aussah als eine vorgezogene Berentung. Dazu später noch einige erklärende Worte.

Mit dieser Entscheidung habe ich Rote Jacke wohl etwas in der Ecke stehen lassen wie man so schön sagt. Er hatte von mir bestimmt die Entscheidung hinsichtlich eines Aufhebungsvertrages erwartet. Gerechnet hatte er aber kaum mit meiner etwas demonstrativ vorgetragenen Mitteilung, dass ich ungeachtet meiner arbeitsrechtlich relativ ungesicherten Stellung als Geschäftsführer selbstverständlich alle Möglichkeiten prüfen werde, gegen diese Kündigung vorzugehen. Wobei mir schon klar war, dass ich mit einer Klage keine Chancen haben werde. Ich wollte eben momentan nur etwas pokern. Es war die Drohgebärde eines Verlierers, das war mir schon klar.

Um es vorweg zu nehmen. Zwei Tage später konsultierte ich den Rechtsanwalt unserer Berliner Arbeitsgemeinschaft der Wach- und Sicherheitsunternehmen. Der liebe Berthold, mit dem ich schon so manches Bier und nicht wenige Tassen Kaffee getrunken hatte, machte mir bei der zweistündigen Unterhaltung keine Hoffnung, weil eben das Problem einer möglichen Abfindung beim Ausscheiden aus dem Amt damals sorgsam im Anstellungsvertrag ausgespart worden war und ich nicht zeitnah dagegen opponiert hatte! Ungeachtet dieser pessimistischen aber wahrhaftigen Frontenklärung stellte er mir freundschaftlich als Beratungsgebühren satte 117 Euro in Rechnung.

Aber noch einmal die Rückbesinnung zum ersten Tag des Monats September 2003 im Erfurter Hotel Radisson: Im mir vorliegenden Kündigungsschreiben stand, dass ich innerhalb von fünf Tagen meinen Schreibtisch zu beräumen und alle Schlüssel abzugeben habe. Den Dienst-PKW, meinen Laguna, durfte ich bis zum vereinbarten Kündigungstermin privat nutzen. Dazu hatte ich ja einen Geld-Werten-Nutzungsvertrag laufen und meine privaten Bonuspunkte zur Versicherung eingebracht. Rote Jacke hatte versucht, alle Dinge sauber zu formulieren. Als Vorsitzender der Landesgruppe Hessen des BDWS konnte er sich keine diesbezüglichen Schnitzer leisten. Und erst wenige Wochen zuvor verschickte er eine Direktive an seine Unternehmen wie bei Kündigen richtig zu verfahren sei, um Rechtsstreitigkeiten möglichst aus dem Wege zu gehen.

Also, mit meiner am „Biertisch" abgegebenen Bestätigung zum Erhalt des Kündigungsschreibens war demnach die letzte offizielle Audienz bei meinem allerletzten Boss in meinem Arbeitsleben beendet. Halleluja und Gott sei gedankt dachte ich danach mit einem scheinbar besseren Bauchgefühl, wohlbemerkt als eiserner Atheist.

Irgendwann, kurz danach, trat meine Berliner Mitgeschäftsführerin mit betretener Miene an meinen Tisch heran. Mit etwas tränenfeuchten Augen versicherte sie mir, nichts von dieser auch für sie unerwarteten Entscheidung gewusst zu haben. Ihr sei alles sehr peinlich. Na ja…

Die Sonne bringt es an den Tag – irgendwann puzzelte ich als „gelernter" Nachrichtenmann nicht wenige Informationen zu einem aussagefähigen Bild zusammen. Und das belegte deutlich eine gewisse Mitwirkung von Leuten meines eigenen Umgangskreises an diesem „Abgang".

Genagt hatten Mitstreiter aus dem eigenen Haus, der ASB, aber auch Leute aus anderen Unternehmen, die mir persönlich und unserem Berliner Betrieb, vor allem wegen der prononcierten Förderung der NSL, nicht besonders gewogen waren. Die ersteren schleimten sich damit regelrecht dem Boss an und reagierten damit kleinlich hinter meinem Rücken auf meine straff geführten Zügel, wohl planend, ohne mich würde es möglicherweise für sie leichter werden. Die Plaudertaschen und Neidhammel aus anderen Unternehmen wollten wohl nur ihre ebenfalls bereits latent laufende Abdankungszeit verlängern. Egal, jeder, aber auch jeder dieser Anscheißer überlebte mich nicht lange. Also, wozu Namen nennen. Ich werde auch hier mit ins Detail gehenden Worten meine Würde nicht verlieren wollen.

Der Rest des Hotelabends an diesem 1. September 2003 erscheint in der Erinnerung als Groteske. Keiner meiner bisherigen „Mitstreiter" wollte mit mir gesehen werden, wollte mit mir ein Bier trinken, mit mir sprechen. Ich selbst wusste mich ebenfalls natürlich auch nicht so richtig zu bewegen. Für den folgenden Beratungstag war ich bereits frei gestellt worden. Ich wurde nicht mehr benötigt, ich war nicht mehr gefragt. Eine vollkommen neue Situation von „Frei sein".

So begab ich mich in meine Kemenate Nummer 1004, pfiff mir zwei Radeberger Pilsner für je 2,80 Euro nebst einem Schokoriegel für 1,50 Euro ein. Eine Henkersmahlzeit!? Der Fernseher lief.

Solcher Art kampierte ich nun auf dem Hotelbett. Mutterseelenallein in einer fremden Gegend, in einer fremden Stadt und in diesem 0-8-15-Zimmer des fremden Hauses namens Radisson. Ganz allein mit meinen mir durch den Kopf gehenden Problemen, mit meinem persönlichen Super-GAU Nummer 2. Sollte ich nun Selbstgespräche zur Lageeinschätzung führen oder nicht? Keine Antwort. So ganz allein, das fühlte sich furchtbar leer an. Wurden da etwa die Augen etwas feucht? Vielleicht, aber Tränen rannen nicht. Das war nicht etwa einer Verzweiflung geschuldet, sondern dem Schock, der nicht von mir ließ, sondern sich weiter in alle Glieder auszubreiten schien. Nun, da keine Beobachter anwesend waren. Dazu kam eine geistige Finsternis – der Fernseher lief und lief weiter, ohne dass ich etwas mitbekam. Und er lief noch, als ich sehr früh am kommenden Morgen wach wurde.

Ein neuer Morgen, ein neuer Tag. Ein frischer Kopf, der mir flüsterte: du musst alles wie früher auch bei wichtigen Lebensentscheidungen mit dir selbst ausmachen. Lege dir also deine Nachgangsphilosophie fest, bestimme den Weg, fixiere die erforderlichen Dinge. Und ich dachte an das russische Märchen, in dem die Worte fielen „Der Morgen ist klüger als der Abend". Also let´s go wie man heute zu sagen pflegt. Damit verließ ich das Hotelzimmer.

Nach dem Frühstück scheckte ich um 10.35 Uhr aus und fuhr Richtung Heimat. Alles nachzulesen in der Rechnung von damals, die in irgendwelchen Unterlagen die Zeit überdauerte. Manch einer meiner nun die Bezeichnung „ehemalig" führenden Mitstreiter bekam bestimmt während der in Erfurt fortgeführten Beratung an diesem Tage einen roten Kopf und mancher befand sich vielleicht in Herzinfarktnähe ob der Paukenschläge von Rote Jacke. Ich nun nicht mehr, verkündete meine Ratio. Am Ortsausgang von Erfurt, an einer berühmtberüchtigten Thüringer Rostbratwurstgaststätte, legte ich einen Halt ein, um mich selbst zu laben und für die Familie als letztes Andenken an die DELTA-Zeit aus Erfurt ein Paket dieser Edelwürste zu erwerben. Wenn schon keine gute Nachricht zu überbringen ist, dann soll es wenigstens ein begehrtes Mitbringsel sein.

*

Zu Hause in Berlin in meiner Wohnung angekommen, beraumte ich telefonisch über die ENZ für den kommenden Tag eine außerordentliche Koordinierungsberatung mit allen Verantwortungsträgern an.
Wie immer, pünktlich um sieben Uhr morgens betrat ich folglich mein Arbeitszimmer, begrüßte die schon anwesenden Kolleginnen und Kollegen, machte meine Runde durch das Haus und durch die ENZ. Es war eine kleine, ein ganz persönliche Abschiedsrunde. In Erinnerung an all das, was, mit aller Bescheidenheit, ohne mich so vielleicht nicht geworden wäre. Etwas mehr als Wehmut war da schon zu spüren.
Um 9.00 Uhr gab es im Beratungszimmer gespannte Erwartung zu dem, was da verkündet werden sollte. Und dieses letzte Stück meines Arbeitslebens in und mit diesem Team, mit diesen außerordentlichen und verlässlichen Menschen mit ihren individuellen Stärken und Schwächen aber auch Ecken und Kanten, wollte ich nicht meiner früheren und ab sofort alleinigen Mitgeschäftsführerin überlassen. Das wollte ich erhobenen Hauptes selbst gestalten, mit meinem eigenen Habitus, mit meinen eigenen Worten. Was ich auch in meinem bekannten Stil, ganz nüchtern und sachlich und mit Blick in die Augen jedes Einzelnen, erledigte. Verbunden mit der Bitte, der nun alleinig das Sagen habenden Geschäftsführerin jedwede Unterstützung zu gewähren und gewissenhaft an der weiteren Stabilisierung des Unternehmens als Grundlage des eigenen Arbeitsplatzes mitzuwirken. Mit einem Dankeschön für die vielen Jahre der Zusammenarbeit verabschiedete ich mich von der Runde.
Betretenes Schweigen, betretene Mienen. Fragende Blicke, die eigentlich gar keine Antworten erwarteten. Ich fühlte mich jetzt leichter und freier. Auch dieses letzte Stück Arbeit wurde mit Würde gemeistert. Damit konnte ich besten Gewissens von der Arbeitsbühne der ASB GmbH Berlin abtreten. Damit verließ ich den Raum, damit dort weiter geredet und gearbeitet werden konnte. An diesem Tage und künftig - ohne mich.

*

Mir war bekanntlich wenig Zeit eingeräumt worden, die Geschäftsübergabe zu erledigen. Also hieß es, planvoll vorzugehen. Aufräumen, sortieren, nach Wichtigkeit zu- und einordnen. Dabei kreiselte ein Gedanke immer wieder im Kopf herum, nämlich der, mich nie wieder so abfrühstücken lassen zu wollen wie Jahre zuvor in der Normannenstraße, wo die Ergebnisse meiner gesamten geistigen Arbeit in Papiersäcken und Panzerschränken zurück

blieben. Meine Mutter hatte früher doch immer wieder mal gelegentlich bei bestimmten Entscheidungen fabuliert: Man weiß nicht, wozu das gut ist! Daran hielt ich mich.
Ordentlich übergab ich meinen Geschäftsbereich an die jetzt alleinbestimmende Geschäftsführerin. Das meiste dazu im Kopf Gespeicherte blieb allerdings unter meiner Schädeldecke verankert. Es war weder die Zeit vorhanden, darüber zu reden, noch das momentane Verständnis zu vielen dieser Dinge bei ihr, noch hatte ich Bock, über bestimmte Probleme zu reden. In diesen Dingen blieb ich einfach nur ein Menschlein mit den kleinen Schwächen.
Zum Schluss nahm ich meine persönlichen Bilder und die gerahmten Zertifikate von der Wand und verstaute sie im Auto. Alle meine Blumen, einschließlich der 1990 aus der Normannenstraße geretteten Königin der Nacht, verblieben an Ort und Stelle, das von meiner Mutter geerbte Kunstweihnachtsbäumchen vermachte ich dem Revierkontrolldienst, damit es die kommenden Weihnachtszeiten dort auf dem Tisch stehen und vielleicht an mich erinnern würde. Meinen Sammelordner über die Geschichte von ALWAS und ASB legte ich in die Hände des Leiters der NSL, was ich heute ein wenig bereue, denn einige Dinge daraus hätte ich für diese Erinnerungen gerne zur Verfügung gehabt.
Mit der Abgabe meiner persönlichen Schlüssel war ich dann nur noch Gast in diesem Unternehmen, hatte zu klingeln und darauf zu warten, dass von innen der Türöffner betätigt werden würde.
Das war es nun also, mein kleines persönliches Intermezzo im privatkapitalistischen Dienstleistungsbereich namens Wachschutz in einem neuen Deutschland namens Bundesrepublik.
Es gestaltete sich hier in Berlin allerdings nicht als Rausschmiss. Es gab keine bösen Worte. Früheren Mitarbeiter standen zu mir autark. Und das Telefon bei mir zu Hause klingelte später nicht gerade wenig. Da gab es Fragen über Fragen, da standen Probleme an, bei denen mein Rat noch gefragt war. Ich verweigerte mich nicht. So ist das mit den in die Vergangenheit reichenden Wurzeln!
Einige spätere Dingen schienen sehr kurios. Beispielsweise als ein Brief mit Datum vom 20. Januar 2004 vom Wirtschaftsamt des Bezirksamtes Friedrichshain-Kreuzberg von Berlin bei mir zu Hause eintrudelte. Darin hieß es:
„…Sie sind Geschäftsführer der DELTA Control ASB Verwaltungs GmbH, die die persönlich haftende Gesellschafterin der Berliner Sicherheits- und Dienstleistungs GmbH & Co. KG ist.
Ihnen wird zur Last gelegt, uns das beschäftigte Bewachungspersonal teilweise nicht oder nicht rechtzeitig gemeldet zu haben.

*Sie haben somit nach folgenden Bestimmungen ordnungswidrig gehandelt...
Ich habe ein Ermittlungsverfahren gegen Sie eingeleitet..."*
Nein, dachte ich, schon wieder! Zumal ich doch gar kein Geschäftsführer mehr bin! Da musste ich also wohl oder übel zur Ex-Firma in die Neue Bahnhofstraße, um die dort lagernden sachlichen Unterlagen für meine Gegenwehr zu sichten und das Vorgehen mit der neuen Leitung abzustimmen. Das gelang wie früher. Gut. Aus meiner schriftlichen Antwort vom 24.Januar an das Bezirksamt:
*„Ich erkläre hiermit, dass ich weder vorsätzlich noch fahrlässig die mir zur Last gelegte Ordnungswidrigkeit gegangen habe. Ganz im Gegenteil habe ich in der gesamten Zeit meiner Geschäftsführertätigkeit entsprechend der mir zugeteilten funktionellen Pflichten Wert darauf gelegt, die staatlichen Normative einzuhalten.
Am 1. September 2001 wurde mein Anstellungsvertrag als Geschäftsführer der... betriebsbedingt gekündigt, und ich wurde mit sofortiger Wirkung unwiderruflich von der Wahrnehmung meiner Aufgaben im Unternehmen freigestellt. Seit diesem Zeitpunkt übe ich keine diesbezügliche Geschäftstätigkeit mehr aus...
Die Säule Personalarbeit, wozu u.a. die Einstellungsüberprüfungen und die Einstellung der gewerblichen Arbeitnehmer sowie die staatlicherseits vorgegebene Meldetätigkeit gehören, liegt im Verantwortungsbereich des dafür zuständigen zweiten Geschäftsführers ..."*
Es folgen konkrete Angaben zur Meldetätigkeit der ASB an das Amt. Dank meiner früheren akribischen Dokumentation und der Einhaltung der im Qualitätsmanagement festgelegten Vorgaben herrschte bei der ASB Ordnung. Was man vom Wirtschaftsamt so nicht sagen konnte. Die hatten wahrscheinlich weder saubere Nachweise zu unseren Meldungen/Überprüfungen dokumentiert, noch war ihnen bekannt, dass bis zum September des Vorjahres zwei Geschäftsführer fungierten. Dabei hatte ich einen sooooo(!) guten Kontakt zu der zuständigen Dame mit dem Doppelnamen im Wirtschaftsamt aufgebaut und diesen auch gepflegt – entgegen den Festlegungen des Geschäftsverteilungsplanes. Manche Dinge sind vor Ort eben anders zu händeln. Mit diesem von mir geschrieben Brief wurde die Sache zu den Akten gelegt. Auch meine Nachfolgerin konnte aufatmen.

Die Zeit der Beendigung meiner bezahlten Freistellung rückte heran. Von Ende 2003 bis Anfang 2004 führte ich Gespräche mit Rote Jacke während seiner Kontrolltrips hier in Berlin. Er war immer neugierig hinsichtlich meiner „arbeitsgerichtlichen" Aktivitäten. Ich verhielt mich dazu geschickt bedeckt. Machte vage Andeutungen und damit irgendwie Druck bezüglich der von mir angestrebten angemessenen Abfindung sowie der Erstellung einer qualifizierten Arbeitsbeurteilung. Beides wollte ich unbedingt haben! Seine dann getroffenen Entscheidungen konnte ich letztlich ohne wenn und aber annehmen. Zum Ersten: Die DELTA überlässt mir im Sinne einer Abgeltung meiner geleisteten Arbeit als Geschäftsführer den von mir bisher dienstlich genutzten PKW, Typ Laguna, Baujahr I/2003. Aus steuerlichen Gründen hätte ich allerdings das Fahrzeug zum aktuellen Restwert beim Leasing-Autohaus auszulösen. Die von mir dazu verauslagte Summe würde die DELTA mir auszahlen (Was auch später tadellos klappte. Die Summe belief sich auf über 21 Tausend EURO und entsprach somit der im Aufhebungsvertrag genannten Abfindungssumme!). Zum Zweiten: Nach Auffassung von Rote Jacke kenne er mich persönlich zu wenig, um mir ein qualifiziertes Zeugnis zu erstellen. Ich möge mir ein solches doch selber ausarbeiten. Er würde es begutachten und dann unterschreiben. Also formulierte ich mir mein eigenes Abgangszeugnis. Drei Seiten lang, mit allem, was mir erwähnenswert schien. Und in meinem eigenen Stil. Wer bis zu dieser Stelle meine Erinnerungen zur Kenntnis genommen hat, wird wissen, was ich damit sagen will. Ich hätte damit möglicherweise das Zeug zum Bundeskanzler, allerdings mit meiner staatsnahen Vergangenheit zu DDR-Zeiten und der geringen Sympathie für Herrn Erdogan heute keine Chancen, Frau Angela in ihrem Amt zu gefährden.

Rote Jacke unterzeichnete meine qualifizierten Ergüsse ohne Wenn und Aber. Sie haben wie auch das lange zurückliegende Abiturzeugnis, bislang niemanden interessiert und liegen für die Nachwelt aufgehoben in irgendeinem Papierstapel.

Darüber hinaus, und das schien mir sehr wichtig, konnte ich wegen der einst festgelegten Unverfallbarkeitsklausel für die Funktion des Geschäftsführers meine bis dahin in der Gruppenversicherung der ASB geführte Lebensversicherung in privater Weiterführung übernehmen. Über die späteren Kalamitäten damit und die staatlichen Repressalien in diesem Zusammenhang habe ich mich bereits ausgelassen. Trotz allem war diese Versicherung beim Auslaufen ein Gewinn, erlaubte mir doch später dieser Betrag, meinen zwar sehr guten aber leider als Dieselstinker verschrienen Laguna gegen einen neuen Benziner, einen RENAUL-Scenic, auszutauschen. Doch all diese sich gut ausmachenden Versüßungen des Abganges schafften es nicht, meine innerlich gestörte und zerrissene Seele wieder zu befrieden. Diese nämlich hätte mich gerne noch weitere Jahre in einem produktiven Arbeitsprozess gesehen, mich darin begleitet! Letztlich fühlte ich mich als Mensch wie möglicherweise ein gut erhaltenes und tadellos funktionierendes Auto, das einst nur wegen der Abwrackprämie dem Schrotthaufen zugeführt wurde.

*

Mit dem Kündigungsmonat September 2003 enden die Einträge in meinem akribisch geführten betrieblichen Aufzeichnungsbuch. Die nachfolgenden Seiten sind unbeschrieben. Heute noch.
Mein zweiter täglicher treuer Begleiter, ein Jahreswochenkalender, schweigt sich seit diesem Datum ebenfalls aus, was die betrieblichen Probleme angeht. Früher eingetragene geplante Termine stehen da noch drin: 15.September - TEMIC/2.Gespräch; 23.September – Rechtsstreit gegen Holthoff. Damit hatte ich nichts mehr zu tun! Das war nun abgehakt! Das mussten die Leute nach mir erledigen, zu Ende bringen!
Ein Eintrag in diesem Kalender, den 8.September, einen Montag, betreffend, weist dann auf Dinge hin, die mich in den kommenden Monaten anders beschäftigen und gleichzeitig belästigen würden. Dort steht: AA Ost, Telefon 4282-0, Montag bis Freitag von 8.30 – 12.30, Donnerstag von 14.00 bis 18.00 Uhr. Die Mehrzahl der Bürger aus den neuen Bundesländern hat solcherlei Notiz irgendwo mit sich geführt. Geht es doch um die Institution „Arbeitsamt", die man sofort aufzusuchen hat, wenn die Arbeit verloren gegangen ist. Ich war nun einer von den etlichen Millionen ehemaligen DDR-Bürgern, die diesen Gang und dieses Prozedere vor sich hatten.
Das war, so gesehen, die aktuelle Marschrichtung, die mir durch das neue System vorgegeben wurde. Wo würde das Ziel liegen? Das AA diente lediglich als ein Anlaufpunkt auf dieser Strecke. Und durch meine Militärzeit wusste ich um die Tücken von Marschrichtungszahlen, um die Irritationen auf der Strecke, um das Verlaufen im Gelände oder ein falsches Orientieren. Würde mir das analog hier auch passieren? Welche Hindernisse und Widernisse würden auf dem Wege liegen und zu bewältigen sein?

*

Ab September befand ich mich also wiederum in einem Intermezzo, in einem kleinen, lediglich 212 Tage andauernden. Gekennzeichnet durch die mir aufoktroyierte „Freistellung" von der bisherigen Tätigkeit als Geschäftsführer der ASB Berlin GmbH & Co.KG, jedoch nicht etwa durch Untätigkeit oder Langeweile, sondern durch aktives Weiterleben. Natürlich in anderen Bahnen. Mein Arbeitsleben hatten andere gegen meinen Willen bei einem Alter von 60 Jahren enden lassen. Noch vor dem Eintritt in das reguläre Rentenalter. Wenn gegenwärtig, über 25 Jahre nach der sogenannten Deutschen Einheit, der Finanzminister dieser neuen Deutschen Bundesrepublik die Forderung nach einer Arbeitszeit der Deutschen bis zum

70. Lebensjahr erhebt, weil die Renten in Zukunft nicht mehr gesichert seien, komme ich schon ins Grübeln. Was haben die Politiker in diesem Land in der zurückliegenden Zeit gemacht, dass es nun zu diesen Aussichten kommt. Ich hätte dem Staat gerne einige Jahre der Rentenzahlung erspart und für mich selbst gesorgt und in die Rentenkasse eingezahlt. Wie übrigens Hunderttausende andere Leidensgenossen und Mitmenschen in den neuen Bundesländern auch.

AA Ost im Stadtbezirk Lichtenberg. Gelegen in unmittelbarer Nähe meiner ehemaligen DDR-Arbeitsstelle. In einem Gebäude, in dem früher Genossen einer anderen Diensteinheit des MfS gewirkt hatten und das nun umgebaut und umfunktioniert worden war. Da kommen schon Gefühle auf!
Aber es war unumgänglich. Kein Weg für mich führte an diesem Haus und an dieser Institution vorbei.
Die langen Korridore waren belegt mit wartenden Menschen aller Art. Für einen wie mich, der erstmalig dort suchend seinen Weg zu finden versuchte, war das eine unbeschreibliche Tortur. Ich fühlte mich wie am FKK, nackt und bloß. Nur keinen Bekannten treffen und kein Gespräch mit einem Wartenden führen müssen, raunte die innere Stimme. Im Schaukeltrab der Warteschlange rückte ich im Mäander des vorgegebenen Leinenweges vorwärts, bis ich am Schalter stand. Ich trug artig mein Anliegen vor. Und erhielt sogleich die erste kalte Dusche in Form einer Absage. Hier sei ich nicht richtig. Ich gehöre doch zur Kategorie der Intelligenz und müsse deshalb im Haus zwei Etagen höher steigen. Aha, die Intelligenz stand also auch hier über der Ebene der Werktätigen. Also, gesagt, getan, Treppen gestiegen. Die Aussicht über den Stadtbezirk Lichtenberg war dort oben tatsächlich besser und es warteten weniger Leute auf ihre Abfertigung. Klar, die Intelligenz stellte eine zahlenmäßig wesentlich kleinere Gruppe in der Gesellschaft dar als die der Werktätigen. Ob allerdings die bei meinem Erscheinen dort wartenden Intelligenzler anders aussahen und sich anders verhielten als „die da unten", kann ich beim besten Willen heute nicht mehr sagen. Ich selbst hielt mich auch zwei Etagen höher als Wurm, der sich unter der Erdoberfläche geborgener fühlt, als den Sonnenstrahlen und der Öffentlichkeit, ausgesetzt zu sein. Ich, ein gestandenes Mannesbild. Ich, der im bisherigen Arbeitsleben ganz andere kritische bis brenzlige Situationen durchlebte und mit ganz anderen Leuten, darunter etwa hochrangigen Managern, Ministern, Generalen zu tun hatte, bekam in dieser Situation ein leichtes Fracksausen. Nicht nachvollziehbar und kaum beschreibbar.
Der junge Sachbearbeiter am Beratungstisch, es hätte fast mein Sohn sein können, verspürte sicherlich nichts von meiner aufgewühlten inneren Welt. Verfügte er überhaupt über ein Gespür? Für ihn war ich ein „Kunde" wie

hunderte Menschen davor. Sein Ding war es, mir das mich erwartende Prozedere zu erläutern. Eben deshalb agierte er ohne Emotion und Eigenleben wie mir schien. Letztendlich registrierte er mich sehr sorgsam in seinen und des Arbeitsamtes Annalen. Machte mich zu einer Nummer in deren Registratur, zur Nummer III 123/964A091309. Mit dieser Amtszuordnung würde ich meinen weiteren Weg im AA zu beschreiten haben, würde wiederauffindbar sein im ach so schwer zu durchdringenden Behördenpapiergestrüpp. Momentan war damit meiner Sache Genüge getan, nämlich mich unverzüglich als Gekündigter und jetzt Arbeitssuchender bei der zuständigen Behörde zu melden! Es folgten sechs Monate Zeit der Überlegungen wie es danach weitergehen solle.

Am Ende dieser Phase gut bezahlter Freizeit, der Frühling des Jahres 2004 ließ seine bunten Farben erkennen ohne dass die von der Politik angekündigten blühenden Landschaften in Gänze in Sicht waren, betrat ich erneut das Büro des jungen Sachbearbeiters. Nun waren Nägel mit Köpfen zu machen. Meine Überlegungen hatten mich nach einem gründlichen Überdenken aller Gegebenheiten zu einem Ergebnis geführt, das hier kurz darzustellen ist:
In der Berliner Bewachungsbranche war ich als Geschäftsführer bekannt wie ein bunter Hund und hatte damit kaum eine echte Chance dort unterzukommen. In den Leitungsebenen aller Betriebe bekämpften sich meines Wissens die Kader untereinander. Jeder wollte besser sein als der andere, jeder fürchtete um seinen Arbeitsplatz. In diesem Gerangel war kein Platz für mich.
Für eine Tätigkeit auf der gemeinen Dienstleistungsebene war ich überqualifiziert und wusste zudem zu viel um den Hickhack im Gewerbe. Solch einen „Besserwisser" mit Detailkenntnissen konnte und wollte man sicherlich nicht haben. Eine solche Perspektive schien mir also mehr als abartig.
Nächster Gedanke. Als gebranntes staatsnahes Kind der jüngst verbrannten DDR sah es wohl perspektivisch mit mir nicht viel anders aus. Keine Chance mehr, in die Produktion zu gehen, denn diese war zwischenzeitlich zu über fünfzig Prozent liquidiert worden. Selbst meine früheren Wohngebietswäschereien waren verwaist, umfunktioniert, verschwunden. Als studierter Mensch ohne erlernten Beruf und im 61sten Lebensjahr stehend war dies also erst recht keine Option.
Blieb die Frage, etwa in die Selbständigkeit zu gehen. Das machten etliche. Legten alle Ersparnisse an, um einen Kiosk, ein kleines Ladengeschäft, einen Salon für „Diesunddas" aus der Taufe zu heben. Und waren bald desillusioniert und bargeldlos und saßen in der Schuldenfalle. Und in welche

Selbständigkeit könnte ich gehen, bitte sehr? Mir fiel dazu wirklich nichts Machbares ein. Auch fehlte mir für ein derartiges Agieren ein Stück „Machertum", das ich früher bei einem Exkollegen, der noch Heutezutage in Wintergärten macht, echt bewundert hatte.
Was blieb mir also übrig, wenn alle Überlegungen in ein Nichts hinein liefen. Nichts anderes, als alle Gedankenqualen zu beenden und eine im AA bereits erörterte Lösung zu wählen. Sie letztlich gewählt zu haben, finde ich noch heute als richtig.
Die Übereinkunft am Sachbearbeitertisch des AA sah so aus: Auf der Grundlage der für mich altersmäßig geltenden gesetzlichen Grundlagen werde ich ab dem 1.April des Jahres 2004 bis zum November des Jahres 2006 Arbeitslosengeld beziehen, das wären zweieinhalb Jahre. Für dieses „staatliche Entgegenkommen" und der Tatsache geschuldet, in dieser Zeit von der Arbeitsagentur „in Ruhe gelassen" zu werden, das heißt, in keine Vermittlungsbemühungen eingebunden zu werden, hatte ich mich verpflichtend festzulegen, nach Ablauf dieser Frist, also ab dem 1.12.2006, in die vorgezogene Altersrente einzutreten. Natürlich mit einem entsprechenden Strafabschlag für die wenigen Monate bis zum Regelrenteneintrittsalter. Nach Lage der Dinge war dies für mich als einen ohnehin durch das von den Stimmen der verbiesterten Büttel in der letzten Volkskammer der DDR mit einem Rentenstrafrecht Belegten trotz allem die akzeptabelste Lösung. Weil es eben keine andere vernünftige Alternative dazu gab.
So plätscherte also nach dieser Vereinbarung meine Zeit als Arbeitslosengeldempfänger in aller Ruhe dahin. Das ALG war monatlich als Zugang auf meinem Giro-Konto erkennbar. Das AA meldete sich nicht, es hatte mit anderen „Kunden" wohl auch mehr zu tun.
Der letzte Behördengang dieser Phase führte mich schließlich zur Auskunfts- und Beratungsstelle der deutschen Rentenversicherung nach Stadt-Mitte in die Wallstraße. Im Zimmer 331 in der III.Etage wurde aus mir ein Altersrentner gemacht. Zwar erst nach der zweiten Sitzung, weil es doch Dinge der Nachbearbeitung und Korrektur gab. So beispielsweise, dass irgendwie wegen Berechnungsproblemen die Zeit vom 26. bis zum 30. November 2006 als Zeit eines beitragslosen Einkommens deklariert werden musste. Ab sofort und bis heute war und ist also die Bundesversicherungsanstalt für Angestellte für mich zuständig. Ebenso der Renten Service der Deutschen Post für die Anweisung der Finanzen, die monatlich als Rente auf meinem Konto erscheinen.
Die Geschichte holt einen ein, heißt es. Deshalb trägt für mich das Folgende einen etwas spaßigen Geschmack: Dieser Renten Service der Deutschen Post hat nämlich seinen Sitz in der Flohrstraße 21, in 13507 Berlin. Und das

Postobjekt Flohrstraße wurde durch die ASB viele Jahre bewacht. Ich kenne es in- und auswendig und es blieb mir wegen der nachfolgenden Geschichte in besonderer Erinnerung. Alle dort tätigen Postler und andere Mitarbeiter mussten eines Tages auf ihr gewohntes warmes Mittagessen verzichten, weil der ASB-Sicherheitsmitarbeiter, der frühmorgens die Küchenbereiche aufzuschließen hatte, wegen einer ernsthaften akuten Krankheit ausgefallen war und der Ersatz mit dem erforderlichen Schlüssel erst mit wesentlicher Verzögerung vor Ort eintraf. Dem Koch standen die Haare zu Berge, denn er hatte nun seinen Speisenplan umzustellen auf Schnellgerichte. Noch im Nachgang hoffe ich, dass diese „Abweichung" von der Norm im Dienstverlauf keinen negativen Einfluss auf die die Rentenproblematik zu bearbeitenden Mitarbeiter hatte. Ich jedenfalls verspüre aktuell nichts davon, denn alle bisherigen Rentenangleichungen fanden als Briefmitteilung und Zahlung von dort zu mir ihren ordentlichen Weg.

VI.

Leben nach der Arbeit

Viele werden dieses Gefühl kennen. Da schwirrt einem plötzlich ein Gedicht oder eine Liedmelodie im Ohr herum. Scheinbar aus dem Nichts kommend. Immerhin wohl doch aus der Erinnerung. Bei mir war es der US-amerikanische Folksong „Alles vorbei, Tom Dooley…", um die 1960er Jahre vom Kingston Trio in die Welt geschleudert und so auch auf die DDR getroffen. Melodie und Text wegen ihrer Eingängigkeit bald Ohrwürmer in der Jugendzeit. Und nun, nach fast 50 Jahren dudelte diese von mir vergessen geglaubte Melodie spontan wieder in mir.
Alles vorbei? Das sollte es keinesfalls nach Beendigung meiner Berufszeit sein. Untätigsein lag mir nie und würde mir nie liegen. Faulenzen war keineswegs meine Welt. Es gibt nichts Gutes, außer man tut es – so etwa verlief alles in meinem bisherigen Leben. Unterschiedliche Lebens- und Arbeitsabschnitte wechselten sich ab. Nach dem Ende einer Phase folgte nahtlos die nächste. So ist die Entwicklung, so war mein Lebenslauf. Den acht Grundschuljahren folgten vier Jahre der Erweiterten Oberschule. Danach schlossen sich drei Jahre meiner Militärzeit beim Wachregiment in Berlin an. All das und etwas mehr zur eigenen Historie liegt schwarz auf weiß bereits in zwei Büchern vor.
Ab 1964 begann meine Senftenberger Zeit bei der damaligen Kreisdienststelle des MfS. Parallel dazu verlief der Start in eine bis heute andauernde Zeit der familiären Gemeinsamkeit. Schließlich kam das Studium in Sicht, von 1970 bis 1974, dem ein gewisses Finale in das Zentrum der Sicherheit in der Hauptstadt Berlin folgte. Bekanntlich bis zum Super-GAU. Die nachfolgenden Lebensabschnitte habe ich in diesen hier nun vorliegenden Aufzeichnungen skizziert.
Jede der aufgezählten Phasen hatte einen Startbereich und ein Ende, hatte ihre unbeschwerte Zeit und wohl beschwerlichere Wegabschnitte aufzuweisen. Manch Ende war anders als erhofft, also weniger gut oder gar unendlich traurig.
Weshalb sollte meine nun beendete Arbeitszeit ein Ende des aktiven Tuns sein? Neue Aufgaben, neue Herausforderungen mussten für mich unruhigen Geist her. Ich brauchte gar nicht lange zu suchen. Allerlei Dinge standen praktisch vor der Tür oder warteten etwa im Kopf auf Abruf.
Meine Selbstverpflichtung an Körper und Geist lautete schlicht und einfach etwa so: Ich werde mich ohne wenn und aber einstellen auf dieses neue

Leben und mich einzurichten versuchen in die neuen Umstände, die dieses Leben mit sich bringen würde. Und mich betätigen, nützlich machen. Nicht nur wegen meiner selbst willen.

*

Zum Ersten erwartete mich schon einmal eine neue Situation in der Familie. Ich befand mich als nicht arbeitendes Familienmitglied plötzlich in der Position des Hausmannes. Mit der Hausarbeit, außer dem Essenkochen, hatte ich nie Probleme. In der Familie herrschte immer eine gute Arbeitsteilung. Sie war jetzt nur zu verschieben, in Richtung der maskulinen Seite. Frauchen sollte zu Hause entlastet werden, um in ihrem durchgehenden 2-Schicht-Dienst im Seniorenheim „Am Rosengarten" in Berlin-Buch ihr Bestes für die dort untergebrachten Alten unserer Gesellschaft zu geben. Wohnung säubern, Wäsche waschen, Fenster putzen und die 1000 kleinen Dinge wie das Einkochen von Marmelade – all das gehörte nun 100pro zu meinen Aufgaben. Dazu kam noch die Funktion als Chauffeur. Weil Frauchen keinen Führerschein hat und die Nutzung des ÖPNV, was so viel wie Öffentlicher Personennahverkehr heißt, eine Weltreise mit zig Umsteigern bedeutet hätte, kutschierte ich sie arbeitstäglich von Hohenschönhausen nach Buch und holte sie von dort wieder ab. Also hin und zurück und noch einmal hin und zurück. Dazwischen lagen für mich acht Stunden „Heimarbeit". Da gingen die Tage und Wochen, die Jahreszeiten zwischen Winter und Sommer im Eilflug der Zeit und der Kilometerleistung des Autos herum. Diese Periode dauerte an bis Ende März 2011, dem Tag ihres 65. Geburtstages. Die ganze Familie stand am Eingang des „Rosengartens" und holte die Gattin, die Mutter, die Oma mit Blumen und Glücksraketen von ihrer letzten Schicht ab, geleitete sie heim und damit auch in ihre wohlverdiente Rentenzeit. Sie ist bisher das einzige Mitglied unserer gesamten Sippe, die bis zum letzten staatlich vorgegebenen Termin zum Erreichen der Regelrente in Arbeit und Lohn stand. Außergewöhnlich für unsere Zeit! Was demzufolge als wichtig anzumerken wäre.

Eng verknüpft mit meiner Hausmannstätigkeit und parallel dazu verlief die des „Datschenbauern". Im Jahre 2001 hatte die Familie im Zossener Ortsteil Am Luch ein schönes Gartengrundstück mit Laube Marke Eigenbau darauf erworben. 500m^2 Fläche, ringsherum Hecke und jede Menge Obstbäume. Als Krönung stand ein ausbaufähiges Gartenhaus darin mit Wohn- und Schlafraum, Dusche und Nebengelass. Das Wasser gelangte aus einem Tiefbrunnen an die Oberfläche. Strom lag sogar an als Dreh- und Normalstrom. Verständlicherweise hatten wir da beim Kauf Visionen.

Visionen, die allerdings nicht mein Ausscheiden aus der beruflichen Tätigkeit und auch nicht die sich enorm verändernden Dienstpflichten meiner Gattin berücksichtigen konnten. Dem war später dann Stück für Stück Rechnung zu tragen. Ich schuftete und baute von Anbeginn an und erst recht später nun als von der „Arbeit Freigestellter" bei wesentlich mehr Zeitvolumen mit und ohne Hilfe auf diesem Grundstück. Das Bio-Klo wurde durch ein modernes WC ersetzt und das Abwasser in unterirdisch verlegte Tonnagen abgeleitet. Die Räume erhielten eine Innenauskleidung mit Paneelen sowie später eine Außendämmung – vom Gartennachbarn angebracht, der Fachmann und obendrein zu dieser Zeit arbeitslos war. Warmluftheizkörper und zusätzliche Fenster sorgten für mehr Flair und Wohlbehagen. Das Dach musste neu gedeckt werden. Wer schon mal mit einer Rolle Dachpappe auf der Schulter eine Leiter empor gestiegen ist, kann meine Kraftakte dabei nachvollziehen. Als Schmuckstück erwies sich die von Sohn und Schwiegersohn gepflasterte Veranda mit Überdach. Bäume waren zu fällen, neue Bäume sowie Beerensträucher wurden gesetzt. Dazu Stauden über Stauden. Letztlich war dieses Wochenendgrundstück ein für uns zeitlich begrenztes jedoch mit superguten Erinnerungen verbundenes Erholungsrefugium. Wir feierten Geburtstage und andere Anlässe, die manch trübe Laune vergessen ließen. Besonders der Enkel tobte mit und ohne Freunden und öfter mit dem Opa in der riesigen Wasserplantsche oder er lag in der am riesigen Süßkirschenbaum angebrachten Hängeschaukel. Genug der Schwärmerei. Ich war jahrelang als „Datschenbauer" und als Bratwurströster im wahrsten Sinne des Wortes „entspannt" eingespannt. Eine schöne Zeit, in der ich vor allem praktische und handwerkliche Dinge ausleben konnte wie nie zuvor. In der gewisse belastende Dinge aus der Vergangenheit und auch der aktuellen politischen Entwicklung in den Hintergrund gedrängt wurden – zumindest zeitweilig.
Das Ende dieser Schönzeit kündigte sich später an, als die körperlichen Probleme die Bewirtschaftung des Grundstückes erschwerten und zur Last werden ließen. Da war es schon ein Glücksfall, dass eine alte Dame, die immer einmal wieder neidisch über unseren Gartenzaun geschaut hatte, sofort zuschlug, als wir ihr den Verkauf offerierten. Als frühere Kneipenwirtin in Westberlin war sie Handschlaggeschäfte gewohnt, bei denen die Scheine sofort auf den Tisch gelegt wurden. Wir haben dieses Geschäft nicht bereut und leben nun nach der von meinem früheren Geschichtslehrer Klaus Boenisch in seinem Erinnerungsbuch aufgeschriebenen Lebensweisheit: Meine Datsche ist die Parkbank!

Natürlich klopfte das jüngere „alte" Leben ab und zu an meiner Tür. Es gab Anfragen in der Richtung, ob und wie ich denn meine Kenntnisse und mein

Insiderwissen zur Wachschutzbranche anderen nutzbar machen könnte. Es sollte nicht mein Schaden sein! Hinter derartigen Sprüchen lauerte mehr als deutlich stets ein Teufel namens „Absahne". Manch einer hinter diesen Anfragen Stehender dachte in durchaus aktueller Denkschablone, ich würde wohl wegen meines Abganges von der DCH Holding diese und damit meine in Berlin geleistete eigene Arbeit verraten, Kunden abwerben, Verträge drehen wollen. Da waren sie bei mir an der falschen Adresse. Ich wurde 1990 nicht zur Plaudertasche oder zum Verräter und das sollte auch heute so bleiben.

Mit einem Unternehmen jedoch, das scheinbar seriös daher kam und dessen leitenden Mitarbeiter ich geraume Zeit vorher schon kennengelernt hatte, kam ich dennoch in engeren Kontakt. Schließlich wurde ein Beratervertrag abgeschlossen „zur Unterstützung der Geschäftsführung… bei strategischen oder wichtigen aktuellen Unternehmensproblemen und Aufgabenstellungen…". Das hörte sich gut an und die anfänglichen Gespräche ließen darauf hoffen, dass ich etwas von meiner Kreativität und meinen spezifischen Branchenkenntnissen loyal nutzbar machen könnte. In einer von mir gefertigten Gefährdungsbeurteilung zu einem besonderen Sicherungsobjekt war das dann auch tatsächlich der Fall. Im Verlaufe des etwa ein Jahr andauernden lockeren Zusammenwirkens kam ich dennoch zu der Ansicht und verspürte auch deutlich, dass der Boss dieses Unternehmens, ein Wessi, von mir keine Beratung sondern eben eine „Lieferung" erwartete. Also auf Insiderwissen und Verrat aus war. Bei mir war er an der ganz falschen Adresse. Es kam zum Abbruch des Kontaktes. Außer Spesen nichts gewesen! Keine Zahlung an mich. Und das war auch gut so, um mit den Worten des ehemaligen Berliner Regierenden Wowereit zu sprechen. Entschädigt wurde ich für mein Engagement und meine Fahrten durch ganz Berlin dadurch, dass ich in dieser Zeit immerhin den Botanischen Garten in Dahlem mit seinen Gewächshäusern und riesigen Freiflächen sowie dem dort befindlichen Botanischen Museum in allen Facetten zu Gesicht bekam, darin nach Belieben umherwandern und staunen konnte ob der pflanzlichen Wunderwelt unter freiem Himmel oder unter Glas, die sich mir bisher in dieser Vielfalt so noch nie erschlossen hatte.

*

In meinem Leben gab es viele Weggefährten. An richtigen Freunden allerdings mangelte es da schon. Ein Freund ist etwas ganz Besonderes! Ein Mensch, mit dem man durch dick und dünn gehen kann, dem man seine innere Seele anvertrauen kann, der für einen da ist, wenn die Situation es

erfordert. Solch einen Freund und Kumpel hatte ich für drei Jahre bei den Fallschirmspringern. Sein Spitzname war Bimbo. Unsere Freundschaft litt auch nicht, als er nur wenige Zentimeter neben mir mit einer Pistole durch eine Tischplatte schoss. Im Gegenteil, wir wurden nahezu unzertrennlich. In diese Freundschaftsnähe war gleichfalls mein Freund Dietmar angesiedelt. Wir kannten uns aus der Oberschulzeit in Senftenberg, während der er mir das Pfeiferauchen mit der süßlichen Marke Schwarzer Krauser beibrachte. Er hat hier in Berlin dann später als Spezialist den großen in Lauchhammer in Bronze gegossenen Denkmälern für Thälmann, Marx und Engels sowie den Ehrenmalen am Landwehrkanal für Liebknecht und Luxemburg eigenhändig den letzten Schliff gegeben. Nach dem Ende der DDR war der Bronzeguss aus Lauchhammer nicht mehr gefragt. Dietmar ging in den Westen, nach Gießen, wo seine Zieseleurqualitäten in einem Privatbetrieb anerkannt und geachtet wurden. Leider spielt das Leben nicht so wie man es selbst will. Mit Dietmar hat mein einziger richtiger Freund diese Erde zu zeitig verlassen. Wo ich ihn jetzt gebraucht hätte. Zum klönen oder quatschen wie man so schön sagt. Nicht zur politischen Diskussion, denn da war er ein echter Chaot, sondern nur so zum Heraushängenlassen der Seele. Schade, denn Freunde kann man sich nicht backen. Kaufen kann man sich auch nicht. Möglicherweise vielleicht andersgeartete Freundschaften eingehen? Der Gedanke schien nicht übel. Mein jüngster Freund kommt, diesem Gedanken folgend, ersatzweise aus dem Bereich der Technik. Sein Name lautet schlicht und einfach Computer. Ich begann, ihm in dieser Zeit ohne vorgegebenen Arbeitsrythmus meine Gedanken, meine Erinnerungen anzuvertrauen. Er verhielt sich bei den Tastatureingaben still wie ruhendes Wasser, heuchelte weder Zustimmung noch quakte er im Widerspruch. Er war geduldig ob meiner Schreibwut, meiner Korrekturen und Löschattacken. Er forderte von mir keine Zeiteinteilung, stand aber Gewehr bei Fuß, wenn meine Gedanken freiwillig marschieren wollten. Das Aufschreiben dieser Erinnerungen, ob im durchgehenden Buchtext oder in Form von Short Stories abgespeichert, gab meinem Leben nach der unendlich langen Zeit der Lebensarbeit einen neuen, einen so bisher nicht gekannten Sinn. Es füllte die Lücken in meinem Dasein mit bisher nicht gekannten, neuen Inhalten aus.
Mit diesem Freund namens Computer habe ich Unmengen und heute nicht mehr nachzuweisende Zeiten verbracht. Als Geschäftsmann würde ich sagen, er ist mein stiller Teilhaber geworden. Er ist mir, obgleich Maschine, irgendwie ans Herz gewachsen.

*

Während der Schulzeit schrieb ich Aufsätze. Gerne auch mit Unterstützung meiner Mutter, die mir vor allem beim Suchen und Ordnen von Fakten und Ideen halft. Ohne je das Buch „Das siebte Kreuz" von Anna Seghers gelesen zu haben, unterstützte sie mich bei einer respektablen Niederschrift! Den Letzten meiner schulischen Aufsätze brachte ich am Tage des Starts des ersten Kosmonauten der Welt, Juri Gagarin, im Jahre 1961 in der Senftenberger EOS auf das Papier. Es ging auf das Abitur zu. Und ich stand in der Startlöchern für den Gang in das Erwachsenenalter und in die Welt. Deshalb wählte ich aus drei vorgegebenen Themen das mich in diesem Moment der Weltraumerstürmung am direktesten Berührende. Es hieß „Ich träume vom Jahr 2000". Die Gedanken schienen gut gelungen und das Thema gut erfasst worden zu sein, denn die Benotung ließ sich sehen. Leider konnte ich in diesem Moment des Schreibens und einer später durch die Mauer zur westdeutschen Seite vorgespiegelten Scheinsicherheit meines Staates nicht vorhersehen oder erträumen, in welchen persönlichen und gesellschaftlichen Verhältnissen ich mich im Jahre 2000 tatsächlich befinden würde. Meine 35 Jahre zuvor geträumten Träume sahen in der realen Wirklichkeit des Milleniumjahres doch etwas anders aus. Ich verfügte eben nicht über die Gabe von Buchela, der Wahrsagerin vom Rhein, die nicht nur Herrn Adenauer Visionen in das Ohr geflüstert haben soll. Leider... Aber wäre etwas zu ändern gewesen?

Mit dem Schreiben nahm es später kein Ende. Vom Militär aus schickte ich fast wöchentlich Briefchen zu den Eltern. Ich kann mir heute kaum vorstellen, was da so alles aufgeschrieben worden war, denn dienstliche Obliegenheiten waren als Militärgeheimnis eingestuft und durften „Unbefugten" nicht mitgeteilt werden. Kein Brief aus dieser Zeit ist erhalten geblieben. Leider. Dafür habe ich alle Briefe meines Sohnes später gut aufgehoben, die er während seiner Zeit im Waffenrock im Jahre 1984 an uns geschickt hat. Sie sind banal-aufschlussreich, trotzdem eigentlich richtig schön. Meine Briefe werden ebenso ausgesehen haben, kann ich mir vorstellen.

Ab dem Jahre 1964 folgten für mich Jahre der schriftlichen Dokumentation zu Obliegenheiten meiner Sicherheitstätigkeit. Einiges darunter musste der Wichtigkeit und Ordnung wegen regelmäßig auf einem besonderen Nähbrett mit Nadel und Faden mühselig zusammengebunden werden, zurückzuführen auf die Tradition der Berater und Freunde aus der Sowjetunion. Was davon später überlebt hat, und das ist wohl fast alles, lagert heute in speziellen Archiven und wartet darauf, dass neugierige Augen und Hirne nach dem Lesen (möglicherweise) ein enttäuschtes Gesicht hinterlassen. Man sollte diese in vieler Hinsicht subjektiv und in „wasweißichwelcher" Fasson fabrizierten Dinge im blauen oder gelben Pappdeckel eigentlich dem Reißwolf der Geschichte überlassen, was helfen könnte, künftigen Ärger, Frust und Hader zu vermeiden. Darunter natürlich auch meine derartigen Hinterlassenschaften.

Später, nach meinem Studium in Potsdam, wo es auch viel zu schreiben gab, nicht nur eine Belegarbeit zur philosophischen Sicht auf die Widerspruchsproblematik sondern auch eine Diplomarbeit, folgte eine länger anhaltende Phase ausgesprochen analytischer Tätigkeit. Fakten zur Kenntnis nehmen, durchdenken und aufschreiben, erörtern und wieder schreiben, neu fassen, beraten und erneut aufschreiben. So zu schreiben, dass der Empfängerkreis bei Partei und Regierung das Dargelegte und mögliche Anregungen sowie Vorschläge auch erfassen und verstehen kann. Begreifen selbstverständlich ebenso. Und das alles ohne Computer. Das gedanklich Vorweggenommene war mittels Bleistift aufs Blockpapier zu bringen. Die Schwielen am rechten Mittelfinger ob der mühseligen Handarbeit sind jetzt noch erkennbar. Der Radiergummi gehörte natürlich in Reichweite abgelegt. Schere und Leim ebenso, um Dinge nicht noch einmal schreiben zu müssen, wenn sie lediglich in neuen Texten zu platzieren waren. Nicht zu vergessen das weiße Teufelszeug, Tipp-Ex geheißen, das sich überall festzusetzen schien. Im Stahlschrank warteten zwei Abfallbehälter auf eine längere Verweildauer der erledigten Manuskripte vor dem Weg in den Reißwolf. Wohl wissend, dass immer einmal wieder schon etwas Aufgeschriebenes für eine andere „Bestellung" erneut Verwendung finden könnte. Nach der Devise – steter Tropfen höhlt den Stein.
Die abgeschlossenen Informationen trugen ihres Charakters wegen überwiegend den Aufdruck „Streng geheim" und die Bemerkung „Nur zur persönlichen Kenntnisnahme bestimmt". Duplikate lagerten in meinem Panzerschrank und in anderen sicheren Schränken. Wohlverwahrt, denn es ging ja nicht um Kochrezepte sondern um die die staatliche Sicherheit betreffenden Dinge.
Nach dem Super-GAU war mir der Zugriff zu meinen einstigen Unterlagen verwehrt, ich hatte nichts mehr von all diesen Dingen in der Hand. Lediglich Restgedanken lagerten abgespeichert in meiner Erinnerung. Umso überraschter und vielleicht auch geschockt war ich, als bereits 1990 etliche der von mir erarbeiteten Informationen als gedrucktes Buch vor mir lagen. Herausgegeben von Personen, deren Namen ich des Öfteren früher schon zu Papier gebracht hatte und in einem Verlag, der mir unbekannt und vielleicht ein Eigenverlag war. Nun, ja, die Sieger der Geschichte zeigten

ihren Fleiß an. Immerhin konnte ich so beispielsweise einiges aus meiner früheren Tätigkeit ohne Probleme nun öffentlich vorweisen, meinen Freunden offerieren, ohne den einst abgelegten Treueeid brechen zu müssen. Trotzdem ist mir noch heute beim Lesen flau im Magen, denn jede dieser Informationen war politisch zeitbezogen und kann nur so richtig gedeutet und beurteilt werden. Fehlerhafte Aussagen gab es auch – wer liegt schon immer richtig in seiner Aussage? Aktuell urteilen nun dem Grunde nach Menschen über solche Texte und Aussagen, deren Einschätzungsvermögen teilweise durch persönlichen Haß auf diesen deutschen Staat mit sozialistischem Kurs verwirrt oder geblendet ist. Schlimmer noch scheinen mir allerdings diejenigen zu sein, die in diesem Geschichtsfenster deutscher Umbrüche und zum Zeitpunkt des Entstehens jener Informationen noch in die Windeln gesch... haben mögen.

*

Verzeihung wegen diesem Rückblick in meine ganz persönliche Schreibgeschichte. Er scheint wichtig, um kenntlich zu machen, dass ich in meiner nunmehrigen Lage im vorgerückten Alter nicht bei der Stunde „Null" anfing. Etwas Übung gab es da quasi schon. Daran wollte und konnte ich anschließen. Jetzt, wo es in meinen Fingern juckte und ich Zeit hatte, diesem Juckreiz nachzugeben. Es benötigte demnach keiner besonderen anderen Initialzündung.

Meiner ersten Idee folgend, die Geschichte meines Geburtsortes in der Niederlausitz im Kontext meiner Familie und meiner Jugendzeit aufzuschreiben, weil durch den Braunkohlebergbau sehr vieles davon im wahrsten Sinne des Wortes „verschütt" gegangen ist, suchte ich in meinen papiernen Relikten nach Hinweisen, Fakten, Unterlagen und Bildern. Und fand allerhand. Manche dieser Dinge, wie beispielsweise der Wehrpass meines Großvaters mit allen Kampfeintragungen während des 1.Weltkrieges, der Durchgangsschein des Lagers Friedland bei der Rückkehr meines Vaters aus der englischen Kriegsgefangenschaft oder mein Pionierausweis aus der Grundschulzeit eröffneten den Raum für komplette Geschichten. Die Puzzel ergänzten vielfach einander, ließen Bilder und Abfolgen entstehen und warfen Fragen auf. Mir erschlossen sich beim Schreiben bisher nicht bekannte Welten zu meiner Lausitzer Heimat und zu meiner einst aus Schlesien nach dort eingewanderten Familie.

Richtiggehend stolz war ich darüber, wenn neue und unbekannte Fakten oder Zusammenhänge in den Focus meiner Recherchen rückten. Und ich konnte mich glücklich schätzen, in dieser Zeit nicht nur meine Mutter sondern daneben noch relativ viele Zeitzeugen, ich nenne sie gerne liebevoll

„Zungen", bei den Recherchen nutzen zu können. Meine an Jahren älteste Zunge, die mich schon in der ersten Schulklasse unterrichtete, ist heute weit über 90 Jahre alt und plauscht immer noch mit mir über vergangene Zeiten, wenn ich sie in ihrem Seniorenheim besuche.

Die Schreiberei zu diesem Buch lief also an. Ohne Druck, ohne Hast. Meine Erinnerungen lagen vergleichbar einem Schwamm in meinem Kopf, der nur auszudrücken war. Und so hatte ich irgendwann ein geschlossenes erstes digitales Manuskript als Datei vorliegen. Ein guter Freund „über fünf Ecken" brachte dieses Produkt zu Beginn des Jahres 2006 lesbar aufs Papier. Damit war es schon einmal besser zugänglich gemacht. In der Familie und für gute Kumpel, deren Meinung mir wichtig schien.

Nun war der nächste Schritt angesagt, sah ich doch in meinen Visionen ein richtiges Buch vor mir liegen. So einfach ist das in Deutschland jedoch nicht, ein solches Produkt auf den Markt zu bringen. Das Verlagswesen unterliegt den gleichen Mechanismen wie jedes andere Unternehmen in der Marktwirtschaft. Das heißt, jedes Produkt hat sich zu rechnen. Jedes Buch hat eine Auflagenhöhe zu erreichen, um letztlich rentabel zu sein. Stars der Medienbranche haben diesbezüglich nichts zu befürchten – die Neugier der Rezipienten ist so groß, dass schon vor dem Druck mancher Erinnerungen die Kasse klingelt. In meiner Kategorie war das nicht der Fall. Meine Anfragen bei Verlagen lösten dort keine Begeisterungsstürme aus. Ich wurde auf den Boden der Realität gebracht, wenn mir beispielsweise der Semikolonverlag versicherte, mein von ihm als gut bewertetes Manuskript zwar drucken zu wollen – ich aber einen Produktionskostenzuschuss von fast 5000 EURO selbst tragen müsse. Bei dem offerierten Verkaufserlös pro Exemplar hätte ich schon vor Druck und Verkauf in den Miesen gestanden. Das ging gar nicht. Überhaupt nicht. Weitere Überlegungen waren also angesagt.

Und wie das Leben so spielt. Zwei alte Bekannte trafen sich auf der Straße, sprachen über dies und das und die eigenen Problemchen, bei denen der Schuh drückte. Einer sagte zu, einen Kontakt zu einem progressiven Berliner Verlag vermitteln zu wollen. Das passierte. Und am 21.Januar 2008, um 15.00 Uhr, saß ich in den Räumen dieses Verlages, offerierte einem sympathischen Verlagsmenschen mein Vorhaben, übergab ihm ein Manuskript, das er irgendwie interessiert aber trotzdem würdelos entgegennahm. Er hatte als Sachkenner im Verlaufe des Gespräches längst eruiert, was in meiner Sache gehen würde und was nicht. Und so war dann seine knallharte Antwort mehr als ernüchternd für mich: Momentan interessieren auf dem Markt Militaria aber keine privaten Lebenserinnerungen („...die will kein Schwein..."). Zum Wachregiment Berlin

allerdings, ja, da läge in dieser Hinsicht noch nichts vor. Der Verlag würde mir noch ein Jahr Zeit zu weitergehenden Recherchen einräumen, damit ich den bisherigen Abschnitt des Manuskriptes überarbeiten, anreichern und vervollständigen kann. Danach würden wir uns wieder sehen! Und tschüss...!
Ein knallharter Hieb in das Gesicht eines Optimisten meines Schlages. Allerdings kein k.o. Es war lediglich wieder einmal der Beginn zur Lösung einer neuen Aufgabe angesagt. Der eigene Erfolg wächst bekanntlich mit dem Grad der Schwierigkeiten, die zu bewältigen sind, heißt es im sprichwörtlichen Sinne.

*

Das Kalenderjahr meines 65. Geburtstages, des Startes in meine reale Lebensphase als Altersrentner, stand nun ganz im Zeichen der Vorgabe des Verlages. Ich recherchierte, knüpfte Kontakte und schrieb wie ein Weltmeister. Ich kam dabei immer wieder mit Kumpel von vor fünfzig Jahren in Kontakt, mit denen ich gemeinsam das Fallschirmspringen meisterte und bei Wind und Wetter im Übungsgefecht im Dreck gelegen hatte. Ich lernte die beiden letzten Regimentskommandeure kennen, wurde mit ihnen warm und konnte somit auf Informationen aus erster Hand bauen. Gleichsam wurde ich aufgenommen in einen Kreis von Veteranen bestehend aus früheren Offizieren des Regimentes, der sich den Namen „Krüger-Runde" (benannt nach meinem dort integrierten ehemaligen Mitarbeiter aus dem Revierkontrolldienst der ASB) gegeben hatte und der sich regelmäßig zum Frühschoppen traf und auch heute noch trifft. Freundliche solidarische Hände drückten mir Befehle, Direktiven und andere Dokumente das Wachregiment betreffend in die Hand, die früher einmal streng geheime Papiere waren und diesen Passus als Stempel auf jeder Seite trugen. Woher diese nun kamen, interessierte mich wenig, denn andere Unbefugte hatten sich derartige Dinge schon vor mir ohne zu fragen angeeignet. Der Zweck heiligt die Mittel und das Ziel. So war es und so ist es im täglichen Leben. Glück muss der Mensch eben haben. Und wenn bei diesem Glück noch tatkräftige Unterstützung zum Gelingen beim eigenen Tun dazu kommt, kann man zufrieden sein. Ja, sicher, wenn da nicht Unwägbarkeiten wie Riffe im Meer für ein Schiff lauern würden. Bei mir war es die PC-Technik. Der Lüfter des Towers streikte, die Werkstatt reparierte ohne Sicherungskopie – und plötzlich war alles Aufgeschriebene weg. Experten in der Familie brachten einiges wieder zum Vorschein... Etliches war jedoch neu zu erarbeiten. So geht es eben einem Laien im Geschäft. Im Wissen um derartige Gefahren sichere ich heute im PC alles sehr zeitnah und lieber mehrfach. Man kann ja nie wissen, wo die nächste Gefahr lauert und einen urplötzlich überfällt.

Auf mich selbst war da schon unbedingt Verlass. Diese Selbsthudelei muss ich an dieser Stelle von mir geben, gleichgültig, was der Leser denken mag. In Kurzfassung deshalb: Mein überarbeitetes, ja eigentlich auf neu erarbeitetes Manuskript lag genau ein Jahr später am 24. Januar 2008 wie vereinbart auf dem Tisch des Verlages. Persönlich hingebracht. Zweifach - digital als CD-ROM und druckfrisch auf Papier. Vierzehn Tage später kam per Post ein Großumschlag mit dem zuvor verabredeten Autorenvertrag bei mir an. Zum Unterzeichnen. Auf etlichen Seiten waren Dinge in für mich bisher unbekannter Art detailliert und zwingend festgeschrieben. Es schien, als ob ich ein fremdartiges Buch vor mir zu liegen und den Inhalt zu deuten hätte. Die Rechte des Verlages waren dort artikuliert und überexakt stand festgeschrieben, was ich nicht mehr dürfe, nicht mehr dürfe, nicht mehr dürfe... Das war zwar juristisch akkurat, roch aber nach starkem Tobak. Ich las jedoch in meiner momentanen Euphorie durch die rosarote Brille nur die eine entscheidende Aussage „Das Buch wird gedruckt". Und ich unterschrieb. Damit hatte ich das Kind meiner mühsamen Aufschreiberei, das Produkt einer sehr zeitaufwändigen Arbeit mit Strunk und Stiel verkauft. Im wahrsten Sinne des Wortes.

Schon das vertraglich festgeschriebene Erscheinungsdatum zum Ende des Sommers hielt der Verlag nicht ein. Dafür hatte ich Verständnis, war ich doch aus DDR-Zeiten Verspätungen gewohnt. In mir hummelt es dennoch weiter, würde ein Imker meine Situation bezeichnen. Die Wochen zogen sich hin.

Dann, das Jahr lief im Endspurt, ein Anruf vom Verlag. Der Zündknopf war gedrückt worden. Irgendwie war die Zeit reif, oder Kapazität oder Geld vorhanden. Wer weiß? Es hieß, die Druckmaschinen befänden sich in Habacht-Stellung. Nun solle ich die scheibchenweise mir via Internet zugesandten Druckfahnen kontrollieren, bestätigen und zurückschicken. Das habe ich gemäß meinem preußischen Naturell und meiner Arbeitserfahrungen im früheren Leben akribisch gemacht. Wie ich feststellen musste, war im Manuskript herumgefuhrwerkt worden wie es einst der Teufel im Spreewald getan haben soll, so dass ich mich darin an einigen Stellen selbst suchen musste. Manches durchaus schien besser – ich war allerdings ein in sein Produkt verliebter Autor und unterschied mich in dieser Hinsicht nicht von anderen Schreibern und erkannte so nicht auf Anhieb Aussagen meiner eigenen Schreiberei. Anderes war absolut falsch „geändert" worden. Aus mir stolzem Säbelträger wurde plötzlich ein Fahnenträger. Welch ein Fiasko! Seitenweise wurde Text aus einem fremden Buch eingefügt und schließlich sollte noch der Text der bekannten

Lobeshymne „Die Partei hat immer recht..." an irgendeiner Stelle positioniert werden. Dieses Lied von Louis Fürnberg war mir schon immer suspekt, will sagen, ist mir gegen den Strich gegangen. Immer recht haben zu wollen – das geht einfach gar nicht. Also habe ich mich gegen letzteres strikt gewehrt und mit einem Veröffentlichungsrückzug gedroht. In diesem Punkt wurde ich erhört. Alle anderen akribisch in die Fahne eingeschriebenen Korrekturen und Verbesserungen fanden weder sehende Augen noch hörende Ohren. So bin ich im Buch eben als Fahnenträger festgeschrieben ohne je die Regimentsfahne getragen zu haben – mein Fahnenträgerfreund Jürgen wie auch andere Insider zeigten allerdings Verständnis für diesen und andere Fehler im Buch. Mich regt das heute noch auf. Ich schäme mich noch immer, denn ich kann keinem Leser des Buches „Rote Spiegel – Wachsoldaten in der DDR", so der endgültige Titel, glaubhaft versichern, dass dieser ganze Fehlerteufelmist nicht auf meinem Mist gewachsen ist. Und auch nicht manchem Rezensenten, der darauf später anspielte. Apropos Rezensenten. Wider Erwarten zeigten sich diese mir gegenüber trotz allem nicht ganz unfreundlich oder böswillig. Nicht einmal die FAZ vom westlichen Main. Einer der Rezensenten fabulierte sogar unter dem Titel „Arschbackenprosa", weil ich tatsächlich zwei Mal dieses Wort mit dem „A" verwendet hatte. Aber hätte ich denn in einem militärisch geprägten Text den Begriff „Popo" verwenden sollen? So waren die Lacher dann eben auf Seiten des Rezensenten.

*

Die ersten Textauszüge von „Rote Spiegel" erschienen als Vorabdruck in den politischen Tageszeitungen „Junge Welt" und „Neues Deutschland" im November und Dezember 2009 . Der Verlag hatte das organisiert und hat dafür bestimmt nicht schlecht abkassiert. Es war quasi Startwerbung. Danach gab es die normale Verkaufswerbung. Das war so in Ordnung. Eine Buchvorstellung in Berlin wie ich das anvisiert und erwartet hatte und auch so kannte, gab es leider nicht. Die Vorweihnachtszeit solle dem entgegen gestanden haben. Möglich. Wer glaubt, wird selig. Ich hatte meinen Glauben lange zuvor, nämlich bereits 1961, abgelegt
Also packte ich die Sache selbst an, nahm ein Paket Bücher unter den Arm und marschierte los. Am zweiten Dienstag im November 2009 traf ich mich so mit Veteranen des Wachregimentes in der Krüger-Runde in Alt-Friedrichsfelde zu meiner allerersten Buchvorstellung. Am 15.Dezember organisierten Freunde mit mir zusammen in einer Gaststätte in Berlin-Oberspree dann einen weiteren sehr ansprechenden gleichartigen Event. Ich glaube, in dieser Umgebung wurde der Begriff „Rote Spiegel",

ausgehend von dem Buchtitel, synonym für die ehemaligen Angehörigen des Wachregimentes Berlin des MfS irgendwie neu geprägt und immer weiter verfestigt. Er ist zwischenzeitlich aktueller Allgemeinbegriff in der Szene!
Später folgten weitere Lesungen, hier in Berlin, aber auch in meinem Heimatort Schipkau. Ich war im Geschäft. Immer nahmen frühere Freunde und Gefährten, ehemalige Arbeitskollegen und Familienmitglieder daran teil. Sogar mein US-amerikanischer Journalistenfreund Gay saß in der Schipkauer Runde, friedlich neben dem früheren Stellvertreter der Kreisdienststelle Senftenberg und meiner alten Lehrerin von 1949. Selbstverständlich freute ich mich über dieses Interesse und auch darüber, dass ich all dies ohne Unterstützung des Verlages stemmen konnte.
Leider gab es später mit dem Verlag nach langwierigen Querelen wegen der Nichteinhaltung seiner vertraglich vereinbarten Pflichten ein für beide Seiten unschönes Ende. Sehr schade, denn dieser Verlag war es ja, der mir Öffentlichkeit verschaffte und noch heute einer der ganz wenigen ist, der in der deutschen Verlagslandschaft der DDR-Vergangenheit diese Öffentlichkeit ermöglicht. Leider ist wegen dieser Kalamitäten jetzt weder der Titel „Rote Spiegel..." im einsehbaren Verlagsregister gelistet, noch ist meine Name dort in einer Übersicht der Autoren auffindbar. Ganz früher hat der Papst mit der Goldenen Bulle gedroht oder diese verhängt, wenn sich Personen nicht papstgläubig-konform verhielten. Er hatte die Macht dazu. Nun praktizieren einige Leute in der neudeutschen Demokratie bei mir das, was ich in der sozialistischen DDR als wenig schön kennengelernt hatten: das Verschweigen unliebsamer Leute oder Fakten. Ungeachtet dessen ist mein Buch an die 5000mal verkauft und wie ich weiß, vielfach mehr durch Interessierte gelesen worden. Und schließlich ist ein bestimmtes Stück Zeitgeschichte und Zeitgeist zum Nachschlagen und Nachlesen in Bibliotheken und Bücherschränken aufgehoben. Selbst die bekannte Behörde mit dem Kürzel BStU hat es in ihren Bibliotheksbestand aufgenommen. Und wenn diese Behörde wie vorgesehen in das große Deutschlandarchiv aufgehen sollte, dann sind auch dort die „Roten Spiegel „ möglicherweise nicht schlecht aufbewahrt.

Wie ich nicht uneitel feststellen konnte, ist mein Buch nach dem Lesen vielfach nicht als abgetane Lektüre zur Seite gelegt worden. Im Gegenteil. Ich bekam fortan Kontaktanfragen aus Sonneberg und Rostock, aus Sangerhausen oder Görlitz. Man wollte wissen, ob ich derjenige wäre, den man zu kennen glaubte oder mit dem man zusammen gedient habe. Ich konnte Bestätigung mitteilen. Und hatte plötzlich Verbindung zu früheren Freunden und Kameraden, mit denen ich fast fünfzig Jahre nichts mehr zu tun hatte und die ihren Weg gegangen waren, studierten, Familien gründeten, oder wie ich, weiter bis zum Ende der DDR für den Schutz ihres Staates da waren. Und so kam der Gedanke auf und schließlich die in die Tat umgesetzte Idee, im Jahre 2011, also 50 Jahre nach der Gründung der von mir beschriebenen Diensteinheit, ein Traditionstreffen hier in Berlin durchzuführen. Wie sich das gehört, habe ich mich an die Spitze der Macher gestellt. Es wurde ein durchschlagender Erfolg. Etwa sechzig ehemalige Kameraden aus allen Ecken und Enden Deutschlands, darunter fast alle Vorgesetzten von damals, waren in der Runde zu sehen. Ein Fallschirm früherer Einsatzzeit und Musik sowie Geschichten brachten Stimmung in den Raum. Alte Freundschaften wurden erneuert, Verbindungen für die nachfolgende Zeit geknüpft. So manch einer versackte mit so manch einem nach offiziellem Veranstaltungsende noch an der Hotelbar. Wie vor fünfzig Jahren, als wir im Ausgang so manches Mal die Nacht zum Tage gemacht hatten.

Weil dieses Treffen Anklang fand konnte ein weiteres zwei Jahre später stattfinden. Da saßen dann schon etwa hundert Personen an der Tafel. Und etliche Rote Spiegel hatten ihre Gattinnen mitgebracht, weil die inzwischen sehr neugierig auf die Dinge von vor fünfzig Jahren und vor allem den Wahrheitsgehalt der Geschichten ihrer Mannesbilder dazu waren. Auf dem Erinnerungsgruppenbild schauen die Damen sehr fröhlich in die Linse. Sie mussten überzeugt worden sein! Von uns allen und besonders wohl von ihrem ganz persönlichen Rote-Spiegel-Gatten!

Für mich persönlich rundete sich damit diese lebensgeschichtlich besondere Zeit meiner Nachjugend im Wachregiment jetzt im Seniorenalter komischerweise ab. Ohne das Buch wäre das nicht möglich gewesen, wären meine Erinnerungen im Netz meiner grauen Zellen hängen geblieben und verkalkt, wären frühere gute Freundschaften und Kameradschaften lediglich Erinnerungen ohne die Wärme der Umarmung geblieben, wäre so mancher Kumpel für immer und ewig als „verschollen" abgemeldet worden, würde so manche Gattin eines Roten Spiegel die Erzählungen ihres Ehepartners als Spinnerei abgetan haben.

Ich persönlich wurde in dieser Zeit unbeabsichtigt zudem in eine gänzlich neue Konstellation von Freundschaften und Kontakten hinein katapultiert, die alle bisherigen durch Schule, Studium oder Arbeit „hinterlassenen" weit übertraf. Das war und ist sensationell! Das ist ein Glücksumstand der besonderen Art in einem Lebensalter, wo sich das bekannte menschliche Umfeld biologisch bedingt verkleinert, wo man die Vergangenheit an Freundschaften mit Kameraden eher bei der Urnenfeier besiegelt als am Biertisch begeht.

Schlussendlich: Mir scheint die Buchgeschichte Nummer 1 gelungen. Und aus dieser Sicht heraus wollte ich mich nahtlos an Nummer 2 versuchte.

*

Die Basis für ein zweites Buch war gegeben. Aus dem Manuskript hatte ich in der Bibliothek meiner Heimatgemeinde bereits lesen dürfen. Man wartete dort nun mit etwas Spannung auf das von mir angekündigte gedruckte und gebundene „Werk" über das heimatliche Schipkau.
Die Herausgabe im bisherigen Verlag in Berlin ging bekanntlich gar nicht. Geld für einen Eigendruck war kaum vorhanden. Verzagtsein kam dennoch nicht in Frage.
Glückliche Umstände orientierten mich in Richtung Altheimat. Schlussendlich kam ich mit dem in Cottbus ansässigen REGIA-Verlag in Kontakt, ins Gespräch und wurde mit ihm handelseinig wie man so schön sagt. Alles war hier lockerer als ich das vorher mit den Roten Spiegeln in Berlin erfahren musste. Ob es an der Heimat, an der Lausitzer Luft, an den Lausitzer Leuten oder gar am Thema lag? Ich denke schon, dass alles irgendwie mitspielte.
Vor Ort händigte ich dann Text und Bilder als digitale Druckvorlage aus. Das Team machte was daraus, ohne etwas anderes daraus machen zu wollen. Ich blieb ich, nichts wurde am Text verändert, nicht einmal meine im Original nicht bemerkten winzigen grammatikalischen Fehler. Der gesamte Bilderblock fand seine Stelle im Text. Phänomenal gemacht von den Gestaltern. Gefeilt wurde bis kurz vor Drucklegung lediglich um den Titel. Dann fiel er mir ein: „Schipkau Kolonie – Geschichte und Geschichten um eine Bergarbeitersiedlung in der Niederlausitz". Das passte! Ging es mir doch gleichwohl um die Historie wie um die erzählenden Episoden drum herum. Und so steht das in blauer Farbe gestaltete Büchlein mit diesem Titel nun im Regal. Lediglich meine alte Lehrerin Lucie Lehmann meckerte etwas. Wegen ihrer schlechten Augen hatte sie Probleme mit dem blauen Druck; sie hätte gern etwas in Richtung braun gesehen, das damit unserer Heimat und der Braunkohle eher entsprochen hätte. Man kann es eben nicht jedem recht machen.
Am 2. März 2012, einen Tag später jährte sich der 101. Tag der Geburt meines Vaters in diesem Ort, fand im neuen Gemeindezentrum von Schipkau dann die offizielle Buchvorstellung statt. Unter aktiver Mitwirkung des Verlages natürlich. Wie immer auch mit der großartigen Unterstützung durch die Bibliotheksmitarbeiterinnen. Und in Anwesenheit des Bürgermeisters, der gute Worte für das Stück auf Papier gebrachte Geschichte seines Amtes, unserer Heimat, übrig hatte. Im Publikum saß

neben meinem Geschichtslehrer von der EOS von vor vierzig Jahren der frühere Direktor des ehemaligen Braunkohlebetriebes, was mich berührte und irgendwie auch ehrte. Eingefunden hatten sich viele, viele ortsgeschichtlich Interessierte aus nah und fern, Freunde aus zurückliegenden Zeiten wie Gerhard, mit dem ich acht Jahre gemeinsam eine Schulbank drückte und sogar bei der Konfirmation auf den Knien vor dem Altar hockte, und natürlich Familienangehörige. Der Saal reichte nicht aus. Nachdem die Zahl 100 überschritten war, musste geschlossen werden. Leider, muss ich sagen.

Mit einem zum Buchtext passendem Bildvortrag stimmte ich das anwesende Völkchen auf meinen geschichtlichen Rückblick ein. Das kam gut an, sah man doch jetzt schwarz auf weiß und manches sogar bunt von der verschwundenen Heimat und konnte sich so ein besseres Bild machen, als nur verlesene Worte zu hören. Somit war alles stimmig, auch die sich anschließende Signierstunde, wo es kostenfrei die eine oder andere Überraschung für mich gab, wenn ich das eine oder andere mich freundlich anlächelnde Gesicht nicht gleich deuten konnte.

Geschafft, geschafft, geschafft, hätte ich jetzt in Anlehnung an meinen Durchbruch im Jahre 1990 im REWATEX-Waschhaus jubeln können. Doch dieses Mal stellte sich die Sache etwas anders dar – 1990 wollte ich den Arbeitskolleginnen beweisen, dass ich es auch kann, diese Tagesnorm an Waschwagen nämlich zu schaffen. Jetzt nun hatte ich mir persönlich etwas bewiesen, nämlich mein eigenes angestrebtes Ziel erfolgreich zu realisieren.

„Schipkau Kolonie" erreichte wegen seines spezifischen und lokalen Inhaltes verständlicherweise nicht die Auflagenhöhe von „Rote Spiegel". Die Leserresonanz jedoch schien mir enorm. Mich erreichten neben den Bekundungen aus der Heimat zudem Zuschriften aus vielen Ecken Deutschlands. Solche vom Bodensee und aus Schleswig-Holstein waren auch darunter. Nicht nur die Roten Spiegel findet man überall in Deutschland, sondern auch ehemalige Schipkauer als Menschen, die in anderen Regionen neue Ziele gesucht hatten, aber letztlich ihre Wurzeln in der Lausitzer Braunkohlenerde in und um Schipkau wissen, ihre Liebe zu diesem Ort keineswegs verloren haben und auf dem Laufenden bleiben möchten, was die Heimat angeht.

*

Meine Heimatverbundenheit, meine Liebe zum Refugium meiner Aufwachszeit und Jugend, ist ebenso „unkündbar". Ich bin immer noch

neugierig und hungrig nach Unbekanntem aus der Schipkauer Gegend, um es aufzuschreiben und zur Kenntnis zu geben.
Einen Artikel von mir in diesem Sinne veröffentlichte die Lokalpresse anlässlich des 100. Gründungstages des Kleintierzüchtervereines von Zschipkau, zu deren Gründungsmitgliedern im Jahre 1913 mein Großvater gehörte.
Einen umfänglichen Vortrag hielt ich zu dem überregional wegen seiner Pionierarbeit in der Braunkohlenachfolgelandschaft um Schipkau bekannten und geachteten früheren Forstmeister des Ortes, Rudolf Heusohn.
Zur Wiederkehr der Ermordung des ersten Kommunisten im Heimatgebiet durch die Nazis veröffentlichte die Zeitschrift „RotFuchs" einen Beitrag von mir dazu. Wie auch zum 100. Geburtstag des mir gut bekannten Schriftstellers Jan Koplowitz, der einst in Breslau mit einem Kumpel namens Rebohle kommunistische Arbeit geleistet hatte. Ferner einen Beitrag zur von Adolf Hennecke in der DDR begründeten Aktivistenbewegung, die auch an Schipkauer Bergleuten nicht spurlos vorbei gegangen war.
Dieses Genre namens Kurzgeschichte oder auch Short Stories geheißen, ist meine geheime Liebe. Dazu liegt ein wuchtiger Packen Papier auf dem Tisch. In einer Themenvielfalt, die keine Gliederung erkennen lässt. Die ich auch nicht einbringen möchte. So kann ich aufschreiben, was mir in den Sinn kommt, was mir passiert ist, woran ich mich erinnern möchte, ob gut oder weniger angenehm. Da spielt die Hundekacke ebenso eine Rolle wie die Angst von Enkel Paul vor dem ominösen Schwarzen Mann, da wird über die Geschichte eines Schädelknochens vom Schipkauer Friedhof genau so fabuliert wie über ein fast geplatztes Weihnachtsessen in der Familie.
Das Aufschreiben macht mir Spaß. Und solange der Spaß gegeben und die biologische Kraft vorhanden ist, werde ich wohl diesem Drang zum Schreiben nachgehen müssen.
Meine Mutter würde dazu einschätzend mit ihrer Lebensweisheit richtig festgestellt haben: Der Junge kann aus seiner Haut eben nicht raus. Richtig! Und sie hätte mir zugeredet und mich unterstützt. Sie hätte auch mit Interesse das von ihrem Jungen Aufgeschriebene gelesen, um mir dann, in das Gesicht schauend, festzustellen: Was hast du dir da schon wieder ausgedacht. Ja, manches gleiche Ding oder Ereignis ist eben in zwei Schädeln unterschiedlich abgespeichert und erscheint bei der Wiedergabe in Wort oder Schrift gänzlich andersartig. Darin liegt das Wunder unserer menschlichen Natur.

Nachwort

Die „7" gilt bei Teilen der Menschheit seit Urzeiten als Glückszahl! Ich habe das Glück, es in ein Lebensalter geschafft zu haben, das sich mit einer sieben als Anfangsziffer schreibt. Dass ich das nicht allein bewältigen musste, sondern dankenswerterweise mit und in der Familie, mit unzähligen Freunden, Kameraden, Arbeitskollegen und Menschen eines sich ständig verändernden gesellschaftlichen Beziehungsgeflechtes, machte den Reiz aus. Es gab natürlich Schatten und Licht, seichte Zeiten und temporär kaum überschaubare stressige Abschnitte. Die Politik spielte mit, unterschiedliche staatliche Instanzen und sogar die Jurisprudenz. Selbstverständlich auch solche Menschen, die man gewöhnlich mit Arbeitgeber bezeichnet.
Ich war einst Bestandteil eines von mir selbst ausgewählten Systems und lebe heute in einem mir übergeholfenen anderen System.
All das hatte und hat eben seine Zeit und sein veränderliches Gesicht! Dieses Zeitgeschehen lohnte sich, zu erinnern und aufzuschreiben.

Die letzten fünfzehn Arbeitsjahre vor dem Wendeschauspiel sah ich die Geschehnisse und Probleme als Analyst zumeist durch die Brille anderer Mitstreiter papiern auf meinem Schreibtisch und hatte mich auf das zu verlassen, was diese anderen Geister mir vorverdaut aufgeschrieben hatten. Natürlich hatten sie sich alle Mühe dabei gegeben, unzweifelhaft. Aber nichts davon war meine eigene Erfahrung und auch nicht unbedingt meine Logik. Die Kunst der Analytik besteht eben darin, aus derart vielfachem Grundlagenmaterial eine schlüssige objektive Aussage zu treffen. Ich habe mich gewissenhaft darum bemüht.
Die nach dem Wendeschauspiel folgenden fünfzehn Jahre, insbesondere im Dienstleistungssektor von privaten Wach-und Sicherheitsfirmen, habe ich vollkommen konträr erlebt und ebenso gelebt. Ich war mittenmang in den Geschehnissen und Problemen, war mit den mannigfaltigen gesellschaftlichen Widersprüchen konfrontiert und hatte immerfort zu reagieren. Nicht etwa etwas Gedankliches auf dem Papier zu fixieren hieß es, sondern tatsächlich etwas tun zu müssen. Dazu gehörte es unter anderem, sich dauerhaft mit den Behörden herumzuschlagen oder den vielfachen staatlichen Kontrollinstanzen Rede und Antwort zu stehen. Ich lernte das deutsche Bankensystem in allen Facetten kennen und war auch in das Geflecht solcher deutscher Monopolunternehmen einbezogen, wie der Telekom oder der Deutsche Post. Den Auf- oder Umbau solch wichtiger Institutionen, wie dem ehemaligen Staatsrat der DDR zur Internationalen Bildungsanstalt, dem früheren ZK der SED zum nunmehrigen

Außenministerium, dem Bundesdeutschen Finanzministerium oder dem Domaquaree habe ich hautnah erlebt. Im Bundesamt für Umweltschutz beziehungsweise im Bundesbauamt bin ich ein- und ausgegangen. Ferner auch in verschiedenen Instituten, wie dem für Gewässerökologie in Friedrichshagen oder für Gärungstechnologie in der Seestraße. Mit dabei war ich, wenn lebende Vierbeinern auf der Galopprennbahn in Hoppegarten um Sieg und Geld liefen und sah bei Tage und in der Nacht die keinen Ton von sich gebenden präparierten urweltlichen und anderen Viecher im Naturkundemuseum. Nicht zu vergessen, weil heute überaktuell, die vielfältigsten Erlebnisse in komplexen Wohnanlage für Ausländer oder gar in Asylantenheime. Die Aufzählung ließe sich fortsetzen.
Diese Jahre waren Praxisjahre und Lehrjahre einer anderen Art in eine neue Zeit. In der ich jetzt lebe, zu deren Weiterführung ich jedoch keine Prognose wie in meinem Abituraufsatz von 1961 abgeben möchte.

*

Der nunmehrige Lebensabschnitt nach der 70 bringt andersgeartete Themen und Prioritäten ins Spiel. Da wird über den Bluthochdruck und die Zuckerwerte gefachsimpelt, über künstliche Kniegelenke und Bandscheiben, über Krankheiten, von denen man im bisherigen Leben nie etwas gehört hatte. Da rechnet man im Gesprächskreis die Rentenerträge und die entsprechenden Steigerungsraten aus und setzt sie in das Verhältnis zur Inflationsrate und sonstigen das Leben wenig positiv gestaltenden Verteuerungen. Im Raum stehen Gespräche darüber an, wie viele Kilometer man noch in den Urlaub oder wie lange man überhaupt noch ein Auto fahren könne oder welche Perspektiven das Alter außer dem Seniorenheim noch bieten würde.
Dazu will ich nichts aufschreiben – wer möchte so etwas, was einem dann selbst möglicherweise noch anheimfallen könnte, schon lesen?

Kürzlich fand ich in einem Erinnerungsbuch des Musikers Thomas Natschinski, das ist der mit dem sehr bekannten Hit aus unserer Jugendzeit von der „Mokkamilcheisbar", folgende Stelle:
„*Richtige Männer haben im Leben viel zu tun. Sie müssen*
einen Baum pflanzen,
eine Familie gründen,
Kinder großziehen,
trinkfest sein,
das Auto nicht verkommen lassen,
einen Nagel in die Wand schlagen können,

mit dem Hund um den Block gehen..."
Darüber, was Männer in ihrem Leben so tun sollten, wurde und wird unablässig und vieldeutig geredet und geschrieben. Der Baum und die Kinder tauchen dabei immer wieder auf. Das mit dem Auto las ich erstmalig. Mein persönliches Resümee würde so aussehen:
Einen Baum, nämlich eine Fichte, habe ich gepflanzt. Sie wurde zuvor in Südtirol während eines Urlaubes als Zwanzig-Zentimeter-Winzling ausgegraben, illegal nach Deutschland verbracht und in märkischer Erde im Zossener Garten eingeschlagen. Heute weist sie die stattliche Höhe von etwa zehn Metern auf und wächst prächtig weiter in den Himmel.
Meine Kinder, jetzt im Alter um das halbe Hundert, bilden ein Pärchen, womit ich augenscheinlich im Limit liege. Ohne Ehefrau und eine fürsorgliche Mutter wäre das natürlich biologisch und gesellschaftlich gar nicht möglich gewesen! Also gibt es die Familie im Viererpack und ständiger Vergrößerung gratis dazu. Ein „Bäumchenwechsledich-Spiel" in der Ehe kam nicht in Frage, was die Sache nicht schlechter aussehen lässt.
Das Haus habe ich allerdings nicht gebaut. Der sehr spezifische Sozialismusstandpunkt in dieser Frage und darüber hinaus meine besondere Arbeit, die mich ohne eigenes Zutun kurzfristig an jeden beliebigen Punkt des Landes hätte „versetzen" können, machten aus mir eben keinen Häuslebauer aber deswegen auch keinen weniger zufriedenen Menschen. Aus dem vorherigen Text dürfte immerhin deutlich geworden sein, dass ich mich intensiv handwerklich am Gartenhaus versucht und dort mehr als nur einen Nagel eingeschlagen habe. Dieses Gartenhaus steht immer noch und wird seiner Aufgabe gerecht!
Alle meine motorisierten Fahrzeuge habe ich allzeit gehegt und gepflegt wie das wohl der Mehrzahl aller Männer eigen ist. Angefangen beim Moped SR2, über die Kräder 125er RT und später 250er MZ. Es folgten Autos der Marken Wartburg, Golf, Renault Laguna und Scenic. Die erforderlichen Pflege- und Reparaturarbeiten waren gesellschaftlich determiniert und somit im sozialistischen Zeitalter aufwändiger als heute. Komisch nur, dass dieser Aufwand früher gerne in Kauf genommen wurde.
So gesehen, habe ich nach Weltanschauungsmänneransicht einiges richtig gemacht. Ich selbst würde für mich meine Skala der Männereigenschaften noch um einen achtenswerten Punkt erweitern wollen. Nämlich um das Dokumentieren wichtiger Erlebnisse, Erkenntnisse, Entscheidungen, Prüfungen, Zweifel, Euphorien und Ängste im Lebensverlauf. Die Zeit, die Mann (oder Frau) im Alltagsgeschehen zum Erzählen oder zum Anhören, also zur gepflegten Unterhaltung, bleibt, wird leider trotz bleibender Konstanz der Zeit als solche, immer kürzer. Etwas Aufgeschriebenes könnte dieses Problem möglicherweise entschärfen, denn Aufgeschriebenes kann je

nach Bedarf und Interesse abgerufen werden. Das ist meine persönliche Sicht. Die Sicht der Nachgeborenen dazu vermag ich nicht zu ergründen, denn wir können (leider) unsere Kinder nicht nach unserem Sinne formen wie Johann Wolfgang von …. einst so eindeutig festgestellt hatte.

Mit den sich ehrlich anhörenden Worten von Walt Whitman möchte ich mich vom Leser, der mir bis hierhin gefolgt ist, nun dankend verabschieden:

Denn wenn der große Richter einst
Dein Lebensblatt beschreibt,
Schaut er, wie du das Spiel gespielst,
Und nicht, wer der Sieger bleibt.

Bilder/Dokumente

(Arbeitsvertrag und Betriebsausweis VEB Kombinat REWATEX Berlin)

(Waschmaschinen und Trockenschleuder nach der „Ausmusterung")

```
Seit 1923                    WACHSCHUTZ

              ARBEITSVERTRAG

  Zwischen der Firma      WACHSCHUTZ BERLIN
                          Werner Loesch GmbH & Co.
                          Bereich Brandenburg - Ost
                          Niederlassung   Berlin-Ost
                          Waldowstr. 47
                          1147 Berlin

  und dem                 R e b o h l e , Eberhard
                          Manetstraße 53
                          o-1092 Berlin

                     (nachstehend Angestellter genannt)

  wird folgender Vertrag geschlossen:

  § 1 Beginn des Angestelltenverhältnisses und Tätigkeit

     Der Angestellte wird zum  01.01.91

     als       Dispositions - Assistent

     bei uns tätig.
```

(Arbeitsvertrag und Betriebsausweis Wachschutz Berlin / NL Berlin-Ost)

ARBEITSVERTRAG

zwischen der ALWAS Allgemeine Wach- und Sicherungsgesellschaft m.b.H.
- Arbeitgeber -
und Herrn/Frau   Rebohle , Eberhard   - Arbeitnehmer -
wird folgender Arbeitsvertrag abgeschlossen:

§ 1 Tätigkeit/Beginn

(1) Der Arbeitnehmer übernimmt die Tätigkeit als:
    Mitarbeiter im Werkschutz

(2) Der Arbeitnehmer verpflichtet sich, seine volle Arbeitskraft zur Verfügung zu stellen und, entsprechend der jeweiligen Anordnung der Geschäftsleitung vorübergehend andere zumutbare Tätigkeiten bei gleicher Vergütung zu übernehmen.

(3) Die Aufnahme der Tätigkeit erfolgt am   01.07.1991

Anstellungsvertrag

zwischen der ALWAS-Wachschutz GmbH – Arbeitgeber –
und Herrn/Frau   Eberhard Rebohle   – Arbeitnehmer –
wird folgender Anstellungsvertrag abgeschlossen:

1. **Beginn und Inhalt des Arbeitsverhältnisses**

(1) Das Arbeitsverhältnis beginnt am   01.07.1993   Vor seinem Beginn ist die ordentliche Kündigung ausgeschlossen.
(2) Das Arbeitsverhältnis ist bis zum Ablauf der Probezeit befristet. Die Probezeit beträgt 3 Monate. Während der Probezeit kann das Arbeitsverhältnis mit einer Frist von 2 Wochen gekündigt werden.
(3) Für das Arbeitsverhältnis gelten die gesetzlichen Bestimmungen, die jeweils gültigen Tarifverträge und Betriebsvereinbarungen, soweit im folgenden nichts anderes vereinbart ist.
(4) Der Arbeitnehmer beginnt der Tätigkeit als:
    Leiter Dienstleistungen , Hauptverwaltung Berlin

(5) Die diese Tätigkeit betreffenden Aufgaben ergeben sich aus der Arbeitsordnung des Unternehmens, den Dienstanweisungen sowie weiteren Festlegungen des Arbeitgebers.

(Arbeitsvertrag / Anstellungsvertrag Leiter DL / Dienstausweis ALWAS Berlin)

GESCHÄFTSFÜHRERVERTRAG

Zwischen der

DELTA Control ASB Verwaltungs GmbH
Neue Bahnhofstrasse 11-17
10245 Berlin

im Folgenden kurz – ASB Berlin – genannt,
vertreten durch die Gesellschafter,

und

**Herrn
Eberhard Rebohle**
Manetstrasse 53
13053 Berlin

geb. am 03.06.1943

im Folgenden kurz "Geschäftsführer" genannt,

wird nachfolgender Geschäftsführervertrag unter Anerkennung der Betriebszugehörigkeit seit **15.01.1994** und unter Aufhebung des Geschäftsführervertrages vom 01.12.1998 sowie allen bekannten und unbekannten Vereinbarungen, Nebenabreden und Zusätzen geschlossen:

§ 1 AUFGABENSTELLUNG

1. Herr Rebohle ist durch Beschluß der Gesellschafter der DCH-Unternehmensgruppe vom 13.12.2002 mit Wirkung ab 01.01.2003 weiterhin zum Geschäftsführer der ASB Berlin bestellt worden.
Als Geschäftsführer der vorgenannten Gesellschaft führt Herr Rebohle die Geschäfte der ASB Berlin und aller angeschlossenen Gesellschaften (nachfolgend Gesellschaft genannt).

2. Der Geschäftsführer vertritt die Gesellschaft gemeinsam mit einem anderen Geschäftsführer oder einem Prokuristen.

3. Er führt die Geschäfte mit der Sorgfalt eines ordentlichen Kaufmannes nach Maßgabe der Gesetze. Er hat hierbei die Bestimmungen der Gesellschaftsverträge, der jeweils geltenden Geschäftsordnung für die Geschäftsführung mit Geschäftsverteilungsplan, der bestehenden Richtlinien sowie die Regelungen dieses Vertrages zu beachten.

(Geschäftsführervertrag / Visitenkarte ASB Berlin)

(Qualitätsmanagementhandbuch / Erstzertifizierung 1998 durch TÜV)

Bezirksamt Hohenschönhausen von Berlin
Abteilung Wirtschaft, Umwelt und Finanzen
Wirtschaftsamt

Namensänderung:
Neu ASB Allgemeine Sicherheits-
und Service GmbH Berlin
(entspr. HRB vom 2.5.94)

Bezirksamt Hohenschönhausen, Große-Leege-Str. 103, 13055 Berlin

ASS Allgemeine Sicherheits-
und Service GmbH Berlin
Oberseestraße 32

13053 Berlin

Öffnungszeiten
Mo, Die, Fr 09.00 - 12.00 Uhr
Do   16.00 - 18.00 Uhr
Mittwoch   geschlossen

Geschäftszeichen	Zuständig ist	Zimmer	Telefon	Datum
Wi 13	Frau Garn	703	23256130	28.01.1994

Sehr geehrte Dame, sehr geehrter Herr,

auf Ihren Antrag erteilen wir die

ERLAUBNIS

zur gewerbsmäßigen **Bewachung**

(X) des Lebens fremder Personen (X) von Geld- und Werttransporten
(X) von Grundstücken   ( ) von Fahrrädern
(X) von Kunstgegenständen   (X) von Gebäuden
( ) von Kraftfahrzeugen   (X) von Schmuckstücken
( )

(§ 34a, Abs. 1 der Gewerbeordnung - GewO -).

Erlaubnisinhaber/in, Geburtsdatum/Geburtsort	Verw.-Geb. DM
ASS Allgemeine Sicherheits- und Service GmbH Berlin	1 460,00

Für die Erlaubnis wird die o. a. Gebühr festgesetzt (§ 1 und 2 des Gesetzes über Gebühren und Beiträge i. V. m. § 1 der Verwaltungsgebührenordnung und Tarifstelle 2245 a der Anlage - Gebührenverzeichnis -) Die Gebühr ist bezahlt. Bitte beachten Sie die Hinweise und - sofern sich die Erlaubnis auf die gewerbsmäßige Bewachung von Landfahrzeugen bezieht - auch die Auflagen auf der Rückseite.

Diese Erlaubnis berechtigt zur Ausübung des Gewerbes im Geltungsbereich der Gewerbeordnung; sie ist **nicht** übertragbar.

Rechtsbehelfsbelehrung
Wegen der mit der Erlaubnis etwa verbundenen Auflagen sowie gegen die Festsetzung der Verwaltungsgebühr ist der Widerspruch zulässig. Er ist innerhalb eines Monats nach Zustellung dieses Bescheides schriftlich oder zur Niederschrift bei dem Bezirksamt Hohenschönhausen von Berlin, Abt. Wirtschaft, Umwelt und Finanzen - Wirtschaftsamt - , Große Leege-Str. 103, 13055 Berlin zu erheben. Es wird darauf hingewiesen, daß bei schriftlicher Einlegung des Widerspruchs die Widerspruchsfrist nur dann gewahrt ist, wenn der Widerspruch innerhalb dieser Frist eingegangen ist.

Hochachtungsvoll
Im Auftrag

(Gewerbeerlaubnis für die ASB Berlin von 1994)

www.arnolds-sicherheit.de

Firma	ADT Service-Center GmbH	ALIX Security GmbH	Allgemeine Sicherheits- und Service Berlin GmbH & Co. KG	ALLSCHUTZ Sicherungstechnik u. -Dienste GmbH	AllService Sicherheitsdienste GmbH
Straße	Alfredstr. 236	Reutlinger Str. 54	Neue Bahnhofstr. 11-17	St. Petersburger Str. 15	Karl-von-Drais-Str. 16-18
Ort	45133 Essen	73728 Esslingen a.N.	10245 Berlin	01069 Dresden	60435 Frankfurt a.M.
Ansprechpartner	Andre Gersak	Walter Gögel	Michael Schütz	Joachim Schwarz, Wolfgang Fuchs	Frank Köppe
Telefon	0201 26680	0711 313081	030 42209135	0351 4948411	069 95423259
Fax	0201 2668119	0711 313031	030 42209222	0351 4948427	069 5483535
E-Mail	agersak@tycoint.com	info@alix.de	M.Schuetz@asb-bln.de	info@allschutz.de	frank.koeppe@all-service.de
Internet	www.adt-deutschland.de	www.alix.de	www.asb-security.de	www.allschutz.de	www.all-service.de
Dienstleistungsangebot (s. Legende)	G, P, T, V, F, I, L	G, P, T, C, V, A, K, F, I, S, L; E	G, P, T, C, V, A, I, S, L	G, P, T, C, V, F, I, S, L, E	G, P, T, C, V, K, I, S
Einzugsbereich für Aufschaltungen	deutschlandweit	deutschlandweit	europaweit	deutschlandweit	deutschlandweit
vorhandene Zertifikate	VdS-Klasse B, DIN ISO 9001	VdS-Klasse A, B, C, DIN ISO 9001	VdS-Klasse A, B, C, DIN ISO 9000:2000, DIN 7720	VdS-Klasse A, DIN ISO9001:2000, DIN 7720, OHSAS 18001:1999	VdS-Klasse A, DIN ISO 9001
Mitgliedschaften	BDWS	BDWS, CVID	VSW, Sicherheitspartnersch. Berl. Polizei - Priv. Sicherheitsdienstl. / AG Wach-und Sicherheitsuntern. e. V.	VdS Errichter, VdS-NSLi, BDWS, VSW, SVSW	BDWS, VSW
Zahl der Leitstellen (24 Std. besetzt)	3 (ja)	1	1	1	1 (ja)
Redundanz-Lösung vorhanden	ja	ja	ja	ja	ja
Rufannahme in fremdem Namen (Call-Center)	ja	ja	ja	ja	ja
Verfügbare Alarmübertragungswege	AWAG, AWUG, ISDN-B, Bündelfunk, GSM, X.25/X.31	AWAG/AWUG/ISDN-AWUG/X-31/HfD	AWAG, AWUG, Telenot, ISDN, Bündelfunk, X.31, DATEX P, GSM, Aufzugsnotruf	Analog, ISDN B-Kanal, ISDN D-Kanal, Video	AWUG, ISDN-B, ISDN-D, Bündelfunk, GSM, X.25/X.31
direkt verarbeitbare Formen der Eingangsmeldung	MFV-Code (per Telefon)	Stimme, Fax		E-Mail, SMS, D2	
automatisierte Alarmweitergabe per	Fax	Fax		Telefon, Fax, SMS	
Bildfernüberwachungssysteme aufschaltbar?	Geutebrück, Dölling + Rogalla, Dekom, Sony	ja	HeiTel, Sony, Dallmeier, Multi eye	Convision, CAVOS, Sanyo	ja
Kamerasteuerung aus der Leitstelle	ja	ja	ja	ja	ja
■ ereignisgesteuert	ja	ja	ja	ja	ja
■ Daueruberwachung	ja	ja	ja	ja	ja
■ Aufzeichnung in der NSL	digital	digital	digital	digital, analog	digital, analog
■ Empfang per Internet TCP/IP	k.A.		k.A.	ja	in Vorbereitung
Mindestvertragsdauer (Monate)	12		12	k.A.	12

(Standard der ASB-Notruf- Serviceleitstelle 2003 / Sonderheft „Alarm 2003" von „Sicherheits-markt" Nr.9)

(Sitz der letzten ASB-Notrufzentrale in Berlin-Friedrichshain, Neue Bahnhofstraße)

DER GENERALBUNDESANWALT
BEIM BUNDESGERICHTSHOF

Der Generalbundesanwalt beim Bundesgerichtshof 53094 Bonn

Herr
Eberhard Wolfgang Rebohle

Manetstr 053

13053 Berlin

Bonn, den 04.02.2003
Dienstgebäude: Adenaueralle 99 -103
Telefon: 01888 410 40
Aktenzeichen:
U0003K- 11100000U2
04022003-12093900-1-DTV/-----

(bei Rückfragen bitte angeben)

Auskunft aus dem Gewerbezentralregister
nach § 150 GewO

über

Eberhard Wolfgang Rebohle

Geschäfts-Nr./Verwend.Zweck: ./.

Angaben zur Person

Geburtsname	: Rebohle
Familienname	: ./.
Vorname	: Eberhard Wolfgang
Geburtsdatum	: 03.06.1943
Geburtsort	: Schipkau Krs. Senftenberg
Staatsangehörigkeit	: deutsch
Anschrift	: Manetstr 053
	13053 Berlin

Inhalt: **Keine Eintragung**

Bitte prüfen Sie die Angaben zur Person, um Verwechselungen zu vermeiden. Offenkundige Fehler auch im Hinblick auf den Inhalt der Auskunft sollten Sie mir unverzüglich - ggfs. telefonisch - anzeigen, um eine sofortige Überprüfung zu ermöglichen. Diese Auskunft wurde mit Hilfe automatischer Einrichtungen erteilt und nicht unterschrieben.

(Auszug Gewerbezentralregister zur Vorlage beim Ordnungsamt)

INDUSTRIE- UND HANDELSKAMMER ZU BERLIN

HARDENBERGSTRASSE 16 - 18 - 10623 BERLIN

Bescheinigung

über die Unterrichtung nach § 34 a Abs. 1 Satz 3 Nr. 3, Satz 4 Gewerbeordnung

Herr
Frau   Rebohle, Eberhard

geboren am   03.06.1943

wohnhaft in   Manetstr. 53, 13053 Berlin

ist in der Zeit vom 18. November 1996 bis 22. November 1996

von der Industrie- und Handelskammer zu Berlin

als

- ~~Selbständiger~~ *)
- ~~gesetzlicher Vertreter einer juristischen Person~~ *)
- Betriebsleiter *)
- ~~Unselbständiger~~ *)

über die für die Ausübung des Gewerbes notwendigen rechtlichen Vorschriften unterrichtet worden und ist mit ihnen vertraut.

Die Unterrichtung umfaßte insbesondere die fachspezifischen Pflichten und Befugnisse folgender Sachgebiete:

1. Recht der öffentlichen Sicherheit und Ordnung einschließlich Gewerberecht,
2. Bürgerliches Gesetzbuch,
3. Straf- und Strafverfahrensrecht einschließlich Umgang mit Waffen,
4. Unfallverhütungsvorschrift Wach- und Sicherungsdienste,
5. Umgang mit Menschen,
6. Grundzüge der Sicherheitstechnik.

Berlin, 22. November 1996

INDUSTRIE- UND HANDELSKAMMER ZU BERLIN
i. A.

*) Nichtzutreffendes streichen

(Unterrichtungsnachweis der IHK Berlin als Betriebsleiter)

VBG
Verwaltungs-
Berufsgenossenschaft

die Berufsgenossenschaft
der Banken, Versicherungen,
Verwaltungen, freien Berufe
und besonderer Unternehmen

Gesetzliche
Unfallversicherung
Körperschaft des
öffentlichen Rechts

Berufsgenossenschaftliches Seminar für Arbeitssicherheit und Arbeitsmedizin
Außenstelle des Technischen Aufsichtsdienstes der Verwaltungs-Berufsgenossenschaft

Hotel Schloß Storkau
Im Park 1
39590 Storkau

Zertifikat

Herr Eberhard Rebohle

hat vom 21.05.1997 bis 23.05.1997 an dem Seminar

Bewachung / Arbeitssicherheit und Gesundheitsschutz im Qualitätsmanagement

mit Erfolg teilgenommen.

Lehrinhalt:

Grundsätze des Qualitätsmanagements; Einführung in die Normenreihe DIN EN ISO 9000; die Bedeutung von Arbeitssicherheit und Gesundheitsschutz für die Qualität; die Verankerung von Arbeitssicherheit und Gesundheitsschutz im Qualitätsmanagement-System

Storkau, den 23.05.1997

Dr. Ing. M. Fischer
Direktor des Technischen Aufsichtsdienstes

_____
Dozent

(Zusatzqualifizierung bei der Verwaltung-Berufsgenossenschaft)

```
                        AUSDRUCK KURZLISTE          SEITE    1
                        PERSONALSTAMM               DATUM    12.8.199
```

PERSONALNUMMER	PERSONALNAME	VORNAME	LOHNNR	TELEFON
ASB001ALTE	Alte	Dirk	004161	97
	Altenhofer Str.	Berlin		
ASB001APIT	Apit	Reinhard	000185	54
	Murtzaner Ring	Berlin		
ASB001AUR	Aur	Harald	000074	93

```
                        AUSDRUCK KURZLISTE          SEITE    1
                        KUNDENSTAMM                 DATUM    12.8.199
```

KUNDENNUMMER	KUNDENNAME	EINSATZLEITER	PLZ	TELEFON
ASB00110000	ASB GMBH BERLIN	REBOHLE	10249	
	Petersburger Straße	Berlin		
ASB00110101	AWU	REBOHLE	12623	527 97 26
	Hultschiner Damm 335	Berlin		
ASB00110103	AUTOHAUS LICHTENBERG	REBOHLE	10365	551 35 13 0
	Josef-Orlopp-Straße	Berlin		
ASB00110123	ARWOBAU	REBOHLE	10963	254 41 - 0

```
                        AUSDRUCK KURZLISTE          SEITE    43
                        OBJEKTSTAMM                 DATUM    12.8.199
```

KUNDE	OBJEKTNUMMER	OBJEKTNAME		EINSATZLEITER	TELEFON
10414	ASB001RUM-454711	KYNASTSTRASSE		REBOHLE	
	Kynaststraße 17		10317	Berlin	
11910	ASB001SEN-454001	SENIORENMESSE		REBOHLE	
	Alexanderplatz		10178	Berlin	Norbert Gillmeiste
11602	ASB001SOK-45029	SOZIALKASSE		REBOHLE	515 39 200
	Lückstraße 72/73		10317	Berlin	

(EDV-Planungsprogramm „PEP" mit Listenauszügen zu Personal, Kunden, Objekten)

Lizenz

zur gewerbsmäßigen Beförderung

von Briefsendungen

Die Regulierungsbehörde für Telekommunikation und Post (Lizenzgeber) erteilt hiermit gemäß § 6 des Postgesetzes (PostG) vom 22. Dezember 1997 (Bundesgesetzblatt I S. 3294) aufgrund des Antrags vom 24.08.99

der Firma

ASB Security GmbH
Petersburger Straße 18, 10249 Berlin

(Lizenznehmer)

die Erlaubnis, Briefsendungen, deren Einzelgewicht nicht mehr als 1000 Gramm beträgt, gewerbsmäßig für andere zu befördern.

Die Erlaubnis beschränkt sich antragsgemäß auf

a) die gewerbsmäßige Beförderung von Briefsendungen mit einem Einzelgewicht von 200 bis 1000 Gramm sowie die gewerbsmäßige Beförderung von Briefsendungen mit einem Einzelgewicht von weniger als 200 Gramm zu einem Preis, der mehr als das Fünffache des am 31.12.97 geltenden Preises für entsprechende Postsendungen der untersten Gewichtsklasse beträgt (§ 5 Abs. 1 i.V. mit § 51 Abs. 1 Satz 1 PostG),

b) die gewerbsmäßige Beförderung von inhaltsgleichen Briefsendungen mit einem Gewicht von mehr als 50 Gramm, von denen der Absender eine Mindestzahl von 50 Stück einliefert (§ 51 Abs. 1 Satz 2 Nr. 1 PostG),

(Lizenz der Regulierungsbehörde für Telekommunikation und Post für die ASB Berlin – Auszug)

Der separate Wachschutz

Unsere Leistung:

* Betriebs- und Werkschutz, Unternehmensschutz, Pförtner- und Einlaßdienste
* Ein- und Ausgangskontrolle im KFZ- und Personenverkehr
* mobile Streifen- und Kontrolldienste auf Industrie- und Betriebsgeländen
* Überprüfung und Kontrolle von technischen Betriebsanlagen
* Einsatz von Wachkräften mit Diensthunden im Streifen dienst bzw. in besonders sensiblen Bereichen
* Baustellenbewachung, Sicherung von Baustofflagern, Bauwagen und Containern
* Notdienste und Sofortüberwachung durch vorhandenen Bereitschaftsdienst
* Nutzung von elektronischer Kontrolltechnik

Weitere Leistungen im Rahmen unseres Büro- und Firmenservice:

* Empfangs- und Informationsservice, Telefonvermittlungsdienste
* Büroservice, Botengänge und Postverteilung für Großunternehmen und Bürohäuser
* spez. Beleg- und Postguttransporte zu festgelegten Zeiten, zur Versorgung Ihrer Filialen, Zweigstellen, Niederlassungen oder Kunden

Unsere Experten beraten Sie gern und helfen Ihnen bei der Erarbeitung eines, speziell auf Ihren Bedarf zugeschnittenen, Sicherheitskonzeptes.

(Angebotsmappe der ASB – Pförtnerdienste im Umweltbundesamt / Bundesbauamt/ Aufsicht Warenhaus)

(Renntag um den Preis der ASB GmbH in Hoppegarten)
Foto: Frank Sorge

(Berliner Seniorenmesse im Fernsehturm)

ARBEITSAMT BERLIN OST   Datum: 04.03.04

10365 BERLIN, GOTLINDESTR. 93   Tel: 030/5555883197

Arbeitsamt
10356 BERLIN
769//0005397/04//90471-03.04/0,55EUR

Versicherungsnummer / Geburtsdatum
65030643R023   03.06.43
Org.-Zeichen Kundennummer
123   964A091309

Herr/Frau   KN123964A091309
EBERHARD
REBOHLE
MANETSTR. 53

13057 BERLIN

Geben Sie bitte bei Anfragen und Mitteilungen an das Arbeitsamt das Org.-Zeichen und die Kundennummer an.

Dieses Schreiben wurde mit Hilfe einer elektronischen Datenverarbeitungsanlage gefertigt und deshalb nicht unterschrieben. Für seine Rechtswirksamkeit ist die Unterschrift nicht erforderlich. Haben Sie bitte Verständnis dafür, wenn im Interesse eines möglichst geringen Verwaltungsaufwandes die Angaben knapp gehalten sind.

Hinweis:
An den in das Papier hellblau eingefärbten Symbolen erkennen Sie, dass es sich um das Original des Schriftstückes handelt.

B E W I L L I G U N G S B E S C H E I D

Ihnen werden Leistungen wie folgt zuerkannt:

Leistungsart	Kennziffer bei Zahlungen	Beginn/Änderung ab	Anspruchsdauer (Kalendertage)	Leistungsbetrag wöchentlich EUR
ARBEITSLOSENGELD	- 7002	01.04.04	*960	*285,74

Bitte beachten Sie, dass Sie verpflichtet sind, alle Möglichkeiten zu nutzen, um Ihre Beschäftigungslosigkeit zu beenden. Dies bedeutet, dass Sie sich bemühen müssen, **eigeninitiativ** (z. B. durch Suche von Stellen) Ihre Beschäftigungslosigkeit zu beenden. Auf Verlangen des Arbeitsamtes müssen Sie diese Eigenbemühungen nachweisen. Kommen Sie diesen Pflichten nicht nach, entfällt Ihr Anspruch auf Leistungen.

Berechnungsgrundlagen

Bemessungsentgelt wöchentlich EUR	Leistungsgruppe	Leistungsentgelt nach Rechtsverordnung für	Leistungsentgelt wöchentlich EUR	Prozentsatz	Leistungssatz wöchentlich EUR	davon abzusetzender wöchentlicher Anrechnungsbetrag EUR
*895	A	2004	**476,26	60	**285,74	*******

Auszahlung der Leistung

vom wchtl. Leistungsbetrag an andere Berechtigte abzuzweigender Teil EUR	Zahlbetrag wöchentlich EUR	Zahlbetrag täglich EUR	Zahlungsweg/ Bankleitzahl	Kontonummer
*******	**285,74	*40,82	100 500 00	544 034 716

Kranken-/Pflege-/Rentenversicherung

Krankenversicherung bei	AOK BERLIN
Pflegeversicherung bei	AOK BERLIN
Rentenversicherung bei	Rentenversicherung der Angestellten

Gegen diesen Bescheid ist der Widerspruch zulässig. Der Widerspruch ist schriftlich oder zur Niederschrift bei dem oben bezeichneten Arbeitsamt einzureichen, und zwar binnen eines Monats, nachdem der Bescheid Ihnen bekannt gegeben worden ist.

Beachten Sie bitte darüber hinaus die nachfolgenden Hinweise!

A 010793   964964A091309   31341318

(Bewilligungsbescheid zum Arbeitslosengeld für 960 Tage)

(Rentenbescheid – Rentenbeginn 01.12.2006)

(Traditionstreffen im April 2013 in Berlin-Hohenschönhausen)

(2010 Lesung in Schipkau zu „Rote Spiegel" mit Freund Gay, Exchef Karl, Exlehrerin Lucie)

(2013 Buchvorstellung „Schipkau Kolonie")

Quellen- /Bildnachweis

Die verwendeten Quellen sind im Text genannt.
Das gesamte Bild- und Dokumentenmaterial stammt aus dem Archiv des Autors.
Sollten andere Rechte bestehen und nachgewiesen werden, bleiben diese Ansprüche gewahrt.

Impressum

Herausgeber und Text: Eberhard Rebohle
Herstellung: Regia Verlag

Eberhard Rebohle, Jahrgang 1943, legt mit „Intermezzo" sein jüngstes Buch auf den Tisch. In seinen bisherigen Arbeiten „Schipkau Kolonie – Geschichte und Geschichten um eine Bergarbeitersiedlung in der Niederlausitz" und „Rote Spiegel – Wachsoldaten in der DDR" erinnert er sich der Dinge von vor über fünfzig Jahren. Er entführt den Leser darin in seine Kindheit und Jugend und in die Geschichte seiner durch den Braunkohlebergbau geprägten Heimat. Seine Erinnerungen lässt er weiter schweifen über die Erweiterte Oberschule in Senftenberg bis zum Militärdienst in einer Sondereinheit des Wachregimentes Berlin. In „Intermezzo" greift er nun auf seine Erinnerungen aus der jüngeren Vergangenheit zurück. Nicht weniger interessant, vielfach jedoch vom Leser durch die zeitliche Nähe gängiger nachvollziehbar.

Durch die gesellschaftlichen Umbrüche aus der beruflichen Bahn geworfen, hatte er sich gleich zehntausenden von Bürgern der untergegangenen DDR neu zu orientieren, sich den Anforderungen einer neuen, einer unbekannten gesellschaftlichen und existenziellen Welt zu stellen. Sein altes Leben war bis auf die erworbenen inneren Werte in Schall und Rauch aufgegangen. Wie er sich den aktuellen persönlichen Anforderungen stellte, welche Gedanken, Ängste und Visionen ihn begleiteten und wie er seinen neuen Weg über den angelernten Arbeiter in einem Waschkombinat bis zum Manager eines Mittelständischen Dienstleistungsbetriebes in stetigen Schritten absolvierte, ist nun nachzulesen. Es könnte gleichsam eine sich ähnelnde Geschichte vieler in der gleichen Lage befindlichen Mitmenschen gewesen sein.

Erstmalig und ganz spezifisch aus eigenem Erleben werden Besonderheiten des sich in den neuen Bundesländern etablierenden Security-Gewerbes in vielen Facetten, den Höhen und Tiefen, den Widersprüchen und Grabenkämpfen in tieferen Einblicken aufgezeigt. Wie das vorliegende Buch bestätigt, hat der Autor sein Intermezzo in die Rentenzeit geschafft. Es waren für ihn Praxisjahre und Lehrjahre einer neuen Art in eine andere Zeit...